人民法院案例选

CHINA LAW REPORT

2019年　第2辑　总第132辑

最高人民法院中国应用法学研究所 / 编

人民法院出版社

图书在版编目（CIP）数据

人民法院案例选．总第132辑／最高人民法院中国应用法学研究所编．—北京：人民法院出版社，2019.9

ISBN 978－7－5109－2616－7

Ⅰ.①人… Ⅱ.①最… Ⅲ.①案例－汇编－中国 Ⅳ.①D920.5

中国版本图书馆CIP数据核字（2019）第186818号

人民法院案例选 2019年第2辑（总第132辑）

最高人民法院中国应用法学研究所 编

责任编辑 兰丽专 **执行编辑** 马 倩
出版发行 人民法院出版社
地　　址 北京市东城区东交民巷27号（100745）
电　　话 （010）67550526（执行编辑） 67550558（发行部查询）
65223677（读者服务部）
客服QQ 2092078039
网　　址 http：//www.courtbook.com.cn
E－mail courtpress@sohu.com
印　　刷 河北鸿祥信彩印刷有限公司
经　　销 新华书店

开　　本 787毫米×1092毫米 1/16
字　　数 288千字
印　　张 16
版　　次 2019年9月第1版 2019年9月第1次印刷
书　　号 ISBN 978－7－5109－2616－7
定　　价 58.00元

《人民法院案例选》
编审委员会委员

（按姓氏笔画为序）

《人民法院案例选》
编辑委员会

出版说明

《人民法院案例选》是最高人民法院最早创办的案例研究连续出版物，也是我国改革开放以后出版时间最早、延续时间最长、出版册数最多的案例研究书籍。创办二十多年来，《人民法院案例选》坚持“反映审判面貌，总结审判经验，研究审判理论，服务审判工作”的编选方针，突出“真实、全面、及时、说理”的编辑特色，从一个侧面记载了人民法院审判工作发展的轨迹，反映人民法院审判活动的面貌，展示了人民法院审判工作的成就，受到了学术界与实务界的普遍关注和喜爱，在全国法院、社会各界乃至国际上都产生了广泛的影响、取得了良好的声誉、得到了广泛的认可，成为法研所乃至最高人民法院的品牌性刊物。

随着法律界对案例分析和案例指导需求的增长，关于案例分析的书刊越来越多，竞争也越来越激烈。同时，也出现了很多问题。一是虽然平台增多，但缺乏集中性、系统性；二是虽然数量增大，但缺乏精选性、经济性；三是虽然来源多元化，但缺乏权威性，给法律工作者使用案例增加了难度。因此，《人民法院案例选》将作出符合读者期待的变化，改为月刊。

改版后的《人民法院案例选》将继续秉承“反映审判面貌、司法水平和指导审判工作并重”的编辑方针，形成“全面、及时、权威、开放”的编辑特色。考虑到最高人民法院发布、评析、编辑案例的权威性和说服力，改版后的《人民法院案例选》将全面收集最高人民法院以各种载体发布的各类典型案例，按照读者最普遍的阅读习惯重新编辑，按月集中展现在读者面前，形成“指导性案例”“公报案例”“审判指导与参考”“典型案例发布”等栏目。同时，《人民法院案例选》继续保留经典的“专题策划”“案例精析”栏目，展现各地法院的优秀案例和司法智慧。

此外，为增强互动性和可读性，《人民法院案例选》增设了“域外撷英”“过把瘾”“专家关注”等栏目。为发挥《人民法院案例选》培育思想、褒奖学术的理念，特推出“案香浮动”栏目，刊登某位法官的三至五个优秀裁判案例，挖掘其中裁判精髓，充分展现专家型法官的个人风采、人生经历、著述思想及对司法事业的热爱与贡献。

为进一步适应案例工作发展的新形势、新要求，提高案例的质量、编写与报送效率，《人民法院案例选》对案例编写报送体例做了部分修改和完善，具体要求请参阅“中国应用法学网”刊载的《〈人民法院案例选〉案例编写体例与报送规范》。

由于水平所限，本书在编辑过程中存在的不当之处，敬祈读者批评、指正。

编　者

二〇一九年一月

目录 / CONTENTS

人民法院案例选
2019 年第 2 辑·总第 132 辑

一、专题策划·公司决议纠纷专题

二、案例精析

刑 事

民　事

商 事

知识产权

行政及国家赔偿

三、域外撷英

一、专题策划·公司决议纠纷专题

【编者按】　公司作为最主要的商事主体，其公司决议作为该主体的意思表示，体现了公司自治的重要原则。公司的股东会或股东大会作为公司决策机关，其作出的决议属于当然有效，对公司决议没有异议的股东没有必要向法院提起确认决议有效的诉讼。法院对此类案件应不予受理或者受理的应当裁定驳回起诉。当然，股东会或股东大会决议的程序及内容必须符合章程的规定，否则构成效力瑕疵，有异议的股东或者权利受到侵害的股东可以依据《公司法》第二十二条的规定提起确认股东会决议无效或撤销的诉讼。

但是需要注意的是，因股东大会决议存在瑕疵而主张撤销的，应当首先鼓励公司自治机关自力解决内部冲突，在公司股东大会形成新的决议，在治愈了原有瑕疵之后，原决议即不再有通过司法程序撤销的意义。

本期我们编选了几个涉及公司决议的典型案例，这些判决不仅为类似案件的处理提供了一种裁判思路，而且有助于公司立法的进一步完善。

广州盛景投资有限公司诉江苏四环生物股份有限公司公司决议撤销纠纷案

——股东大会决议瑕疵的撤销与治愈

关键词：商事　股东大会决议瑕疵　撤销　瑕疵治愈

【裁判要旨】

1. 公司章程是经股东合意形成的调整公司组织规程与行为规则的规范性文件，其内容应当得到全体股东的遵守，股东大会决议的内容或表决方式如果违反章程规定，如无故解除独立董事的职务、对应当采用累积投票制的选举适用一股一票，则所作出的决议属于可撤销的瑕疵决议。

2. 异议股东在同一次股东大会上对同类议案投赞成票的行为应视为其对表决方式的认可，根据诚信原则，对于投票结果非其所愿后又以表决方式违反章程规定为由请求撤销决议的，不应再予支持。

3. 股东大会决议如存在瑕疵，应当首先鼓励和促使公司自治机关自力解决内部冲突，在公司股东大会形成新的决议，治愈了原有瑕疵之后，对原决议不再有通过司法程序撤销的意义。

【相关法条】

《中华人民共和国公司法》第二十二条第二款　股东会或者股东大会、董事会的会议召集程序、表决方式违反法律、行政法规或者公司章程，或者决议内容违反公司章程的，股东可以自决议作出之日起六十日内，请求人民法院撤销。

【案件索引】

一审：江苏省江阴市人民法院（2016）苏0281民初9743号（2017年5月2日）

二审：江苏省无锡市中级人民法院（2017）苏02民终273号（2017年9月14日）

【基本案情】

原告（上诉人）盛景公司诉称：2016年5月20日，四环公司召开2015年年度股东大会，审议通过了《关于免去林梅女士独立董事职务，增补刘卫女士为第七届董事会独立董事的议案》（以下简称《林梅议案》），该项议案内容和表决方式违反公司章程，应当予以撤销。故请求原审法院判令：撤销四环公司于2016年5月20日的2015年年度股东大会审议通过的《林梅议案》。

被告（被上诉人）四环公司辩称：《林梅议案》的决议内容及表决方式均符合法律及公司章程的规定。

法院经审理查明：2016年4月27日，四环公司发布《关于召开2015年年度股东大会通知》，定于2016年5月20日召开股东大会。

2016年5月9日，四环公司发布《关于2015年年度股东大会增加临时提案暨召开2015年年度股东大会补充通知的公告》，披露2016年5月9日，股东盛景公司向公司董事会提议增加临时提案《关于罢免公司独立董事卢青的议案》《关于选举王福清先生为第七届董事会独立董事的议案》等；股东徐瑞康提议增加临时提案《关于罢免林梅女士独立董事职务的议案》《关于增补刘卫女士为第七届董事会独立董事的议案》；经公司审核，同意提交股东大会审议。

2016年5月20日召开的股东大会上，盛景公司对《林梅议案》投了反对票，对《审议关于罢免公司独立董事卢青，选举王福清先生为第七届董事会独立董事的议案》投了赞成票。

当日，四环公司发布《2015年年度股东大会决议公告》，披露股东大会召开的相关情况，其中提案的审议情况为："……9. 审议通过了关于免去林梅女士独立董事职务、增补刘卫女士为第七届董事会独立董事的议案，表决情况：同意股255067012股，占出席会议所有股东所持表决权的53.28%；反对股

221728123 股，占出席会议所有股东所持表决权的 46. 31%；弃权股 1952764 股，占出席会议所有股东所持表决权的 0. 41%。……11. 审议关于罢免公司独立董事卢青、选举王福清先生为第七届董事会独立董事的议案，表决情况：表决结果同意票未达到出席会议有效表决权股份总数的二分之一以上，该议案未通过。”

2016 年 7 月 19 日，盛景公司诉至法院，诉请如前。

诉讼中，四环公司于 2017 年 1 月 19 日召开 2017 年第一次临时股东大会，审议通过的第二项议案为《关于选举第八届董事会独立董事的议案》，采用累积投票制，在沈晓军、马丽英、刘卫、王福清、廖述斌、温小鹏等 6 个候选人中选举出沈晓军、马丽英、廖述斌为四环公司第八届董事会独立董事。

另查明：四环公司章程第九十六条规定“董事由股东大会选举或更换，任期三年。董事任期届满，可连选连任。董事在任期届满以前，股东大会不能无故解除其职务”；第九十七条规定“公司董事（含独立董事）、监事（指非由职工代表担任的监事）的选举实行累积投票制”。

四环公司独立董事制度第九条规定“独立董事每届任期与公司其他董事任期相同，任期届满，连选可以连任，但连任时间不得超过六年。公司选举独立董事时采取累积投票制度”；第十条规定“独立董事连续出现三次未亲自出席董事会会议的，由董事会提请股东大会予以撤换。除出现上述情况及《公司法》中规定的不得担任董事的情形外，独立董事任期届满前不得无故被免职”。

【裁判结果】

江苏省江阴市人民法院于 2017 年 5 月 2 日作出（2016）苏 0281 民初 9743 号民事判决：驳回原告盛景公司的诉讼请求。

盛景公司不服原审判决，提起上诉。江苏省无锡市中级人民法院于 2017 年 9 月 14 日作出（2017）苏 02 民终 273 号民事判决：驳回上诉，维持原判。

【裁判理由】

法院生效判决认为：一、2016 年 5 月 20 日四环公司股东大会通过的《林梅议案》存在决议内容和表决方式违反公司章程的情形，属于可撤销的瑕疵决议。

关于决议内容。四环公司章程第九十六条规定，董事在任期届满以前，股东大会不能无故解除其职务。四环公司独立董事制度第十条规定，除独立董事连续出现三次未亲自出席董事会会议的情况以及《公司法》中规定的不得担任董事的情形外，独立董事任期届满前不得无故被免职。本案中并无证据反映四环公司的独立董事林梅具有上述可免职情形，故涉案股东大会罢免林梅独立董事职务属于无故免职，不符合章程规定。

关于表决方式。（1）合并表决问题。股东徐瑞康提议免去林梅独立董事职务，增补刘卫为独立董事，同时股东盛景公司提议免去卢青独立董事职务，增补王福清为独立董事，对此，股东大会将一个免职议案与一个选举议案合并表决，确有可能影响股东正确行使表决权，比如同意选举刘卫的股东，就必须同意罢免林梅，而不能选择罢免卢青，故两项议案分别表决更具有合理性。（2）投票方式问题。涉案股东大会将审议对两位独立董事的免职议案，可能出现两个独立董事缺额，并已有两名侯选人，根据四环公司章程第九十七条规定，应当采用累积投票制进行选举。因此，涉案股东大会采用一股一票方式进行选举，不符合章程规定。

二、基于异议股东盛景公司对同类议案的实际投票行为以及四环公司已召开新的股东大会选举独立董事的事实，诉争的有瑕疵的《林梅议案》不再有撤销的必要。

1. 盛景公司对同类议案投赞成票的行为视为对表决方式的认可。涉案股东大会对诉争的《林梅议案》和盛景公司提议免去卢青独立董事职务并增补王福清为独立董事的议案适用了同样的表决方式，盛景公司对自己的议案投了赞成票，可见其已以行为表明对本次股东大会中与独立董事任免相关的表决方式予以认可并遵照执行，故而不应当允许其在投票结果非其所愿时又以此为由提出异议，这种任意反复的行为有违诚信原则，不应得到支持。

2. 四环公司召开新的股东大会选举了独立董事，原瑕疵决议《林梅议案》的实质内容已被新决议覆盖。本案的实质争议内容在于对独立董事的任免，对此四环公司于 2017 年 1 月 19 日召开股东大会，仍将刘卫、王福清作为侯选人之一，采用符合章程规定的累积投票制选举了独立董事。在新决议形成后刘卫不再是四环公司的独立董事，且原第七届董事会任期已满，林梅也不再有被恢复独立董事职务的现实可能性，至此原瑕疵决议《林梅议案》的实质内容已被新决议覆盖，四环公司在独立董事的任职问题上应执行 2017 年第一次临时股东大会形成的新决议，故对已经失去执行效力的《林梅议案》再行撤销之处置，并无实际意义。

【案例注解】

本案的主要争议在于四环公司股东大会决议通过的《林梅议案》在决议内容和表决方式上是否违反公司章程而应当予以撤销；在该瑕疵决议内容被新的合法有效的决议所覆盖时，原决议该如何处理。对此应从股东大会决议瑕疵撤销制度的立法目的、法定事由、行使方式、瑕疵决议的治愈等方面展开分析。

一、股东大会决议瑕疵撤销制度的立法目的

股东大会决议，是通过股东的表决而形成的股东大会的意思表示。股东大会决议作为公司的意思表示，其本质是透过会议形式由多数股东所作的意思决定。虽然学说和判例普遍认为，股东大会决议是二人以上当事人基于平行一致的意思所形成的共同行为，属于一种法律行为。[①] 但股东大会决议毕竟不同于自然人基于“心理过程”的意思决定，它是一种依赖于程序的法律行为。由于受“资本多数决”原则的支配，公司法十分注重会议机制的安排，彰显了决议程序正义的价值。

股份公司本身即是一个庞杂的机构，内含股东之间、股东同管理层之间、股东与债权人之间等利益冲突。股东大会是股东行使权利的唯一场所，要保证每一位股东发出自己的声音且股东大会决议能代表多数股东的意思，就必须对股东大会决议的形成过程创设严格的程序要求。只有遵循法定程序形成的决议才是合法的决议，程序违法决议的效力存有瑕疵。因此，只有股东大会决议程序，包括股东大会的召集和决议方法和内容均合法、公正才能发生法律效力；如果决议程序或内容上有瑕疵，就不能认为是正当的团体意思，应对其效力作否定性的评价。为此，我国《公司法》第二十二条设立了瑕疵股东大会决议的可撤销制度。

依据该条，股东大会召集程序、表决方式违反法律、行政法规或者公司章程，或者决议内容违反公司章程的，股东可以自决议作出之日60日内，请求人民法院撤销。立法上创设撤销股东大会决议制度的目的，在于否定以违法程序假借多数决的公正意思而成立的决议的效力。[②] 该制度的设立价值是通过与

---

① 参见柯芳枝：《公司法论》（上），台湾地区台北三民书局2002年版，第274页。

② 钱玉林：《论可撤销的股东大会决议》，载《法学》2006年第11期。

决议无效的区别体现的，二者反映了不同的价值理念和法律精神。相对来说，决议的无效侧重于保护法的安定性以及交易安全；决议的撤销更侧重于效率，更多体现了公司法的私法本质。决议的无效是由法律对决议作出直接的否定性评价，与当事人的意志无关；决议的撤销因为决议存在着不公正的因素，而由法律给予受到不公平对待方的救济措施，其着眼点在于保护受到不公平对待方的利益，是否否定该决议效力的权利赋予给受到不公平对待方，法律并不主动干预其效力。

如果决议在形成过程中，程序上存在某些瑕疵，但该瑕疵并不会直接影响决议的内容，导致内容的瑕疵，则并不必然发生损害股东或是公司利益的后果。如果立法直接规定此类瑕疵决议无效，对交易秩序和当事人利益未必有利。故从稳定团体性法律关系的角度考虑以及瑕疵因时间经过造成的判定困难，将其效力的确定权交由具有直接利益的股东，在一定的期间内，根据自己的利益作出判断，决定是否有必要行使撤销权，决定此决议的效力是更好的选择。所以不以程序瑕疵直接否认决议的效力，而是赋予特定利害关系人撤销权。这有利于股东作出有利自己的最佳选择，可以稳定法律秩序。因此，将可撤销作为决议瑕疵的效力后果具有明显的合理性。

二、股东大会决议的撤销事由及行使条件

根据《公司法》第二十二条规定，笔者认为，决议撤销事由的构成标准，须同时满足两个要件：决议已经成立；具有法定的撤销事由。

（一）决议已经成立

决议撤销以承认决议成立为前提，因此一项可撤销的决议首先必须满足决议的成立要件。股东大会决议的成立要件，包括：①

1. 有股东大会的外观存在。这是从法律行为的主体资格上考察的。公司的意思表示通过决议的方式形成，股东大会决议的作成必须通过召开股东大会的方式进行。一项决议能称得上是股东大会的决议就在于其是在外观存在的股东大会上作出的。一个有外观存在的股东大会须同时满足两个条件：一是股东大会须由召集权人召集，二是向所有股东发送了召集通知或公告。

2. 股东大会作出决议。法律行为的成立，就是意思表示的完成。而在股东大会决议这一特殊法律行为中，其意思表示并非个人的意思表示，而是具有

① 林国全：《股东会决议成立要件之研究》，载《现代公司法制之新课题》，台湾地区元照出版公司 2005 年版，第 239 页。

团体性质的公司法人的意思表示。因此，无召集股东大会的事实作出的股东大会决议或虽召集股东大会但当时未作出决议而后伪造的决议为虚假决议，该决议缺乏股东大会的意思表示，应被认定决议不存在。

3. 决议满足多数决。多数决原则是形成公司意思的基础性手段，这意味着决议体现出多数股东的意愿。因此，如将当场未达多数决的股东大会决议视为可撤销，就意味着先承认该决议是成立的、在被撤销之前是有效的，而且可能因可撤销出诉期间的经过而成为永久有效的决议。这样一来，多数决原则就被架空而失去其意义。所以，未达多数决要求的股东大会决议被日、韩等国公司法认定为不成立的决议。

本案中，四环公司的董事会召集了股东大会，并发布了会议公告，最终通过股东大会表决的形式通过了《林梅议案》，该决议已经成立。

（二）具有法定的可撤销事由

《公司法》第二十二条规定，股东大会决议的程序违法违章或者决议内容违章可以导致决议被撤销。

1. 决议程序（包括会议召集及表决方法）违法或违章

召集是股东大会会议的起点，也是股东大会的一项重要程序。[①] 可谓无召集，无会议，亦无决议。召集程序是股东会召开的准备阶段，其所要解决的是股东大会由谁召集和如何召集的问题，包括召集决定的作出和发出召集通知这两个阶段。如召集权及召集通知程序存在瑕疵，将影响到决议的公正性，损害股东和公司的利益。表决方式是指股东在股东大会会议上为作成决议而行使表决权的程序和形式。决议作为一种团体意思，其形成依赖“资本多数决”原则，股东表决方式违法当然会产生决议的效力瑕疵。从规范目的角度分析，“公司法中之所以规定了公司股东会的召集程序，其目的是确保有参会资格的股东能有充分的时间考虑和准备出席股东会议，以保障股东能够充分行使表决权。”[②] 而表决方式的规范目的则在于贯彻股权平等原则。[③]

由于程序存在独立的价值，程序违法不一定必然伤害实体正义。具体到股东大会决议程序上的违法，也不一定会损害股东、公司的利益。受程序违法困扰而无法正常出席会议或者行使表决权的股东是自己利益的最佳判断者，其对

---

① 姜战军：《股份有限公司股东大会制度研究——股东大会对股东权的保护》，载梁慧星主编：《民商法论丛》（第13卷），法律出版社2009年版，第687页。

② 周晓莉：《瑕疵股东会决议并非当然无效——北京二中院判决谷成满诉康弘公司公司决议效力确认纠纷案》，载《人民法院报》2014年8月7日。

③ 参见我国《公司法》第四十一条、四十二条、四十三条规定。

决议程序违法可能带来的损害最有发言权，可以根据损害的大小、补救成本的高低来决定是否行使否定决议效力的权利，而法律难以对程序违法的决议是否以及在多大程度上侵害股东、公司的利益作出最佳的判断。无效是法律对法律行为效力价值的最严厉否定，与当事人的意思无关，一般仅适用于直接损害实体正义的瑕疵行为。因此，程序违法的决议如果归于当然无效，立法难脱过度干预当事人意思自治之嫌。可见，程序违法造成可撤销的前提是其有可能造成对实体公正的侵犯。如果程序违法显著轻微，显然不足以对决议的实体公正产生不利影响，不会对公司、股东的利益构成实质性损害的，就不存在适用可撤销制度的必要。

另外，公司章程是规范公司、股东与管理层的基本行为准则，关于股东大会决议程序的强制性规定方面，公司章程的规定在效力层次上低于法律、行政法规，但对于公司、股东与管理层具有拘束力。基于上述分析，决议程序违反公司章程规定的，应该归属于决议撤销情形。

2. 决议内容违反公司章程

公司章程是规范公司、股东与管理层的基本行为准则，也是确定股东实体权利义务的基本依据，故决议的内容必须符合章程的规定，否则构成效力瑕疵。对于决议内容违反公司章程的属于无效还是可撤销问题，曾存在争议。有观点认为，章程对公司而言，就是公司的宪法，因此，股东大会决议内容违反章程时为无效。笔者对此不予认可，首先，公司章程系公司自治的最高准则和内部权利义务规范，具有契约性质，而非适用于外部人的法律，若股东大会决议内容违反公司章程的规定，该种瑕疵属于公司内部自治问题，应该更加尊重股东自治和公司自治，不应将该种事由归于无效。[①] 其次，公司法属于私法，其在对公司法律关系进行规定的时候，会将一部分无需法律强制性规定的事由，预留给公司章程，由公司自由约定。故这部分事由由公司章程约定，具有浮动的空间，其并不等同于公司法上的强制性规定。股东大会决议内容违反公司法的强制性规定的无效，而违反公司章程的严重程度明显低于公司法的强制性规定，故股东会决议内容违反公司章程的，为决议可撤销。最后，公司章程用于规范公司、股东、董事、监事及高级管理人员，仅有上述内容人员熟知章程内容，通常而言并不对外披露公司章程。故立法能够要求第三人了解《公司法》的规定，但不能要求第三人了解各个公司章程的约定，当股东大会决

① 李建伟：《论公司决议可撤销的适用事由—基于司法适用立场的立法解释》，载《浙江社会科学》2009 年第 8 期。

议内容违反公司章程时，第三人由于获得途径有限，对该项情况往往并不知情。此时，若将该决议认定为无效，不符合商法维护交易安全原则中外观主义的要求，会影响交易安全和秩序，对第三人不公平。[①] 因此，不宜将股东大会决议内容违章事项归于无效，而应认定为可撤销。

本案中，涉案股东大会罢免林梅独立董事职务，违反了四环公司章程第九十六条、独立董事制度第十条规定，且涉案股东大会采用一股一票方式进行选举，也违反了四环公司章程第九十七条规定的应当采用累积投票制的规定，决议内容及表决方式均违反了四环公司的章程，直接影响了实体权利产生影响，具备法定可撤销事由。

（三）撤销权的行使条件

1. 具备股东会决议撤销权人的资格

我国《公司法》将撤销权人限定为股东，但对于股东原告资格的要件未作进一步的界定，由于决议的作成与对决议行使撤销权在时间上并不同一，因此，何时取得股东资格才能行使撤销权，成为一个问题。有观点认为，“若决议时尚未取得股东地位者，纵股东会决议具有瑕疵，因未涉及其权益，自无从取得此形成权，因此，决议时具有股东身份者，始得起诉。”[②] 有观点认为，提起撤销决议之诉的原告在起诉时须具有股东身份，其当事人之适格始无欠缺。[③] 还有观点进一步认为，原则上提起诉讼的原告，在“股东会决议时”及“起诉时”都应具有股东身份，而且在决议时当场表示异议，取得了撤销权。从具有撤销权股东受让股份而取得股东资格的，不影响撤销权的行使。《最高人民法院关于适用〈中华人民共和国公司法〉若干问题的规定（四）》第二条规定对此作了明确，原告应当在起诉时具有公司股东资格。

2. 在法定期间内以诉讼方式提出

公司法律关系复杂，股东大会决议的撤销对公司利益影响很大，公司法明确了决议撤销应以诉讼为之，由法院审查认定撤销权的要件是否具备。另外，引起决议撤销原因的瑕疵相对较轻，法院一旦判决撤销决议后，决议的效力将发生变更或消灭，基于该决议的公司法律关系也随之发生变更或消灭，为避免法律关系长期处于不确定状态，公司法规定了撤销之诉的起诉期间决议作出之日起60日内。该期间在性质上应认定为除斥期间，属于强行法的规定，公司

---

① 钱玉林：《公司法实施问题研究》，法律出版社2014年版，第126页。

② 甘培忠、刘兰芳编著：《新类型公司诉讼疑难问题研究》，北京大学出版社2009年版，第14页。

③ 林国全：《诉请撤销程序瑕疵之股东会决议》，载台湾地区《月旦法学》2001年第9期。

章程或者当事人之间不得以合意任意缩短或延长，期间经过后，撤销权人丧失实体法上的撤销权，即便向法院提起诉讼，法院也可不予受理或驳回诉讼。

本案中，盛景公司在本案起诉时具备股东身份，已在法定期间内提起撤销权之诉，案涉《林梅议案》在决议内容和表决方式上均违反公司章程规定，应当予以撤销。

三、股东大会决议瑕疵的治愈

（一）股东大会决议瑕疵治愈的一般原理

我国《公司法》针对决议撤销之诉的起诉期间作了限定，如股东未在此期间行使撤销权，视为股东对决议的消极认可，决议瑕疵即被治愈，确定发生效力。立法对于是否允许股东通过积极的行为来治愈决议瑕疵，没有直接规定。依据民法原理，法律对当事人行为的干涉尽量控制在一个合理的范围内，充分尊重当事人意思自治，允许当事人以积极行为来治愈法律行为的瑕疵。股东大会决议作为一种法律行为，应同样适用。股东大会决议瑕疵治愈又被称为非诉救济，即许以权利人经由诉讼之外方法对决议程序瑕疵展开救济，将股东会决议效力恢复。①

决议瑕疵的非诉讼救济同诉讼救济的关系，应该定位于前者优先于后者而适用。首先，由于决议涉及公司组织法律关系，决议一经作出，以其为基础可能不断地同外部第三人发生法律关系，一旦提起瑕疵决议之诉，这就会使公司组织法律关系长期陷入不确定的状态；一旦瑕疵决议的效力被否定而溯及无效，则很可能造成对社会关系稳定性的极大损害。如允许当事人以积极行为治愈决议的瑕疵，使得决议的效力确定，能够更好地保证商事交易的效率。其次，参与股东大会决议是股东行使股东权的重要途径，设立瑕疵决议之诉的主要目的也是保护股东及公司的利益，法官永远不可能代替当事人成为当事人自己利益的最佳判断者。瑕疵决议的治愈优先于诉讼，意味着法院就瑕疵决议的效力作出判决前，应允许股东采取积极行为消除决议的瑕疵。

（二）程序瑕疵的治愈

有召集程序瑕疵的股东大会决议，可否因全员出席股东大会参与决议而被治愈，存在争议。在有限公司，基于人合性，立法与学说都持肯定立场。我国《公司法》第三十七条第二款规定，有限公司股东会“对前款所列事项股东以书面形式一致表示同意的，可以不召开股东会会议，直接作出决定，并由全体

① 赵心泽：《股东会决议效力的判断标准与判断原则》，载《政法论坛》2016年第34卷第1期。

股东在决定文件上签名、盖章”。据此，可以理解为有限公司股东会决议瑕疵得因全体股东的同意得以治愈。但对于股份公司股东大会召集程序上的瑕疵，《公司法》没有类似的规定。从立法解释论上讲，目前我国《公司法》尚不允许以全体股东同意的方式治愈股东大会决议瑕疵。在法理上，股份公司虽然股东人数众多，全员出席股东大会的几率很低，但也并非完全不可能。在立法上，不少大陆公司法对决议的程序瑕疵的治愈作了规定。英美公司法也认可股东大会决议瑕疵可因全体股东出席并同意而得以治愈。在美国，非依法定程序召集的股东大会股东不得为公司作成决议，唯一的例外就是决议事项得到全体股东的同意，此时即使未召开股东大会，全体股东的同意也具有与召开股东大会所作出的决议同等的效力。在英国，无论是私人公司或是公众公司，均可适用1985年《公司法》第366条A规定，即“可以通过全体股东一致协议而免除股东大会的召开”。[①]

在理论学说上，多数国家的通说也认为，股东大会决议因程序上违反法律、章程规定而引起的瑕疵，如经股东明示或者默示同意，应视为瑕疵被治愈，该决议视为依法作出。[②] 理由是，法律之所以要求须依一定程序召开股东大会以作成决议，目的在于保护股东的出席会议、参与讨论及表决的机会，股东全体既然放弃其利益，法律没有理由否认其效力。[③]

（三）禁反言规则的适用

司法实践中对于对决议投赞成票的股东，可以通过禁反言规则来限制股东撤销诉权，以间接实现对公司决议瑕疵的治愈。对决议投赞成票的股东是否享有撤销权，应区分不同情况来对待。如决议的程序违法、违章，对决议内容的赞成并不必然意味着其放弃出席股东大会在程序上应有之权益；如果决议内容违反章程的，已投赞成票的股东不应享有撤销权，否则无疑允许股东任意变更其意思，也有违“禁反言原则”。最高人民法院2003年11月4日发布的《关于审理公司纠纷案件若干问题的规定（一）》（征求意见稿）第四十一条规定：“股东参加了股东会议且对会议召集程序未表示异议，或者虽对会议召集程序表示异议但对决议事项投票赞成，或者虽投票反对但已以自己的行为实际履行了股东会议决议，其提起诉讼，请求撤销股东会议决议或者认定股东会议决议

---

① 钱玉林：《论可撤销的股东大会决议》，载《法学》2006年第11期。

② 朱慈蕴：《关于公司决议瑕疵之诉的若干问题探讨》，中国经济法完善项目“2007年度第1次公司法研讨会”论文。

③ 柯芳枝：《公司法专题研究》，台湾地区台湾大学出版社1976年版，第111页。

无效的，人民法院应当驳回其诉讼请求。”该规定虽因公司法修改而未获颁行，但体现的精神值得借鉴。

本案中，涉案股东大会对诉争的《林梅议案》和盛景公司提议免去卢青独立董事职务并增补王福清为独立董事的议案适用了同样的表决方式，盛景公司对自己的议案投了赞成票，应视为对该表决方式的认可，其又对《林梅议案》提出异议，违反了“禁反言原则”，不应支持。

（四）股东大会瑕疵决议之追认

股东大会瑕疵决议之追认借鉴了民事法律行为追认概念，后者为经追认权人为特定法律行为，针对先效力待定之法律行为表示同意，使它具有法律效力。在股东大会决议存在瑕疵且可以为补救措施情况下，会议上可以形成另一个内容不变且没有瑕疵之新决议，以追认先前决议，这会使先决议的瑕疵事由不复存在。能够利用追认的方式进行部分瑕疵决议的治愈，这已是大陆学界普遍认同的观点。[①] 当决议与法律行政法规强制性规定不符因而评价为无效时，决议效力被给予完全否认，这种场合下没有必要进行追认；但在决议内容仅仅与章程不符之场合，为了保护善意第三人之合法权益，应当允许追认。当决议程序不合法致使瑕疵出现时，也应利用追认制度进行补救。

对瑕疵决议的追认使决议的瑕疵予以消除，使决议效力状态得以确定，使公司决议与外部合作关系均能得以稳定。但对于追认制度的适用也需要有内容及程序等的限制因素：其一，追认权人的确定。股东大会为公司意思表示机关，其作出先决议，也相应具有对先瑕疵决议之追认权利。股东大会决议实际表达公司意思，则公司享有追认瑕疵决议之权利。其二，追认期间的确定。追认制度的目的在于维护公司活动的效率与公司法律关系的稳定，为顺应该制度初衷，对于追认期间的确定就显得尤为重要。我国《合同法》对追认期限之规定是，权利人要于知晓后1个月内行使权利，超出即看作放弃权利。瑕疵决议之追认也应具有确定追认期间。另外，当股东大会决议的撤销权超出期限时被视为自动放弃，这会使先瑕疵决议还处于生效状态，此时不存在追认的适用空间。正因如此，追认的权利需要于撤销的诉产生效力前行使。其三，追认方式的规范。如前所述，股东大会为公司意志的“代言人”，公司对于先瑕疵决议的追认权也需要由股东大会依照法律及公司章程的规定行使，对前决议的瑕疵内容或程序进行修正。

此前，《公司法解释四（征求意见稿）》第八条曾对诉前补救制度作了回

① 施天涛：《公司法论》，法律出版社2006年版，第376页。

应。该条规定了当股东诉请撤销股东大会决议时，公司有证据证明有如下情形存在，即包括决议作出后，股东对决议内容表示明确同意，或股东以自身行为作出明确接受之意思，或作出新的决议实际上承认诉讼请求内容。此时应驳回股东的诉求。该条涉及了个别股东对于前瑕疵决议的事后同意问题，确认了公司及股东的追认权利，具有借鉴意义。

就本案而言，虽然《林梅议案》因存在瑕疵可撤销，但四环公司又于2017年1月19日召开股东大会，采用符合章程规定的累积投票制选举了独立董事，且原第七届董事会任期已满，林梅也不再有被恢复独立董事职务的现实可能性，上述事由客观上治愈了原决议瑕疵，原《林梅议案》的实质内容已被新决议覆盖，对原决议不再有通过司法程序撤销的意义，应驳回盛景公司的诉讼请求。

（**一审法院合议庭成员**　张　勇　王杰兵　陈艳红
二审法院合议庭成员　时永才　张圣斌　蔡利娜
编写人　江苏省无锡市中级人民法院　蔡利娜　王久荣
责任编辑　潘　静
审稿人　曹士兵）

中证中小投资者服务中心有限责任公司诉上海海利生物技术股份有限公司公司决议效力确认纠纷案

——限制股东非独立董事提名权的股东大会决议无效

关键词：商事　董事提名权　公司经营管理

【裁判要点】

上市公司股东就公司股东大会决议中有关公司章程中的某一项内容要求确认无效，但在诉讼过程中，公司通过召开股东大会并形成决议的形式将要求确认无效的内容在公司章程中予以删除，此时还应对要求无效的内容进行效力的判断及裁判，因为该内容曾在某个时间段内真实存在且对不特定的股东产生效力。

【相关法条】

《中华人民共和国公司法》第四条　公司股东依法享有资产收益、参与重大决策和选择管理者等权利。

第二十二条第一款　公司股东会或者股东大会、董事会的决议内容违反法律、行政法规的无效。

第一百零二条第二款　单独或者合计持有公司百分之三以上股份的股东，可以股东大会召开十日前提出临时提案并书面提交董事会；董事会应当在收到提案后二日内通知其他股东，并将该临时提案提交股东大会审议。临时提案的内容应当属于股东大会职权范围，并有明确议题和具体决议事项。

【案件索引】

一审：上海市奉贤区人民法院（2017）沪0120民初13112号（2018年4月28日）

【基本案情】

原告中证中小投资者服务中心有限责任公司诉称：董事的提名权是股东选择管理者权利的重要内容之一，是股东的基本权利，对这种权利的保护属于《公司法》中的强制性规定，不属于股东会自治性规定的范畴，非依法律法规的规定，任何人不得以任何方式加以限制和剥夺。单独或者合并持有3%以上股份的股东无论持股期限长短，均有权向公司提出包括董事候选人在内的提案，公司章程无权限制股东的上述权利。被告公司章程第八十二条增加“连续90天以上”的持股时间限制，违反了《公司法》第四条和第一百零二条第二款规定，限制和剥夺了部分股东参与选择公司管理者的权利。依据《公司法》第二十二条的规定，提起本案诉讼。

被告上海海利生物技术股份有限公司辩称：被告在收到原告的建议后进行了回复，在原告提出质询和诉讼后，又对章程进行了自查，发现原告提出的建议合法、合理，故已于2017年6月30日召开第二届董事会第二十九次会议，审议通过了《关于修订公司章程议案》，已经按照原告的建议修改章程，并提请召开2017年第三次临时股东大会审议并获有效通过，新的公司章程已依法生效，故认为原告的诉讼请求已无事实依据与现实意义。

法院经审理查明，被告上海海利生物技术股份有限公司于1981年7月18日成立，当前公司类型为股份有限公司（台港澳与外国投资者合资、上市），原告中证中小投资者服务中心有限责任公司为持有被告230股股份的股东。

2014年6月30日，被告发出《上海海利生物技术股份有限公司2015年第一次临时股东大会决议公告》，该公告中有关议案审议情况第14项为关于修订公司章程并办理工商变更登记，该议案以100%同意的比例通过。根据上述股东大会作出的决议内容，被告办理了公司章程的工商变更登记。该份章程中第八十二条第二款第一项内容为：“董事会、连续90天以上单独或合并持有公司3%以上股份的股东有权向董事会提出非独立董事候选人的提名，董事会经征求被提名人意见并对其任职资格进行审查后，向股东大会提出提案。”

2017 年 4 月 17 日，原告通过邮件方式向被告递交《股东质询建议函》，向被告提出两个问题建议，其中之一为关于取消限制股东权利的建议。原告认为被告公司章程第八十二条第二款第一项中有关“连续 90 天以上单独或合并持有公司 3% 以上股份”的内容不合理地限制了股东对董事、监事候选人的提名权，并将归属于股东大会的董事候选人审查、决策权变相转移至董事会，违反了《公司法》及相关规定，建议取消此限制类条款。

2017 年 4 月 24 日，被告作出回复，认为《公司法》《上市公司章程指引》等法律、法规及规范性文件虽然没有对单独或合计持有 3% 以上股份的股东提名董事、监事候选人的权利作出持股时间上的限制，但也没有对公司章程能否就该条款进行自行规定作出禁止性规定，《上市公司章程指引》第八十二条的注释明确公司应当在章程中规定董事、监事提名的方式和程序，该等规定赋予公司章程在未违反法律法规及规范性文件禁止性规定的前提下对公司董事、监事提名权进行自治性设定的权利。

【裁判结果】

上海市奉贤区人民法院于 2018 年 4 月 28 日作出（2017）沪 0120 民初 13112 号判决：确认被告上海海利生物技术股份有限公司于 2015 年 6 月 29 日作出的 2015 年第一次临时股东大会决议中有关公司章程第八十二条第二款第（一）项内容无效。一审判决后，原、被告双方均未上诉，判决已发生法律效力。

【裁判理由】

法院生效裁判认为，本案的争议焦点为：被告于 2015 年 6 月 29 日做出的 2015 年第一次临时股东大会决议中《公司章程》第八十二条第二款第一项内容是否应确认无效。对该争议焦点，法院对原告的诉讼请求予以支持，理由如下：

一、根据《公司法》规定，公司股东依法享有资产收益，参与重大决策和选择管理者等权利。在权利的具体行使方式上，单独或者合计持有公司百分之三以上股份的股东，可以在股东大会召开十日前提出临时提案并书面提交董事会。上述规定表明，只要具有公司股东身份，就有选择包括非独立董事候选人在内的管理者的权利，在权利的行使上并未附加任何的限制条件。分析被告在2015年第一次临时股东大会决议中有关公司章程第八十二条第二款第一项内容，其中设定“连续90天以上”的条件，违反了《公司法》的规定，限制了部分股东就非独立董事候选人提出临时提案的权利，该决议内容应认定为无效。

二、被告虽于2017年第三次临时股东大会作出决议，通过了修订《公司章程》的议案，取消了“连续90天以上”的限制条件，但鉴于上述限制条件存在于2015年第一次临时股东大会决议中，该决议自作出之日起即客观存在且发生效力，后作出的股东大会决议与此前形成的股东大会决议分属相互独立的不同法律行为，并不能当然补正此前股东大会中相关内容的法律效力。另考虑到被告作出2017年第三次临时股东大会决议的时间在原告提起本案诉讼之后，庭审中经询问，被告对原告的诉讼请求及事实和理由亦未持异议。综合以上因素，法院仍支持原告的诉讼请求。就被告而言，其在原告起诉后修订公司章程，消除限制条件，且在庭审中同意原告主张，上述行为对依法完善公司治理规则亦有积极意义，法院予以认同。

【案例注解】

公司作为自治机构，其经营管理事项的开展需要通过公司机关来完成，但当公司机关的决议出现瑕疵时，则需寻求司法机关的介入。探寻公司自治与司法介入的平衡点，是贯穿公司立法、司法的难点。本案争议焦点有二：一是，侵害股东非独立董事提名权的股东大会决议是否无效；二是，公司已通过新的决议更改旧决议瑕疵内容的前提下，司法是否还有必要对旧决议的效力进行裁判。现分析如下。

一、股东大会决议无效的现行规定解析

我国现行《公司法》第二十二条第一款规定：“公司股东会或者股东大会、董事会的决议内容违反法律、行政法规的无效。”该款是我国关于股东大会决议无效的唯一规定。但违反何种法律、行政法规会导致股东大会决议无效，则无明文规定。通说认为，股东大会决议在本质上是民事法律行为，依据《民法总则》的规定，民事法律行为有效的条件之一是，不违反法律、行政法规的强制性规定，因此，该款所述法律、行政法规，应指强制性法律和行政法规。然而，强制性规范亦属抽象的法学概念，如何从公司法律规范体系中甄别

强制性规范，则是亟待解决的问题。结合审判实践，本文认为，公司法律规范体系中的强制性规范可从以下几个方面予以考量，具体来说：

1. 公司法中有关股东大会职权的规定。股东大会与董事会分权制衡的公司治理模式已是现代公司法律制度的核心内容。为保障股东大会和董事会正常行使职权，避免无谓的权限纠纷，公司法对股东大会和董事会的职权作出了明确规定。在此前提下，股东大会只能在自己的法定权限范围内作出决议，不得就依据公司法规定属于董事会职权范围内的事项进行决议，达到以股东大会决议代替董事会决议的目的。若股东大会无视公司法的规定，擅自对属于董事会职权范围内的事项召开股东大会，并作出决议，则此类股东大会决议因违反公司法对股东大会职权的规定而应无效。

2. 公司法中明确的禁止性规定。公司法除明确规定股东大会的职权之外，还会在特定章节专门规定禁止公司实施某种行为。虽然禁止公司为某种行为的规定并未明确股东大会无权就该特定事项作出决议，但是只要公司法禁止公司实施此类行为，即意味着公司任何内部机关无权代表公司实施禁止的行为。股东大会作为公司的一种内部机关，自然在禁止之列，其无权作出要求公司实施禁止行为的决议。若股东大会违法作出此类决议，则该决议因内容违反公司法的禁止性规定而应无效。公司法中禁止公司实施某种行为的规定不在少数。例如，企业对外投资的规定、公司回购股权的规定、利润分配的规定等。

3. 公司法中关于股东平等原则的规定。股东平等原则，是指在公司与股东的法律关系中，基于股东资格产生的权利、义务，各股东应享有平等待遇的原则。股份有限公司作为资合公司，其所谓的股东平等原则实质上就是股份平等原则，也即“同股同权”，具体表现在对公司收益、净资产以及公司控制的比例性利益（权利）。学界对违反股东平等原则的决议效力存有两种不同观点：一种观点认为，股东平等原则属于强行法规范，股东大会决议内容违法股东平等原则，应为无效。另一种观点认为，股东平等原则具有任意法的性格，除非股东大会决议一般性、持续性地变更或违反由股东平等原则所派生的注重强行性法律规定属于当然无效外，对于其他产生股东间不平等待遇的措施无法确认其为当然绝对无效的必要，应理解为相对无效。本文认为，股东大会决议均是就特定目标事项作出，无法衡量何者为持续性、何者为暂时性的，加上股份的频繁转让，违反股东平等原则的股东大会决议一般是对个别股东产生不利益，不能为了谋求法律关系的安定性而抛弃法律原则，因此，违反股东平等原则的决议应视为无效。

4. 本案股东大会决议违背了股权平等原则。本案中，股东大会决议对有权提名非独立董事的股东的持股时间进行限制，也即只有符合股东大会决议所定条件的股东才有权提名非独立董事，而未满足条件的股东则不具有提名非独立董事的权利，申言之，部分股东享有非独立董事提名权，而部分股东则不具有非独立董事提名权，加之，非独立董事提名权是股东参与公司控制管理的重要权利，此类条件的设置显然违背了股东平等原则，因此，应当认定无效。

二、司法介入谦抑原则对股东大会效力的影响

当公司内部治理出现纷争而向法院提起诉讼寻求司法救济时，从经济法的视角来看，国家干预之手已伸入公司自治领域，司法干预与公司自治的冲突不可避免地出现，探索二者平衡点的研究贯穿公司立法及司法的发展历史。通说认为，要实现司法干预与公司自治的平衡，司法介入应当表现出足够的“克制主义”，谨慎谦抑。同时，由于股东大会无效事由过于繁杂，无法通过明确列举的形式予以明确，因此，人民法院在审理股东大会效力确认纠纷时，应注重甄别目标事项是否属于司法应当介入的范围。现在的问题是，在股东大会效力确认领域如何认定司法介入的边界呢？对此，本文认为，可从两个方面予以考量：一是，公司内部管理事项；二是，决议内容的适当性。具体来说：

1. 公司内部管理事项。商人是商事组织利益的最佳判断者，商人基于公司内部管理需要所作出的股东大会决议，原则上司法不应介入审查。比如股东会内容涉及股东相互间股权转让、公司对外经营决策、资产处理、债权债务的核销、高级管理人员选任、开除等事项，只要该股东大会决议其他内容符合法律规定，则该股东大会决议即应有效。

2. 决议内容的适当性。法官不是职业经理人，不具备审查股东大会决议是否适当的专业知识，让法官审查股东大会决议是否适当既不现实，也涉嫌干预公司内部事务。因此，法官只应审查股东大会决议的合法性，而不应审查股东大会决议是否适当，不能以依法通过的股东大会决议所依据的事实和理由存在问题或者侵害个别小股东的利益为由而认定其无效。正如刘俊海教授所言：“由于法官不是商人，无法就公司决议内容的妥当性进行商业判断，但由于法官长于规则解释与违规识别，因此法官对公司决议的程序瑕疵进行司法审查恰好是法官的业务专长。而程序严谨、程序公正恰恰是中国当前公司治理中最为缺乏的元素。”因此，法官只应审查股东大会决议目标事项的违法性，而不应审查其合理性。

3. 本案决议事项的性质问题。本案中，股东大会决议事项并非公司内部管理事项，亦非决议适当性的问题。具体来说：其一，非独立董事提名权虽与

公司内部管理存在关联，但需特别说明的是，该股东大会决议所针对的目标群体是股东，并非公司的非独立董事，其限制的是股东参与公司经营管理的权利，而非对非独立董事的管理权利进行限制，因此，该股东大会决议事项并非公司内部管理事项，司法可以介入审查。其二，限制股东非独立董事提名权已非适当与否的问题，即便涉案股东大会决议将有权提名非独立董事的股东的持股时间限制为连续30天，仍不改变该项决议内容违法股东平等原则的事实，因此，对股东非独立董事提名权进行限制系属违法问题，而非适当与否的问题。

三、无效股东大会决议治愈后司法裁判的必要性探讨

瑕疵决议的治愈，是指公司决议虽然存在程序上或内容上的不足，但通过一定的方式，可以将其转换为有效的决议。可撤销的决议能够治愈，在理论界并无争议，此种制度背后的逻辑是，程序上的瑕疵在一定程度上是为保护股东的权利而设计的，如果股东自行放弃，则视为瑕疵被治愈。但无效决议能否治愈的逻辑则非如此简单，有观点认为，决议之所以无效，是因为该决议的内容违反了法律、行政法规的强制性规定，是国家意志对决议行为效力否定性评价，该否定评价不能由股东行为而获得反转。此观点有一定的道理，但由于无效事由的多样性，不能一概而论。现详述如下。

（一）无效决议的事后同意

股东大会决议本质上是一种民事法律行为，而无效民事法律行为能否治愈在学理上早有讨论。多数观点认为，以无效民事法律行为发生的原因为标准，可以将其划分为绝对无效的民事法律行为和相对无效的民事法律行为。前者系指法律行为欠缺以保护公共利益为目的的有效要件，由于其妨碍了公共价值的保护，该类行为“永久性”地不发生效力，即自始、当然、绝对地无效，不存在治愈的可能性；后者是指无效法律行为发生的原因是欠缺了法律保护私人权益的有效要件，则被侵害人自然有权利对侵害行为选择拒绝或接受，法律对此可以意思自治的领域无需强制干预，此为相对无效民事法律行为，该类行为的法律效力可以得到补救。

无效股东大会决议作为民事法律行为之一种，其可治愈性本质上是无效民事法律行为治愈制度在公司法领域的具体适用。申言之，若股东大会决议的无效事由涉及不特定主体利益或者社会公共利益的，则无治愈可能；若股东大会决议的无效事由仅涉及特定主体利益的，则具有可治愈性。例如，股东大会决议因侵害特定股东利益而无效，此时，若该特定股东对该股东大会决议无异

议，则司法不宜再强行确认该股东大会决议无效。该特定股东的事后同意即视为对无效股东大会决议的治愈。此即下文所提及的德国民法上的“事后同意”。

（二）无效决议的追认

“追认”这一概念源于德国民法。德国民法上，对自己作为的无效行为或可撤销行为的承认，称之为追认，对他人行为的承认，则称之为事后同意。关于无效法律行为的追认，体现在《德国民法典》第141条第1款。该款规定，无效的法律行为经行为人确认后，该确认应视为重新实施的法律行为。然而，无效股东大会决议能否适用追认制度，学界尚无统一观点。

从域外立法来看，关于无效股东大会决议的追认，德国立法无明文规定，但联邦德国最高法院在司法裁判中一定程度上肯定了追认制度在公司法中的地位，该判决认为“有瑕疵的股东大会决议，在重新作出一项无瑕疵的决议时，对前决议诉讼无效或撤销权利保护的必要性已经丧失”；《法国商事公司法》关于股东大会决议诉讼适用公司无效诉讼的规定，允许后股东大会决议对前瑕疵决议的纠正，并明确后股东大会决议合法追认无效决议时，无效诉讼丧失利益，不得再行提起无效之诉。由上述域外立法可知，股东大会决议适用追认制度的法律后果是，新的股东大会决议祛除了旧股东大会决议的瑕疵，新股东大会的决议的履行力可追溯至无效股东大会决议作出之时，当事人不得再行提起决议无效之诉。

本文认为，股东大会决议作为一种民事法律行为，原则上可以适用有关法律行为的理论。但需特别注意的是，司法决议效力的确认涉及国家意志的价值选择，而追认制度的适用后果实际上剥夺了司法机关对旧股东大会决议效力进行审查的权力，因此，无效股东大会决议追认制度的适用必须以立法明文规定为前提，不宜通过法理解释而在司法裁判中直接予以适用。

（三）无效决议治愈后诉的利益问题

如上文所述，在未设立无效决议追认制度的国家，新的决议已经改变了旧决议的瑕疵，此时，若权利人仍诉讼主张旧决议无效，则其诉的利益是否存在？诉的利益系大陆法系民事诉讼理论上的概念，是指对于具体的诉讼请求，是否具有进行判决的必要性和实效性。而诉的必要性和实效性本身即是十分弹性的概念，难以在法律条文中予加以明确具体的表述，因此，理论及实务界关于必要性和实效性的判断尚未形成统一标准，有待司法实践进一步探索。结合现有文献资料中的主流观点及本文所论主题，本文认为对确认之诉诉的利益需澄清两点内容：其一，诉的利益并非仅是原告这一诉讼主体的利益，与国家亦具有关联，原因是，国家是诉讼制度的运营者，必须考虑诉讼的必要性和实效性，否则即是司法资源的浪费；其二，确认之诉的实效性问题，即是指判决所能够实现的实际效果，该实际效果并不以原告的利益为限，其亦可体现为国家期望该判决所能达到的社会效果。

（四）本案裁判的必要性及实效性问题

在被告通过新股东大会决议改变旧决议瑕疵后，本案裁判的必要性和实效性问题是最值得探讨的问题。具体来说：

1. 裁判的必要性问题。其一，如上文所述，决议效力有效与否是国家对特定法律行为的价值选择，只有代表国家意志的司法机关才能作出有效与否的判断，因此，法律行为的效力问题是国家司法机关的“特权”。而裁判的必要性问题，即是指某项争议有必要通过诉讼的方式予以解决，由于效力问题是国家司法机关的特有权力，因此，原告要求确认决议无效的请求自然有必要通过诉讼方式解决。至于原告提起该项诉讼请求是否具有实际效果，则属于诉的实效性问题，而非必要性问题。其二，被告虽另行通过股东大会决议祛除了对股东提名非独立董事的限制，但由于我国并未规定无效决议的追认制度，新的股东大会决议并不具有祛除旧决议瑕疵的功能，新决议与旧决议相互独立，原告基于特定目的提起确认旧决议无效的诉讼，人民法院理应予以审查处理。其三，有观点认为，本案原、被告对旧股东大会决议存在瑕疵并无实质性争议，且被告已通过股东大会决议的形式改变了旧决议的瑕疵，故法院不应再就旧决议的效力问题作出裁判。对此，本文认为，双方当事人争议的有无并非判断有无诉讼必要的条件，即便无争议的案件，法院依然可以作出裁判，更为重要的是，涉案股东大会决议限制的是不特定股东的权利，原告仅是作为不特定股东之一提起本案诉讼，该案的处理结果实会涉及其他类似股东的权益，因此，即便双方对旧股东大会决议无争议，人民法院仍有作出裁判的必要。

2. 裁判的实效性问题。如上文所述，裁判的实效性是指，原告通过裁判所欲实现的实际效果，而该效果并不以原告自身利益为限，亦涉及国家或社会公共利益之问题。具体来说：其一，该案判决体现了司法保护中小股东利益的价值取向。本案中，被告已祛除旧股东大会决议中瑕疵内容，原告股东权利受损害的事实状态已经排除，其完全可以依照新的股东大会行使股东权利，就原告自身而言，其提起该案诉讼实无诉的实效性。但从国家或社会层面来看，该案判决的实效性主要体现在法的实现的社会效果。当下，大股东操纵上市公司、采取各种方式侵害中小股东权益的违规现象频发，而中小股东因持股分散难以有效发挥话语权，欠缺保护自身合法权益的能力。尤其在“宝万事件”

发生后，上市公司纷纷通过修改公司章程提高“收购条款”门槛，如提高持股行权比例、赋予大股东特别权利、增设公司收购特别决议等，此类限制股东权利或赋予股东特别权利条款的司法定性在本案判决之前尚属空白。本案判决所秉承的保护中小股东权益的价值取向对上述条款的司法定性提供了有益的经验，同时也为上市公司的控股方在设置股东行权门槛时提供了可行路径。其二，该案判决对优化上市公司内部治理规则具有重要指导作用。本案判决所体现的主要理念即是股权平等、同股同权，控股股东违反股权平等原则所作出的行为不应得到法律的肯定性评价。股权平等原则适用于基于股东资格而产生的全部法律关系。公司治理权的合法根基在于股东主权思想，即公司权力源于全体股东，公司权力由股东行使。因此，在公司治理中，亦应充分体现股权平等原则。我国现行公司法中并未明确规定股权平等原则，但该案判决所体现的股权平等理念对上市公司控股方治理公司具有重要的指导作用，对优化现行公司治理结构具有一定的借鉴意义。

（**一审法院合议庭成员** 韩 峰 张 琳 张山丽
编写人 上海市奉贤区人民法院 韩 峰 高 磊 张 琳
责任编辑 潘 静
审稿人 曹士兵）

郑载华诉缙云县永安水电有限公司、第三人陈雪新公司决议效力确认纠纷案

——无异议股东请求确认股东会决议有效之诉，法院驳回起诉

关键词：商事　股东会决议效力　确认之诉　无异议股东

【裁判要旨】

《公司法》第二十二条规定：股东认为股东会议决议违反法律法规和公司章程的，会议召集程序、表决方式违反法律法规和公司章程的，有权提起决议无效或撤销之诉。公司法对此问题的规定，旨在赋予可能受决议直接损害的股东行使法定的股东救济权利，以保护其合法利益。没有遭受损害的股东提起的确认股东会决议有效之诉，人民法院不予受理。

【相关法条】

《中华人民共共和国公司法》第二十二条　公司股东会或者股东大会、董事会的决议内容违反法律、行政法规的无效。

股东会或者股东大会、董事会的会议召集程序、表决方式违反法律、行政法规或者公司章程，或者决议内容违反公司章程的，股东可以自决议作出之日起六十日内，请求人民法院撤销。

股东依照前款规定提起诉讼的，人民法院可以应公司的请求，要求股东提供相应担保。

公司根据股东会或者股东大会、董事会决议已办理变更登记的，人民法院宣告该决议无效或者撤销该决议后，公司应当向公司登记机关申请撤销变更登记。

【案件索引】

一审：浙江省缙云县人民法院（2017）浙 1122 民初 2730 号（2017 年 12 月 13 日）

二审：浙江省丽水市中级人民法院（2018）浙 11 民终 264 号（2018 年 2 月 28 日）

【基本案情】

原告（上诉人）郑载华诉称：请求确认永安水电公司于 2016 年 6 月 17 日作出的关于解除陈雪新股东资格的股东会决议有效。

被告（被上诉人）永安水电公司答辩称：原告起诉的事实答辩人均予以认可。因陈雪新未实际缴纳股本金，答辩人在法院作出（2016）浙 1122 民初 1029 号民事判决后，就于 2016 年 5 月 21 日通过邮寄送达的方式向其发出了《关于限期陈雪新履行出资义务的通知》和《关于召开股东会的通知》，在通知中明确要求其履行出资义务，限其 2016 年 5 月 27 日将股本金 24000 元交到被告账户。并告知若未按通知规定履行出资义务，答辩人将依法取消其股东资格。在《关于召开股东会的通知》中，告知其公司定于 2016 年 6 月 17 日上午 9 时在徐柳平家召开全体股东会议和会议的主要议题，但是陈雪新在签收二份通知后根本不予理会。答辩人按期召开了股东大会，除股东李志瑛和陈雪新未到会外，其他参加股东会议的股东（占公司股权的 85%）一致表决同意解除陈雪新的股东资格。同月 19 日，答辩人向陈雪新邮寄送达了告知书，明确告知了股东会议决议解除其股东资格的内容。因此，答辩人在 2016 年 6 月 17 日召开股东大会所作出的股东会决议内容、程序均合法，答辩人同意原告的诉讼请求，请人民法院予以确认。

第三人陈雪新陈述称：（1）原告系七十多岁的老人，其对起诉状中的请求事项和事实理由的内容根本不知情，都是公司董事长徐柳平强行要求原告在诉状上签名捺指印。（2）原告是四川电站的任职总经理，2016 年 6 月 17 日，原告在四川并没有亲自参加在徐平家召开的股东会议，他是从四川回来后才在股东会议上补的签名。陈更新是公务员，不得参加企业管理，其参加股东会议并在会议记录上签名违反了相关的法规规定。因此，股东会议的召开不符合法律程序，无法律效力。（3）第三人作为永安水电公司的股东已依法履行了出资义务，被告作出的解除第三人股东资格的决议无事实和法律依据。（4）2016年4月29日，法院已对第三人与被告的股东知情权一案作出判决，判决书中明确认定第三人是被告的股东，享有股东知情权，所持有公司的股权证，可视为已履行了相应股权份额的出资义务。对于该判决被告虽提出上诉，但被告自行撤回了上诉，同意一审判决认定的事实，并按一审判决执行。现一审判决和二审裁定均已发生法律效力。而被告为了拖延第三人诉被告公司盈余分配纠纷一案的审理，故意提起本案诉讼，实是滥用诉权的行为。（5）第三人是被告公司的股东，已经履行了股东的出资义务，有被告公司的分红清单加以证明。综上，请求驳回原告的诉讼请求。

法院经审理查明，2016年5月21日缙云县永安水电有限公司以邮寄送达的方式向陈雪新发出《关于限期陈雪新履行出资义务的通知》和《关于召开股东会的通知》，要求陈雪新履行股东的出资义务，并限其于2016年5月27日前将股本金24000元交到缙云县永安水电有限公司账户。告知若未按通知规定履行义务，将依法取消其股东资格，并告知2016年6月17日上午9时在徐柳平家召开全体股东会议及主要议题。2016年6月17日，缙云县永安水电有限公司召开股东会议，陈雪新未到会。参加会议的股东经表决作出解除陈雪新股东资格的决议。同月19日，缙云县永安水电公司向陈雪新邮寄送达了告知股东会议决议取消其股东资格的告知书。

【裁判结果】

浙江省丽水市缙云县人民法院于2017年12月13日作出（2017）浙1122民初2730号民事判决：一、缙云县永安水电有限公司于2016年7月16日所作出的解除陈雪新股东资格的股东会决议无效；二、驳回郑载华的其他诉讼请求。

宣判后，郑载华提出上诉。丽水市中级人民法院于2018年2月28日作出（2018）浙11民终264号民事裁定：一、撤销缙云县人民法院（2017）浙1122民初2730号民事判决；二、驳回郑载华的起诉。

【裁判理由】

法院生效裁判认为：依据《公司法》第二十二条规定，股东认为股东会议决议违反法律法规和公司章程的，会议召集程序、表决方式违反法律法规和公司章程的，有权提起决议无效或撤销之诉。公司法对此问题的规定，旨在赋予可能受决议直接损害的股东行使法定的股东救济权利，以保护其合法利益。在本案中，从案涉股东会决议的内容上看，显然对陈雪新不利，但陈雪新并未提起决议无效或撤销之诉。在此情况下，一审法院受理另一股东郑载华要求确认决议有效的诉讼，本质上不符合法院受理民事案件的条件，亦缺乏相应的法律依据。一审法院对本案进行实体处理不当，应予撤销。对郑载华的起诉，依法应予驳回。

【案例注解】

本案是一起无异议股东请求确认公司决议有效的纠纷，即确认决议有效之诉。由于世界上其他国家（地区）的公司法以及我国的新旧公司法均未对确认股东会决议有效之诉作出明文规定，故在司法实践中，对这类案件持两种观点：第一种认为无异议股东对股东会决议提起确认有效之诉，法院应予受理，并确认该股东会决议有效。理由是：（1）在私法领域，法无禁止即许可，既然现有法律没有明文规定无异议股东不可以就决议有效提起确认之诉，那无异议股东就有权提起此类诉讼；（2）确认股东会决议有效可以起到定分止争的作用。第二种认为对于此类案件，法院应当不予受理；已经受理的，应当裁定驳回起诉。理由是：（1）新旧公司法对无异议股东的此类诉权均未规定，可以推定立法机关对确认股东会决议有效的诉讼是持否定态度的；（2）公司法已经赋予异议股东确认股东会决议无效、撤销的诉讼权利，若有异议股东不提起确认股东会决议无效、撤销的诉讼，那司法就不应该干预公司自治的事务；（3）单纯的确认之诉并不能解决其他股东或者公司不履行股东会决议内容的问题，相反，无异议股东对于上述情形应提起给付之诉，故确认股东会决议有效之诉，不具有可诉性。笔者认为第一种观点的两点理由均不成立，虽然在私法领域存在“法无禁止即许可”的理论，但在需要国家强制力即公权力介入私法领域时，该理论的实践需要慎重，尤其是在大力倡导公司自主、自愿、独立经营的背景下，对公司内部事务的处理，如需启动司法程序应当要有法律依据，否则会造成司法过度干预公司的不良后果。而且对于无异议股东提起确认股东会决议有效的诉讼，其本身并不能解决公司内部的矛盾，故笔者支持第二种观点，具体理由如下：

第一，现行的公司法以及其他法律法规均未规定无异议股东可以提起确认股东会决议有效之诉，其实并非立法者的疏忽，反而是立法机关深思熟虑后的结果，因为赋予无异议股东这项诉讼权利是多此一举，毫无必要。公司法是私法，公司自治是公司法的一项基本原则决议，只要股东会决议是按照公司法、公司章程的规定作出，该股东会决议当然有效。与股东会决议有利害关系的股东如果认为股东会决议违反法律或者公司章程的规定而存有效力瑕疵的话，应当依法提起股东会决议无效或者撤销之诉，否则，就不能否认股东会决议的效力，必须履行股东会决议的内容。即股东会决议一经作出，其效力便是确定的，根据“没有争议便没有诉讼”的基本法理，确认决议有效之诉不应当受理。本案中，被上诉人缙云县永安水电有限公司股东会作出解除第三人陈雪新股东资格的决议，该股东会决议直接影响的是第三人陈雪新的利益，在第三人陈雪新未提起确认股东会决议无效或者撤销股东会决议的诉讼之前，缙云县永安水电有限公司作出的股东会决议应属有效，即该股东会决议的效力并不处于不确定状态，上诉人郑载华作为对股东会决议没有异议的股东，无需对有效的决议提起确认有效之诉，对此类案件的受理有浪费司法资源之嫌。

第二，确认之诉应以具有诉的利益为前提。确认之诉通常是指一方当事人请求法院确认其主张的某种法律关系（权利关系）存在或不存在的诉，其目的是预防或避免未来发生纠纷或侵害的产生。在当事人发现自己某项权利义务处于不安全或不稳定有损于其利益时，便可提起确认之诉。即确认之诉的提起必须具有诉讼可救济的利益，否则必然造成滥诉。诉的利益如何产生，笔者认为是基于当事人主张的实体利益现实地陷入危险和不安时而产生，这种危险与不安源自侵权行为或争议状态，并能直接促成当事人请求诉权保护的理由或事实。判断是否具有诉的利益，是确定人民法院民事案件主管的主要依据。它可以将正当的、需要诉讼保护的民事权利或形成中的权利引入审判中予以诉讼救济，进而形成新的法律权利。判断诉的利益标准有三：（1）确认之诉的标的原则上以现存法律关系为限，除特殊情形外，事实不得作为确认之诉的标的；（2）当事人现实地感受到其权利或地位受到危险或感到不安；（3）存有其他形态的诉讼手段时，一般认为确认之诉的利益不存在。在本案中，上诉人郑载华提起的确认决议有效的诉讼，究其本质，其对该项决议并不存在争议，是对原就有效的决议再次确认的诉讼，其实体利益并没有陷入危险和不安，故上诉人郑载华不具有诉的利益，因此也不具有可诉性。

第三，司法介入是对公司自治机制的补充和救济，所以，司法介入公司治理纠纷的前提，应当是已经穷尽了公司内部救济的一切可行手段。笔者亦支持在没有经过公司内部救济程序便提起诉讼就属于缺乏司法救济必要性的观点，因为随时随地采用司法救济来解决公司内部纠纷，将司法救济当成“万能药”，一来不能真正实现司法救济定分止争的功能，反而分散了司法资源，造成司法资源不足的问题；二来架空了公司内部救济程序，使其成为了挂在墙上的制度，不利于公司的管理以及公司的发展。从公司法修订之后，任意性规范增多，强制性规范减少，可以推断出立法者试图扩大公司自治空间，增强公司自主性的意图，这是符合市场发展规律的。对此，司法也应该大力支持，所以，司法介入公司治理纠纷时，更应当把握好度的问题。在本案中，笔者认为法院对公司股东会决议的审查，在性质上属于公权对私权的干预，必须保持审慎的态度，有所为有所不为，否则就有违公司意思自治的精神。在法律没有明文规定无异议股东亦可提起确认决议有效之诉的前提下，司法作为一种事后的国家强制手段强行介入公司纠纷，难免有司法过度干预公司自治的嫌疑。况且法院对该类案件的受理，不仅发挥不了“司法救济是权利救济的最后一道屏障，也是社会公平正义的最后的‘防火墙’”的作用，反而会产生一定的负面效果，故二审改判驳回上诉人郑载华的起诉，是非常恰当的。

目前，由于现行法律没有明文规定无异议股东不可以提起确认股东会决议有效的诉讼，故各地法院做法不一，有的判决决议有效，有的判决决议无效，有的裁定驳回起诉等，导致同案不同判的现象较为突出。结合笔者对本案的分析，为避免司法资源的浪费，维护司法的统一性与权威性，建议最高人民法院通过司法解释明文规定法院不予受理确认决议有效之诉，并修改案由“公司决议确认纠纷”为“公司决议确认无效纠纷”。

（**一审法院合议庭成员**　吴旭贞　张耀进　李国省
二审法院合议庭成员　朱永红　程允平　翁王婷
编写人　浙江省丽水市遂昌县人民法院　阮素静
责任编辑　潘　静
审稿人　曹士兵）

二、案例精析

【编者按】 各级人民法院坚持“反映审判全貌，总结审判经验，服务审判工作”的编辑方针，突出“真实、全面、及时、说理”的编辑特色，报送了一批具有典型性、新类型、重大疑难复杂案例，对指导审判业务、宣传国家法制、预防和化解社会矛盾纠纷，促进法学教育与理论研究作出了积极努力。《人民法院案例选》将继续坚持这一优良传统，并通过中国应用法学研究所责任编辑撰写编后补评等方式，对判决和评析中虽未提及但比较重要的或评析不充分的问题，进行补充评析，以期达到总结经验教训、指导审判业务、促进理论研究的目的。

刑　事

丁伟元绑架案

——为寻找他人而挟持儿童作为人质行为的定性

关键词：刑事　绑架罪　非法拘禁罪　人质　主观目的

【裁判要旨】

行为人将儿童作为人质，利用人质近亲属对人质人身安危的担忧而迫使其交出第三人的行为应定性为绑架罪。

【相关法条】

《中华人民共和国刑法》第二百三十八条　非法拘禁他人或者以其他方法非法剥夺他人人身自由的，处三年以下有期徒刑、拘役、管制或者剥夺政治权利。具有殴打、侮辱情节的，从重处罚。

犯前款罪，致人重伤的，处三年以上十年以下有期徒刑；致人死亡的，处十年以上有期徒刑；使用暴力致人伤残、死亡的，依照本法第二百三十四条、第二百三十二条的规定定罪处罚。

为索取债务非法扣押、拘禁他人的，依照前两款的规定处罚。

国家机关工作人员利用职权犯前三款罪的，依照前三款的规定从重处罚。

第二百三十九条　以勒索财物为目的绑架他人的，或者绑架他人作为人质的，处十年以上有期徒刑或者无期徒刑，并处罚金或者没收财产；情节较轻的，处五年以上十年以下有期徒刑，并处罚金。

犯前款罪，杀害被绑架人的，或者故意伤害被绑架人，致人重伤、死亡的，处无期徒刑或者死刑，并处没收财产。

以勒索财物为目的盗窃婴幼儿的，依照前两款的规定处罚。

第二百六十二条 拐骗不满十四周岁的未成年人，脱离家庭或者监护人的，处五年以下有期徒刑或者拘役。

【案件索引】

一审：安徽省阜阳市颍州区人民法院（2018）皖1202刑初58号（2018年3月27日）

二审：安徽省阜阳市中级人民法院（2018）皖12刑终192号（2018年6月20日）

【基本案情】

安徽省阜阳市颍州区人民检察院指控：2017年4月28日中午12时许，被告人丁伟元以外出吃饭为由，将被害人李某甲从家中骗走，后带到丁伟元位于颍东区正午镇的老家，并于第二天带至阜阳市火车站附近蓝天旅馆116房间。期间丁伟元多次用语言威胁恐吓李某甲，让其听从安排不要乱说话，并多次打电话要挟其家人三天之内交出李某甲姑姑（丁伟元前妻）。

被告人丁伟元对起诉书指控的犯罪事实不持异议，对罪名持有异议，认为其不是绑架。辩护人提出的辩护意见是：对本案的犯罪事实没有异议，但认为被告人的行为不符合暴力、胁迫和以其他方式对被害人控制和限制人身自由，被害人案发时候可以正常玩耍，同时也有逃走的机会。应定拐骗儿童罪。

法院经审理查明：2017年4月28日12时许，被告人丁伟元以外出吃饭为由，将被害人李某甲（丁伟元前妻李某乙的侄女，2007年1月4日出生）从家中骗走，后将其带到丁伟元位于阜阳市颍东区正午镇的朋友王某某家中住了一晚，并于第二天带至阜阳市火车站附近蓝天旅馆116房间。期间丁伟元多次用语言威胁恐吓李某甲，让其听从安排不要乱说话，并多次打电话要挟其家人三日之内交出李某乙。阜阳市公安局颍州分局刑警大队接到报警后于次日18时许将丁伟元抓获。

阜阳市颍州区人民法院认为，被告人丁伟元离婚后为实现与前妻李某乙见面的目的，利用其与被害人的亲属关系及被害人年龄尚小，自我保护能力弱不敢反抗的特点，以哄骗、暴力威胁等手段控制李某甲，并利用李某甲近亲属对李某甲安危的忧虑，多次电话联系李某甲家人要求交出李某乙，其行为已构成绑架罪。鉴于丁伟元的绑架行为因家庭纠纷引起，在对被害人李某甲进行人身控制时没有殴打等恶劣情节，依法可以对其酌情从轻处罚。依照《刑法》第二百三十九条第一款、第五十二条、第五十三条之规定，以绑架罪判处被告人丁伟元有期徒刑五年，并处罚金人民币1万元。

一审宣判后，丁伟元以原判定性错误，量刑太重提出上诉。理由是：他采用欺骗手段将被害人从家中带走，使其脱离了家庭和监护人的看管，但并未严格意义上剥夺被害人的人身自由，也未采取暴力方式对被害人实施人身控制，被害人在案发时可以正常玩耍，也有逃走的机会；他没有向被害人的家人勒索财物，提出与前妻见面的要求也不属于非法要求，故不构成绑架罪，应当以拐骗儿童罪定罪处罚。

辩护人认为，本案因家庭纠纷引发，丁伟元将被害人带离家中的目的是让前妻回来而非勒索财物，虽然实施了限制被害人人身自由的行为，但是没有实施暴力，主观恶性小，应当定性为非法拘禁罪，建议二审法院依法改判。

阜阳市中级人民法院经二审审理查明，丁伟元在控制李某甲人身自由期间，除多次使用语言威胁外，还拿出匕首对其进行恐吓。关于丁伟元的其他犯罪事实同一审一致。

【裁判结果】

安徽省阜阳市中级人民法院于2018年6月20日作出（2018）皖12刑终192号刑事裁定：驳回上诉，维持原判。

【裁判理由】

法院生效裁判认为：丁伟元将被害人李某甲从家中骗走，对李某甲实施人身控制，不仅非法剥夺了李某甲的人身自由，而且利用李某甲家人对李某甲人身安危的担忧，多次威胁李某甲家人交出李某乙，其行为符合“人质型”绑架罪的犯罪构成。原判认定事实清楚，定罪准确，鉴于本案系家庭矛盾引发、丁伟元主观恶性较小、对被害人没有实施殴打等恶劣情节，对丁伟元已经从轻处罚，量刑适当。

【案例注解】

一、争议焦点

本案事实清楚，争议焦点集中于为寻找他人而挟持儿童作为人质行为的定性。对此，二审合议庭有两种不同意见，具体阐述如下：

（一）合议庭第一种意见认为，丁伟元的行为应当定性为非法拘禁罪，理由是：绑架犯罪往往是以勒索巨额赎金或者重大不法要求为目的，使用手段的极端性和索取不法要求的重要性是典型绑架犯罪的行为特征。我国刑法规定绑架罪的起点量刑为五年以上有期徒刑，而非法拘禁罪为三年以下。从立法本意来看，基于绑架罪的社会危害性远远大于非法拘禁罪，故规定了绑架罪的较高处刑。对此，应当严格限制对绑架罪客观行为的理解和认定，以体现罪刑相适应原则。如果一些情节比较轻微的绑架，不具有与绑架罪严厉评价相当的不法程度，如行为人扣押人质，只是索取少量财物或者提出其他轻微不法要求，不宜认定为绑架罪。[①] 本案中，丁伟元与被害人李某甲曾系亲属关系，当事人之间关系相对特殊；丁伟元因找不到前妻李某乙而将李某甲哄骗带走，威胁李某甲家人让李某乙回来与其见面，系因婚姻家庭纠纷引发的矛盾，提出的要求也不属重大不法要求；在对李某甲实施人身控制时，只是采取威胁恐吓的手段，并未实际造成李某甲的人身伤害；在限制人身自由方面，丁伟元将李某甲与自己的女儿丁某一块带至其朋友家及宾馆，期间自己均外出过，并未采取暴力或过激的手段，属于低强度的限制人身自由。综上，本案不具有与绑架罪相当的社会危害程度，应当以非法拘禁罪定罪处罚。

（二）合议庭第二种意见认为，丁伟元的行为应当定性为绑架罪，理由是：首先，我国刑法对“人质型”绑架罪的主观构成要件没有明确限制，没有要求构成该罪必须具有勒索财物以外其他不法要求的主观目的，甚至是重大不法要求；其次，“人质型”绑架罪侵犯的法益远远大于非法拘禁罪。非法拘禁罪侵犯的权益较窄，仅为侵犯被害人的人身自由权，而“人质型”绑架罪还同时侵犯他人的意思自决权等其他权益。本案中，丁伟元不仅限制了李某甲

---

① 张明楷：《刑法学》第五版，法律出版社 2016 年版，第 889 页。

的人身自由，而且以李某甲的人身安全威胁其他人，迫使他人满足自己提出的条件以达到自己的目的。因此，本案定性为绑架罪较为适当。

二、法理分析

笔者同意合议庭第二种意见，具体分析如下：

（一）“人质型”绑架罪与拐骗儿童罪的区别

按照《刑法》的规定，绑架他人作为人质的构成“人质型”绑架罪；拐骗儿童罪则是指拐骗不满14周岁的未成年人，使其脱离家庭或者监护人的行为。拐骗的手段主要表现为蒙骗、利诱等，将儿童偷走、抢走的行为也构成本罪。[①] 两罪在客观行为上虽有一定的相似之处，即限制了被害人的人身自由，但最主要的区别还是两罪主观目的的不同。理论界和实践界普遍认为，拐骗儿童罪多是以收养为目的，或使奴役、使唤。同时，从刑法分则的体系来看，拐骗儿童罪是与暴力干涉婚姻自由罪、虐待罪等破坏婚姻、家庭关系的犯罪规定在一起，可见刑法对于该罪名的立法本意侧重的是对家庭关系的保护。行为人实施的拐骗儿童行为导致家庭破裂，侵犯了儿童在监护人身边成长的合法权益。由此可见，拐骗儿童罪的一个重要特征是行为人以收养或奴役为目的，使儿童长期或者永久地脱离家庭或者监护人。本案中，丁伟元带走其前妻的侄女，并非出于自己收养或使奴役、使唤的目的，不具备使该儿童长期脱离家庭监护的意图，仅是通过短期暂时的控制，迫使其前妻出现，因此，丁伟元的行为不符合拐骗儿童罪的主观要件，不构成拐骗儿童罪。

（二）“人质型”绑架罪与非法拘禁罪的区别

非法拘禁罪是指非法拘禁他人或者以其他方法非法剥夺他人人身自由的行为。从刑法分则的体系来看，“人质型”绑架罪与非法拘禁罪都规定在第四章侵犯公民人身权利、民主权利的类罪中，说明该两罪都是侵犯他人人身自由权利的犯罪，主观上都有控制他人人身、行为自由的故意，客观上也必然表现为使用暴力、胁迫或者其他方法非法剥夺了他人的人身自由。但是两罪之间还是存在着明显的区别：（1）侵犯的法益不同。非法拘禁罪侵犯的是人身自由权，“人质型”绑架罪侵犯的是人身自由权与生命健康权、财产权、第三人自决权等复杂的客体。（2）主观要件不同。“人质型”绑架罪不单单追求限制他人人

---

① 张明楷：《刑法学》第五版，法律出版社2016年版，第889页。

身自由的结果，而且具有满足其他要求的目的，而且此目的对行为人来说比剥夺人身自由的故意要更为直接，剥夺人身自由是为了达到该目的而采取的手段，犯罪目的是该罪的构成要件。而非法拘禁罪的主观方面不要求有特定目的，只要具备非法剥夺他人人身自由的故意即可，目的、动机作为量刑的情节不影响该罪的成立；（3）侵害对象不同。"人质型"绑架罪不仅剥夺了人质的人身安全，而且以伤害人质威胁他人，迫使他人作出某种行为以达到自己的目的，侵犯了第三人的自决权，而非法拘禁罪针对的是本人，且一般不以现实紧迫的暴力作为威胁；（4）暴力的激烈程度不同。非法拘禁罪本身以限制人身自由为目的，行为的手段和程度在一定意义上多为低强度，可控的。而绑架犯罪往往存在一定的不稳定性，在行为举动和手段上普遍要比非法拘禁罪表现得更强，给被害人造成的伤害更大；（5）量刑处罚不同。非法拘禁罪较绑架罪而言行为人的主观恶性和社会危害性小，因此起点刑远低于绑架罪的起点刑五年有期徒刑。本案中，丁伟元采取恐吓手段强迫被害人处于自己的控制之下，并多次以被害人的人身安全为由威胁被害人家人，迫使其前妻与其见面，不仅侵犯了被害人的人身自由，而且侵犯了他人的意思自决权、被害人家人对孩子的监护权等多种权益，其行为符合"人质型"绑架罪的主观故意和客观行为特征，应当以绑架罪定罪处罚。

（三）"人质型"绑架罪主观方面的认定

我国刑法条文对"人质型"绑架罪的法律规定较为简单、笼统，没有明确主观目的的构成要件，导致司法实务中争议很大，主要有以下三种观点：一是认为行为人的主观目的是"绑架他人作为人质"，二是认为主观目的是为了"满足其他不法要求"，三是认为主观目的并不要求具备不法性。[①] 笔者认为，"人质型"绑架罪是目的犯，必然要求具有绑架行为之外的犯罪目的，但根据现实的需求，已没有必要将犯罪目的限制为"非法目的"。

1. "人质型"绑架罪要求具有绑架行为之外的犯罪目的

我国《汉语大词典》中将"人质"解释为"一方拘留对方的人，用来迫使对方履行诺言或接受某些条件"。我国于 1993 年加入并适用的《反对挟持人质国际公约》第 1 条第 1 款明确规定："任何人如劫持或扣押并以杀死、伤害或继续扣押另一人（以下称'人质'）为威胁，以强迫第三方，即某个国

① 立克幸义、周科楠：《人质型绑架罪主观目的的构成》，载《中国检察官》2013 年第 1 期。

家、某个国际政府间组织、某个自然人或法人或某一群人，作或不作某种行为，作为释放人质的明示或暗示条件，即为犯本公约意义范围内的劫持人质罪行。”由字典含义到公约规定可以看出，行为人绑架人质是为了以被害人的安危威胁第三方，迫使第三方作出自己希望的行为、举动，故“人质型”绑架罪应认定具有主观目的性。

2. “人质型”绑架罪的犯罪目的不宜人为限定为“非法目的”

（1）从法律解释的角度来看，目前我国刑法条文中并未规定“人质型”绑架罪的犯罪目的必须具有非法性，更没有规定为“重大非法要求”，对此，我们不应该做限制性的解释，人为缩小绑架罪的适用范围，这样有违罪刑法定的原则。另外，2009 年《刑法修正案（七）》对绑架罪的法定最低刑由十年有期徒刑降为五年，同时规定了存在情节较轻的绑架罪，说明立法机关也考虑到近年来绑架犯罪在司法实践中的复杂多样性，从罪刑相适应的基本原则出发重新调整了绑架罪的起点刑和量刑档次。同时，在此次法律修改中也没有引入“人质型”绑架犯罪必须具有主观目的非法性的要求。

（2）从刑法保护的角度来看，绑架罪之所以定罪量刑较重，就因为该罪同时侵犯了多个法益，如果人为限定了处置范围，仅仅使具有非法目的的行为人受到刑事处罚，对于其他不以非法要求为目的的行为人来说，就有可能存在罪刑不相一致的情况，对于被害方而言，其正当的权益也无法得到保护。本案中，丁伟元向其前妻提出见面的要求，虽非传统意义上的非法要求，但对于其前妻而言却非自愿，至少也是不合理和不正当的要求。另外，若完全限定犯罪目的的非法性，可能也会导致一些本应通过合法手段获得救济的行为人，纷纷选择以较低的犯罪成本通过私力救济达到自身的目的，从而造成对以非法手段达到合法目的行为的法律纵容，严重侵害被害人的权利，也损害了法律的尊严和社会的稳定。

（3）从与国际接轨的角度出发，也无须规定绑架罪的非法性目的。在上文提到的《反对挟持人质国际公约》中并未提及强迫他人行为的合法性与非法性，只要是形成了胁迫，就在事实上成立了挟持人质罪，故我国的绑架人质罪也不宜限定需要具备非法性的目的。

三、本案结论

综上所述，对“人质型”绑架罪构罪条件的界定应更多地考虑绑架罪的罪质特征，即行为人为实现其犯罪目的，实际控制、支配了被害人，并将其作为人质来侵犯第三人自决权，强迫其作为或者不作为以满足行为人的要求，作为释放人质的条件，至于行为人提出的要求即犯罪目的是否合法不影响对该罪的认定。

（**一审法院合议庭成员** 梅卫红 刘 志 王 炯
二审法院合议庭成员 周 东 李志军 王 刚
编写人 安徽省阜阳市中级人民法院 罗亚敏
责任编辑 周维明
审稿人 李玉萍）

王天宇强制猥亵妇女案

——强制猥亵罪的犯罪认定及未完成形态的辨析

关键词：刑事　强制猥亵　欺骗方式　未完成时态

【裁判要旨】

强制猥亵罪中的强制猥亵行为是指侵犯他人按照自己的意志决定是否从事性行为的权利，以欺骗的方式违背被害人主观意志为其拍摄裸照的行为不应认定为强制猥亵罪。对于强制猥亵罪的未完成时态，司法实践中应综合全案情况具体分析审慎惩处，实践中强制猥亵罪以处罚既遂为原则，以处罚未遂等其他犯罪形态为例外。

【相关法条】

《中华人民共和国刑法》第二百三十七条第一款　以暴力、胁迫或者其他方法强制猥亵他人或者侮辱妇女的，处五年以下有期徒刑或者拘役。

【案件索引】

一审：北京市大兴区人民法院（2017）京0115刑初1000号（2017年9月11日）

二审：北京市第二中级人民法院（2017）京02刑终607号（2017年11月14日）

【基本案情】

北京市大兴区人民检察院指控：2016 年 2 月份，被告人王天宇通过 QQ 方式虚构北京第二外国语学院中瑞酒店管理学院 2012 级“刘婧”的身份结识陈某（女，20 岁），后以开设性教育课程、配合调查问卷、奖励学分为由，于 2016 年 4 月 4 日 12 时许，将陈某骗至北京市大兴区庞各庄镇的北京天和假日酒店有限公司（小米假日酒店）客房 D03 房间内，对陈某拍摄暴露隐私部位的照片，并违背陈某意志抠摸其胸部、阴部等部位对其进行猥亵。2017 年 3 月 12 日 13 时许，被告人王天宇以同样的手段通过微信虚构北京第二外国语学院中瑞酒店管理学院学生管理办公室“陈佩佩”老师的身份，将刘某某（女，19 岁）骗至北京市大兴区庞各庄镇的北京中瑞酒店管理学院 1612 教室拍摄照片，后欲将刘某某带至北京天和假日酒店有限公司（小米假日酒店）客房，途中因刘某某产生怀疑并借故离开而未能得逞。刘某某于 2017 年 3 月 13 日报警，被告人王天宇于 2017 年 3 月 14 日被传唤到案。

被告人王天宇在开庭审理过程中对公诉机关的指控没有异议。

其辩护人的辩护意见为：第一，被告人王天宇的第二起犯罪事实不是犯罪未遂，而是犯罪预备；第二，被告人具有坦白情节，到案后立即如实交代了自己全部犯罪行为，配合侦查机关侦破本案；第三，被告人主动投案，应当认定为自首；第四，被告人父母积极赔偿了被害人，并取得其谅解；第五，被告人以非暴力的欺骗手段对被害人实施猥亵行为，主观恶性不深；第六，被害人的照片没有传播泄露，被告人猥亵妇女的目的只是满足自己不健康的心理欲望，没有利用照片再实施其他违法犯罪的意图和行为，综上，请求对被告人王天宇减轻处罚，让其早日回归学校。

本案因涉及个人隐私，为不公开开庭审理。法院经审理查明：2016 年 2 月份，被告人王天宇通过 QQ 虚构北京第二外国语学院中瑞酒店管理学院 2012 级“刘婧”的身份结识陈某（女，20 岁），后以开设性教育课程、配合调查问卷、奖励学分为由，于 2016 年 4 月 4 日 12 时许，将陈某骗至北京市大兴区庞各庄镇的北京天和假日酒店有限公司（小米假日酒店）客房 D03 房间内，让陈某穿着其事先准备的多套服装，使用道具黑色绑带对其拍摄暴露隐私部位的照片，并违背陈某意志以测量数据为由抠摸其胸部、阴部等部位，对其进行猥亵。

2017 年 3 月 12 日 13 时许，被告人王天宇再次通过微信虚构北京第二外国语学院中瑞酒店管理学院学生管理办公室“陈佩佩”老师的身份，将刘某某（女，19 岁）骗至北京市大兴区庞各庄镇的北京中瑞酒店管理学院 1612 教室拍摄照片，后欲将刘某某带至北京天和假日酒店有限公司（小米假日酒店）客房继续拍照，途中因刘某某产生怀疑后借故离开。刘某某于 2017 年 3 月 13 日报警，被告人王天宇于 2017 年 3 月 14 日 19 时被民警从学校传唤到案，到案后如实供述了上述主要事实。

【裁判结果】

北京市大兴区人民法院于 2017 年 9 月 11 日作出（2017）京 0115 刑初 1000 号判决：被告人王天宇犯强制猥亵妇女罪，判处有期徒刑一年二个月。

王天宇上诉称：王天宇在被公安机关查获照片后主动交代犯罪事实，应当认定为自首，从轻处罚。北京市第二中级人民法院于 2017 年 11 月 14 日作出（2017）京 02 刑终 607 号裁定，驳回上诉人王天宇的上诉，维持原判。

【裁判理由】

法院生效判决认为：被告人王天宇无视国法，为追求精神刺激满足其性欲，以开展性教育调查为由欺骗被害人致使产生错误认识，在被害人不知反抗的时候强制猥亵他人，其行为已构成强制猥亵罪，依法应予惩处。北京市大兴区人民检察院指控被告人王天宇犯强制猥亵罪的罪名成立，但其指控被告人王天宇对刘某某的行为系强制猥亵罪犯罪未遂一节，经查，被告人王天宇在教室为刘某某拍摄照片之后，在前往酒店途中刘某某借故离开，被告人王天宇尚未实施进一步行为，且在案证据不能确实充分证明被告人王天宇具有为满足其性刺激而实施强制猥亵刘某某的主观故意，因此，被告人王天宇针对刘某某的行为不构成强制猥亵罪。故检察院指控的该起事实系犯罪未遂，不予认定。

鉴于被告人经民警传唤到派出所后第一次讯问时如实供述其主要犯罪事实，且赔偿了被害人的经济损失并得到其谅解，依法从轻处罚。

关于被告人王天宇主动到案构成自首的辩护意见，经查，王天宇虽然在民警第一次讯问时供述主要犯罪事实，系如实供述自己罪行，但其系民警在学校内由老师电话联系其到学校，到达学校后未对民警如实交代犯罪事实，行为上不具有投案的主动性，故不符合自首的构成要件。

关于被告人王天宇主观恶性较小和危害后果较轻、并请求减轻处罚的辩护意见，经查，被告人虽未采用暴力、胁迫手段强制猥亵被害人，但其行为具有预谋，蓄意假冒身份以进行性教育调查为手段欺骗被害人，致使被害人对其行为性质产生错误认识，违背被害人的真实意思实施强制猥亵行为，该手段属于暴力和胁迫以外其他使人难以反抗的手段，对被害人造成了伤害，其行为的主观恶性和危害后果较为严重，在量刑时酌情从重考虑。

【案例注解】

强制猥亵罪，是指以暴力、胁迫或者其他方法强制猥亵他人的行为。暴力手段是直接加之于被害人身体的有形强制，目的是排除反抗；胁迫手段主要是对被害人精神上的无形强制；其他手段，多是指行为人利用被害人患病、无性防卫能力、熟睡、醉酒等其他方法进行强制猥亵的行为。

本案中，检察院指控被告人的两次行为均构成强制猥亵罪，并且认定第二次行为构成强制猥亵罪的未遂。审理过程中，合议庭对于被告人行为的定性以及犯罪形态的认定也产生了分歧。最终经法院审理，认定被告人违背被害人意志强制猥亵作案一次。

一、被告人以欺骗的方式为被害人拍摄裸照的行为是否构成强制猥亵罪?

本案中，合议庭就被告人在拍照过程中违背被害人意愿抠摸其阴部的行为构成强制猥亵罪均无异议，但关于被告人以欺骗的方式为被害人拍摄裸照的行为是否构成强制猥亵罪，合议庭产生了分歧。一种意见认为，被告人以欺骗的方式为他人拍摄裸照，其行为违背了他人的真实意愿，属于强制行为，拍摄裸照的行为也属于侵犯他人性自主权的行为之一，因此被告人的这种行为构成强制猥亵罪；另一种意见认为，被告人以欺骗方式为他人拍摄裸照，虽然违背了他人真实意愿，但是拍摄裸照的行为与通常意义上的猥亵行为如抠摸、搂抱等仍有区别，不应认定为侵犯他人性自主权的行为，因此该行为不构成强制猥亵罪。最终合议庭采纳了第二种意见，认为被告人的行为不能构成强制猥亵罪。理由如下：

强制猥亵罪中的强制猥亵行为是指侵犯他人按照自己的意志决定是否从事性行为的权利。

猥亵是一种受道德评价的行为，其本身不具有刑事可罚性。猥亵行为包含以下三个特征：第一，猥亵行为与性有关；第二，猥亵行为是自然性交之外的行为；第三，猥亵行为是违反正常的性道德观念的行为。判断一个行为是否构成猥亵，应当以现有社会已经形成的社会道德风尚为标准。之所以把某些猥亵行为纳入刑法的视野，主要在于它违背了他人的自由意志，对他人的人身权利造成了损害。强制猥亵是一种法律评价，“强制”是罪与非罪的界限。通说认为强制猥亵是侵犯被害人的性的自主权（或性的羞耻心）的行为。猥亵行为多为淫乱或下流的举动，司法实践中主要有鸡奸、兽奸、抠摸、舌舔、手淫、搂抱、剥光衣裤、显露生殖器、偷窥等表现形式。从具体的行为方式上看，大致可分为两类：一是侵犯人按照自己的意志决定是否从事性行为的权利，如鸡奸他人，强行抠摸等行为，这些性行为是指为了满足自己性需要的固定或不固定的性接触和性交，需要有实际的身体接触，仅凭语言或非身体接触的行为不能认定为从事性行为。每个人均有按照自己的意志决定自己的性行为的权利，即决定是否进行性行为，以及如何进行性行为（主要包括性行为的行为方式、对象、时间等因素）的权利。而上述行为无疑都侵犯了他人按照自己的意志从事性行为的权利。二是侵犯他人的性羞耻心的行为，如强迫他人观看其他人的性行为或生殖器，强行脱光他人衣裤，强行给他人拍裸照，偷窥、偷拍他人洗澡，或通过持续的淫秽下流的语言羞辱他人等行为。

实践中，哪种行为能够认定为强制猥亵罪中的猥亵行为呢？笔者认为应该是第一种行为。虽然他人按照自己的意志从事性行为的权利和他人的性的羞耻心都属于他人的性权利，但两者还是有一定区别，前者强调身体接触，侧重于对性的身体方面权利的保护，而后者则强调精神羞辱，侧重于对性的精神方面权利的保护。虽说侵犯他人从事性行为的权利的行为必然同时也侵犯了他人的性羞耻心，但侵犯他人性羞耻心的行为以强制手段实施时虽然可能同时侵犯了他人的人身自由权，却因缺少实际的身体接触，无法侵犯他人按照自己意志从事性行为的权利。

在本案中，被告人违背他人真实意愿，以欺骗的方式让被害人身着暴露服装为被害人拍摄裸照，但二人在拍照时并无身体上的实质接触，其行为属于侵犯其性羞耻心的行为，而非侵犯被害人按照自己的意志决定是否从事性行为，因此，被告人的该行为并不能构成强制猥亵罪。若是被害人自己认为受到了较大的人格侮辱或损害，情节严重被告人的行为可能被认定为强制侮辱罪。

二、被告人的第二次行为是否构成强制猥亵罪的其他未完成形态？

公诉机关认为，被告人的第二次行为构成强制猥亵罪的未遂，因为被告人采用相同的欺骗手段准备对被害人实施拍摄裸照进而强制猥亵被害人，其已开始着手将被害人带至宾馆，表明已着手实施强制猥亵行为，仅因被害人及时识破离开现场这个意志以外的因素，使被告人的犯罪目的未能得逞。辩护人认为该行为构成强制猥亵罪的犯罪预备，只是在为强制猥亵行为准备条件。合议庭经过审查后认为，被告人第二次行为不构成强制猥亵罪的其他犯罪形态，因而不应认定为强制猥亵罪。

根据我国刑法总则的规定，原则上处罚犯罪预备、犯罪未遂与犯罪中止，但事实上犯罪预备、犯罪未遂与犯罪中止的处罚具有例外。换言之，许多犯罪的预备、未遂、中止行为的不法与责任没有达到值得科处刑罚的程度。但是，刑法分则对于哪些犯罪应当处罚犯罪预备、犯罪未遂与中止，又没有设立明文规定。所以，在司法实践中，我们必须实质性考察各种具体故意犯罪的特殊形态的可罚性。以犯罪未遂为例，应考察什么样的行为在未得逞的情况下，其行为的不法与责任达到了值得科处刑罚的程度。经考察发现以下三种情况：（1）罪质严重的未遂应当以犯罪未遂论处，如故意杀人未遂、抢劫未遂、强奸未遂等；（2）罪质一般的未遂，只有情节严重时，才能以犯罪未遂论处，如盗窃未遂、诈骗未遂等；（3）罪质轻微的未遂不以犯罪论处，如非法侵入住宅未遂、侵犯通信自由未遂等。一般来说，其中的罪质的轻重，取决于保护法益的重要程度。

本案中，被告人在教室为被害人拍摄照片之后，在前往酒店继续拍照的过程中，被害人借故离开，一是被告人尚未实施下一步行为，其供述自己的目的只是满足性刺激而拍摄裸照，拍摄裸照的行为不构成强制猥亵罪；二是在案证据并不能确实充分证明被告人具有为满足其性刺激而实施强制猥亵刘某某的主观故意；三是强制猥亵罪所侵犯的法益并非如故意杀人、抢劫等恶性犯罪严重，司法实践中对未遂的处罚极少；四是大多数情况下强制猥亵罪为行为犯，实施强制猥亵行为即既遂，很少有未遂这种犯罪形态的存在；五是即使结合被告人第一次的行为进行推测，其结果可能是抠摸被害人的隐私部位而没有其他更恶劣的猥亵行为，该行为的未遂行为的不法性是否应该受到苛责，仍需进一步商榷，并且这只是一种假设情况；六是实践中对于情节显著轻微的猥亵他人的行为，综合考虑暴力的程度、猥亵行为持续的时间、部位、对象、造成的结果等情节仍可不作为犯罪处理，那么被告人的上述行为尚未进行到猥亵他人的实际行为，当然存在不作为犯罪处理的空间；七是被告人的行为可能是强制猥亵罪的预备行为，但不能作为犯罪预备进行处罚，因为只有当行为人确实将实行某一特定犯罪、当某种犯罪预备行为发展必然造成重大或大量法益受到侵害、并实施了相应的预备行为时，才有必要处罚犯罪预备，被告人的行为尚未确实符合上述特征，综上，合议庭认定被告人针对刘某某实施的行为不构成强制猥亵罪，故检察院指控的该起事实系犯罪未遂以及辩护人认为的犯罪预备，法院均不予认定，但该次行为可作为量刑情节予以考虑。

综上，被告人王天宇为寻求刺激，违背他人意志，欺骗他人致使其在不知反抗的情况下实施了抠摸陈某阴部等处的猥亵行为，其行为已构成强制猥亵罪，故王天宇的行为构成强制猥亵罪，一、二审的结果是正确的。

（**一审法院合议庭成员** 黄淘涛 林树影 李景臣
二审法院合议庭成员 刘 硕 金昌伟 孙轶松
编写人 北京市大兴区人民法院 黄淘涛
责任编辑 周维明
审稿人 李玉萍）

刘志中被控强奸案

——明知对方系不满十四周岁幼女仍多次实施强奸行为并致导幼女怀孕引产的处理

关键词：刑事 明知 幼女 强奸 其他严重后果

【裁判要旨】

明知对方系不满14周岁幼女，仍多次强奸幼女致幼女怀孕并引产，应属于强奸罪中“致使被害人重伤、死亡或者造成其他严重后果”，适用十年以上有期徒刑、无期徒刑或者死刑的刑罚。

【相关法条】

《中华人民共和国刑法》第二百三十六条第三款 强奸妇女、奸淫幼女，有下列情形之一的，处十年以上有期徒刑、无期徒刑或者死刑：（一）强奸妇女、奸淫幼女情节恶劣的；（二）强奸妇女、奸淫幼女多人的；（三）在公共场所当众强奸妇女的；（四）二人以上轮奸的；（五）致使被害人重伤、死亡或者造成其他严重后果的。

【案件索引】

一审：四川省崇州市人民法院（2017）川0184刑初778号（2017年12月21日）

【基本案情】

四川省崇州市人民检察院指控：被告人刘志中犯强奸罪。

被告人刘志中在开庭审理过程中无异议并自愿认罪。

法院经审理查明：2016 年至 2017 年 7 月期间，被告人刘志中在明知王某系不满 14 周岁幼女的情况下，采用引诱、胁迫等手段在崇州市三江镇三桥村 13 组其自家田地角落草丛、小树林、沙发厂房屋内、屋后树林等地多次与未成年被害人王某发生性关系。2017 年 8 月 8 日，王某父亲唐文某带其女儿到崇州市三江公立卫生院检查发现，王某已怀孕数月。2017 年 8 月 11 日，怀孕已 29 周 +1 天的王某在成都市妇女儿童中心医院引产分娩一死婴，经成都市公安局物证鉴定所作 DNA 比对鉴定，鉴定意见为在不考虑双胞胎或近亲情况前提下，刘志中是从王某体内引产出来胎儿的生物学父亲。

【裁判结果】

崇州市人民法院认为，被告人刘志中以引诱、胁迫等手段多次强奸不满 14 周岁的幼女，造成幼女怀孕并引产的严重后果，其行为严重损害了幼女的身心健康，已构成强奸罪。崇州市人民检察院指控被告人刘志中犯强奸罪的事实和罪名成立，予以支持。被告人刘志中奸淫不满十四周岁的幼女，予以从重处罚。被告人刘志中归案后如实供述犯罪事实，庭审中自愿认罪，予以从轻处罚。据此，崇州市人民法院于 2017 年 12 月 21 日作出（2017）川 0184 刑初 778 号判决：被告人刘志中犯强奸罪，判处有期徒刑十二年。

宣判后，被告人未上诉，公诉机关未提起抗诉，该判决已发生法律效力。

【裁判理由】

法院生效裁判认为：本案中，被告人对其犯强奸罪的事实和罪名均无异议，并自愿认罪，案件的主要焦点在于强奸幼女的法律适用问题。公诉机关认为，被告人为满足其性欲需求，多次与未满 14 周岁未成年人发生性关系，造成被害人怀孕并引产的事实应适用“致使被害人重伤、死亡或者造成其他严重后果的”条款，因此，应当按照《刑法》第三款规定对被告人判处十年以上有期徒刑。被告人刘志中未提出答辩意见。根据《刑法》第二百三十六条第三款规定，强奸妇女、奸淫幼女，有下列情形之一的，处十年以上有期徒刑、无期徒刑或者死刑：（一）强奸妇女、奸淫幼女情节恶劣的；（二）强奸妇女、奸淫幼女多人的；（三）在公共场所当众强奸妇女的；（四）二人以上轮奸的；（五）致使被害人重伤、死亡或者造成其他严重后果的。

综合本案来看，被告人明知王某系未满14周岁幼女的情况下，采用引诱、胁迫等手段多次与被害人发生性关系，情节恶劣，并导致被害人怀孕引产的行为，对被害人身心健康造成了极大的伤害，应当适用《刑法》第二百三十六条第三款第五项“致使被害人重伤、死亡或者造成其他严重后果的”进行处罚。综合案件事实、情节，对被告人作出“判处有期徒刑十二年”的处罚决定。

【案例注解】

强奸未满14周岁幼女并造成被害人怀孕是否应认定为《刑法》第二百三十六条第三款五项规定的“造成其他严重后果”？最高人民法院颁布的司法解释并未作明确说明，从司法界实务来看，各地法院生效判决也并不统一甚至差别甚远。笔者通过中国裁判文书网查找相关案例，在“判决理由”中输入“强奸　明知　幼女　怀孕”关键词搜索，共查询到法院生效裁判文书79份，其中一审判决书56份，二审裁定书23份。该79份生效裁判文书中，对被告人判处“十年以上有期徒刑”29份，占比36.7%；判处“三年以上十年以下”46份，占比58.2%；判处“三年以下有期徒刑”4份，占比5.1%；无对被告人判处无期徒刑或者死刑的案例。可见，对于被告人明知被害人为未满十四周岁幼女仍多次实施强奸行为并导致被害人怀孕的，多数案例判决认为应适用“三年以上十年以下有期徒刑”量刑处罚。

一、两种观点的分歧

一种观点认为，应适用《刑法》第二百三十六条第二款从重处罚，原因是怀孕是强奸行为本身可能造成的后果，因此，不应再作为加重后果重复评价，且怀孕造成被害人怀孕比造成被害人重伤、死亡的后果要轻，因此强奸造成被害人怀孕的行为不应认定为造成“其他严重后果”，而应适用《刑法》第二百三十六条第二款进行处罚。

另一种观点认为，应适用《刑法》第二百三十六条第三款第五项规定“致使被害人重伤、死亡或者造成其他严重后果”，原因是，相比对于成年女性的强奸犯罪，对于奸淫幼女的，应将强奸幼女致其怀孕引产结合未成年幼女的身体和心理特点，综合分析其怀孕引产带来的危害后果。理由如下：14 岁以下幼女因其身体和智力还处在发育期，身体和心智尚未成熟，不具备性侵害反抗能力，缺少对性知识的基本理解，怀孕引产不仅严重伤害其子宫等器官，更容易对其造成巨大心理障碍，甚至诱发其患精神疾病的风险。因此，对于强奸幼女致其怀孕不应与成年人怀孕做相同评价。根据《最高人民法院、最高人民检察院、公安部、司法部关于依法惩治性侵害未成年人犯罪的意见》第二十五条第六项，“造成未成年人被害人轻伤、怀孕、感染性病等后果的”，要依法从严惩处。由此可见，对造成幼女怀孕并引产适用强奸罪“造成其他严重后果”，体现了刑法的“宽严相济”原则，也有利于保护未成年人免受多重伤害。

二、致未满 14 周岁幼女怀孕引产的危害后果

1. 被害人怀孕后，引产乃至生育的概率远高于自然流产。主要原因为，未满 14 周岁幼女受到侵害后，大多数由于被告人长期的威逼利诱，内心极度恐惧，不敢将自己受到侵犯的事实告诉父母、朋友、老师等，而监护人由于疏于察觉，对被害人身体上的变化不能引起重视，待察觉到被害人身体异常后，已是孕中期甚至晚期，只能前往医院选择引产手术，甚至无奈将婴儿生下。以笔者搜集的 79 份生效裁判文书来看，被害人引产的案例 74 份，产下婴儿案件 3 份，且 3 份案例中 2 例案件中被害人产下婴儿后因心理害怕且缺乏生育常识，直接将产下的婴儿摔死，造成了严重的危害后果。

2. 引产对未满 14 周岁幼女的身心危害极大。一是对生育功能的损害。由于未成年女孩生育功能未完善，因此在做引产时更容易受到伤害，尤其对女性的生育能力的伤害是最大的，更可怕的是这种后遗症会造成女性在生育时出现难以怀孕和流产的现象；二是对心理健康造成危害。未满 14 周岁幼女一般处在中学甚至小学时期，因为对怀孕的无知和对引产的恐惧，有些女孩不得不中途放弃学业，甚至遭受周围同学和朋友的冷眼嘲讽，长期背负重大的心理阴

影，严重阻碍其心理健康发展。有学者指出，因强奸“造成其他严重后果”，除包括因强奸妇女或者奸淫幼女引起被害人自杀或者精神失常这两种常见的情形外，还应包括因强奸妇女或者奸淫幼女造成被害人怀孕分娩或者堕胎等其他严重危害被害人身心健康的严重后果。

三、适用“造成其他严重后果”的条件

虽然强奸幼女属于刑法规定的法定从重处罚情形，甚至有的还需要加重处罚的情形，但本着“教育为主、惩罚为辅”和“罪、责、刑相一致”原则，并非涉及奸淫幼女的案件一律从重甚至加重处罚。对于未成年人奸淫幼女案件，鉴于未成年人身心发育不成熟、易冲动、易受外界不良影响，同时也相对易改造的特点，从严的幅度明显有别于成年被告人。因此，奸淫幼女情节较轻的，符合缓刑适用条件的，依法可以适用缓刑。因此，在具体案件中，要结合被告人主观恶性、暴力胁迫手段以及危害后果等综合考虑。一般来讲，适用《刑法》第二百三十六条第三款第五项规定“致使被害人重伤、死亡或者造成其他严重后果”，应当满足以下要件。

1. 主观要件：明知对方系未满 14 周岁幼女。在犯罪构成上，被告人首先“应当知道”被害人系幼女，这也是构成强奸幼女罪的基本要件。对于认定被告人是否明知，一般可以结合被害人身体发育、言谈举止、生活习惯等综合判断，若无特殊情况，一般都应当认定行为人明知。

2. 行为要件：采用胁迫、引诱等手段多次与被害人发生性关系。主要表现在被告人为了满足生理需求，强行与被害人发生关系的行为。虽然强奸幼女罪中并无区分幼女是否自愿的情节，但根据审判实践，“强奸”幼女与“和奸”幼女的危害后果明显不同，对幼女本身的伤害也差别较大，采用胁迫、引诱等手段多次与被害人发生性关系的行为本身也属于“情节恶劣”范畴。

3. 客观要件：导致被害人怀孕引产的严重后果。鉴于在司法案例中，被害人受到侵害后，由于不敢向父母老师诉说，加之欠缺基本生理知识，对自己身体变化不曾注意，出现引产甚至产下婴儿后果的概率明显较高。《最高人民法院、最高人民检察院、公安部关于当前办理强奸案件中具体应用法律若干问题的解答》第四条曾明确解释：“强奸‘致人重伤、死亡’是指强奸、奸淫幼女导致被害人性器官严重损伤或者造成其他严重伤害，甚至当场死亡或者经治疗无效死亡的。”从立法精神看，被害人性器官严重损伤的后果比肩重伤、死

亡的后果。而对于未满14周岁幼女而言，怀孕引产必将导致其身体心理受到极大伤害，甚至导致被害人自杀、引发精神疾病的重大风险，危害后果明显严重。

随着我国法律体系的日益完善，对未成年人尤其未满14周岁幼女的保护也不断加大，在司法实践中，应充分考虑到案件中被告人主观恶性、作案手段、危害后果等综合因素，坚决惩治恶意侵害幼女的犯罪分子，实现刑事司法的惩罚性和震慑性。

（**一审法院合议庭成员** 王秀琴 杨淑希 吴 磊
编写人 四川省崇州市人民法院 闫宇飞
责任编辑 周维明
审稿人 李玉萍）

淮安市洪泽区人民医院麻醉科等单位受贿案

——国有事业单位内设机构收受贿赂行为的认定

关键词：刑事　国有事业单位内设机构　单位受贿　双罚制

【裁判要旨】

国有事业单位内设机构，虽不具有法人资格亦不能对外独立承担责任，但其部门主管人员以其名义收受贿赂利益归部门的，可按照《刑法》第三百八十七条以单位犯罪论处，并对其直接负责的主管人员和其他直接责任人员以单位受贿罪论处。

【相关法条】

《中华人民共和国刑法》第三百八十七条　国家机关、国有公司、企业、事业单位、人民团体，索取、非法收受他人财物，为他人谋取利益，情节严重的，对单位判处罚金，并对其直接负责的主管人员和其他直接责任人员，处五年以下有期徒刑或者拘役。

前款所列单位，在经济往来中，在账外暗中收受各种名义的回扣、手续费的，以受贿论，依照前款的规定处罚。

第三十条　公司、企业、事业单位、机关、团体实施的危害社会的行为，法律规定为单位犯罪的，应当负刑事责任。

第三十一条　单位犯罪的，对单位判处罚金，并对其直接负责的主管人员和其他直接责任人员判处刑罚。本法分则和其他法律另有规定的，依照规定。

【相关索引】

一审：江苏省淮安市洪泽区人民法院（2017）苏0813刑初2号（2017年6月13日）

【基本案情】

江苏省淮安市洪泽区人民检察院以被告单位淮安市洪泽区人民医院麻醉科、被告人鲁朝波、李欣犯单位受贿罪，向淮安市洪泽区人民法院提起公诉。

被告单位淮安市洪泽区人民医院麻醉科对起诉书指控的犯罪事实未提出异议。其辩护人的辩护意见是，被告单位收取的回扣款主要用于提供医护人员的福利，弥补工资上的不足，调动医护人员的积极性；社会危害性较小；案发后全额退赃，且有自首情节，对被告单位从轻处罚。

被告人鲁朝波对起诉书指控的犯罪事实未提出异议。

被告人李欣对起诉书指控的犯罪事实未提出异议，但辩称系被告人鲁朝波安排其实施的行为。其辩护人的辩护意见是，被告人李欣在单位犯罪中起次要作用，应认定为从犯；案发后自首，认罪态度较好。建议对被告人李欣免予刑事处罚。

法院经审理查明：2012年6月至2016年1月期间，被告单位淮安市洪泽区人民医院麻醉科在负责麻醉类药品、耗材使用及新的药品、耗材使用建议权等工作过程中，经时任麻醉科主任的被告人鲁朝波决定，以部门名义收取药品销售公司业务员所送的回扣款；其中被告人鲁朝波安排担任麻醉科医生的被告人李欣负责收取、保管、发放等回扣款收支事项。至2016年1月，被告单位淮安市洪泽区人民医院麻醉科由被告人鲁朝波、李欣经手，先后收取江苏扬子江医药经营有限公司等药品销售公司业务员张俊生、颜阳、顾亚、陈林等人所送药品和耗材回扣款共计人民币590726元，其中部分回扣款用于科室人员聚餐等开支，其余款项按照麻醉科医生所用药量予以分配。

案发后，被告人鲁朝波、李欣主动到检察机关投案，如实供述自己及单位的犯罪事实。

另查明，被告人鲁朝波、李欣及被告单位淮安市洪泽区人民医院麻醉科相关人员已退出全部赃款。

【裁判结果】

江苏省淮安市洪泽区人民法院于 2017 年 6 月 13 日作出（2017）苏 0813 刑初 2 号刑事判决：被告淮安市洪泽区人民医院麻醉科犯单位受贿罪，判处罚金人民币 10 万元（罚金于判决生效后一个月内缴纳）；被告人鲁朝波犯单位受贿罪，判处有期徒刑六个月，缓刑一年（缓刑考验期限，从判决确定之日起计算）；被告人李欣犯单位受贿罪，免予刑事处罚。该判决已发生法律效力。

【裁判理由】

法院生效裁判认为：被告单位淮安市洪泽区人民医院麻醉科作为国有事业单位内设机构，以单位名义非法收受回扣，归单位所有，并为他人谋取利益，情节严重；被告人鲁朝波系直接负责的主管人员；被告人李欣系其他责任人员，其行为均已构成单位受贿罪。公诉机关指控的罪名成立，法院予以支持。被告人鲁朝波、李欣共同实施犯罪行为，系共同犯罪。被告单位淮安市洪泽区人民医院麻醉科及被告人鲁朝波、李欣犯罪后自首，可以从轻处罚。被告单位及两被告人已退出全部赃款，均可酌情从轻处罚。辩护人的相关辩护意见成立，法院予以采纳。对于被告人李欣的辩护人提出的被告人李欣系从犯的辩护意见，法院经审查认为，对单位犯罪中的直接负责的主管人员和其他责任人员，可不区分主从犯，按照其在单位犯罪中所起的作用判处刑罚，故对该辩护意见，法院不予采纳。

【案例注解】

单位内设机构，是一个单位根据职能工作开展而设置的无独立决策权和财产权的内部办事机构，由于其不具备法人资格，不能独立进行参加对外活动，一般而言其是以借助单位名义进行活动。对以单位名义实施的犯罪，在刑法总则有明确规定：“公司、企业、事业单位、机关、团体实施的危害社会的行为，法律规定为单位犯罪的，应当负刑事责任。”单位不是法律意义上的专业用语，而我国在1997年刑法立法时，明确单位犯罪的罪状、构成要件及罪名，并将单位限定为公司、企业、事业单位、机关、团体等五类犯罪主体，在刑法分则中又明文规定了哪些犯罪构成单位犯罪，与刑法总则中对单位犯罪的定罪原则进行了对应，因而判定单位是否构成犯罪时，要结合总则和分则一并作出判断。

一、事业单位内设机构单位犯罪入刑考证

事业单位实施危害社会的行为的，是可以构成单位犯罪的，但并不是所有的犯罪类型都可以适用，以刑法明确规定其承担刑事责任为限。理论界和实务界对于事业单位内设机构是否构成犯罪，存在一定争议，但最高人民院2001年1月21日下发的《全国法院审理金融犯罪案件工作座谈会纪要》（以下简称2001《会议纪要》）明确：“以单位的分支机构或者内设机构、部门的名义实施犯罪，违法所得亦归分支机构或者内设机构、部门所有的，应认定为单位犯罪。不能因为单位的分支机构或者内设机构、部门没有可供执行罚金的财产，就不将其认定为单位犯罪，而按照个人犯罪处理。”这里规定的单位分支机构或内设机构较刑法总则中五种单位类型，有所突破，即刑法总则中的犯罪主体仅是单位，2001《会议纪要》中的犯罪主体除单位外，还涉及五种单位类型的分支机构或内设机构。而尽管该文是以会议纪要的形式下发，目前仍有效，对于指导各级法院办理单位内设机构案件认定其是否构成犯罪具有重要指向作用。这也为事业单位内设机构实施犯罪行为，判断是否触犯刑法，提供了法律依据。

在最高人民法院下发2001《会议纪要》5年后，2006年9月12日，最高人民检察院以答复的形式《关于国有单位的内设机构能否构成单位犯罪主体问题的答复》，再次确定国有单位的内设机构可以构成单位受贿罪的犯罪主体，并明确了构成本罪的行为模式，即在国有单位内设机构利用其行使职权便利，索取、非法收受他人财物，并归该内设机构所有或支配，为他人谋取利益的行为。同时以提示性条款明确，在内设机构与外界产生采购等建立联系后，以不入账方式在账外暗中收受各种名义的回扣、手续费的行为，这是典型的受贿行为，其当然构成单位受贿罪。

二、被告单位麻醉科作为事业单位内设机构以利用其采购药品、器械及耗材的建议权而收受回扣行为的认定

单位犯罪在客观上一般表现为经过单位决策机构决定或由负责人员决定，实施了某些犯罪，从刑法立法和2001《会议纪要》相衔接的规定来看，内设机构构成犯罪的，也必然同单位犯罪一样，只不过是其参与决策实施的主体不是单位，而是由涉案内设机构部门会议或部门负责人决定实施的。内设机构虽不具有独立对外进行活动，但依据其内部分工仍享有一定的职权，而该职权的行使取决于部门负责人的决定，虽然该职权不能独立对外行使，但对内却足以影响决策，进而促使以单位作出相关决策，使得该内设机构的相关职权的内容变成单位意志。

如本案中，作为洪泽区人民医院的内设机构的被告单位麻醉科，其实施犯罪的主观意志，由科室负责人鲁朝波决定，并在其授意、安排下科室人员具体实施的。经查，作为部门负责人的鲁朝波涉案的一个职权就是“决定麻醉科麻醉药品或麻醉器械、耗材的采购申报工作”，采购哪些麻醉药品、器械及耗材（以下简称药器材）由麻醉科自行申报，其取得了对药器材采购的建议申报权。从洪泽区人民医院药器材采购流程来看，麻醉科由被告人鲁朝波签发包含药品名称、生产厂家、产品规模、用途等信息的申请单，报经该院药事委员会、医疗器械委员会审批通过，再由院里药材、设备科和相关药厂议价、招标、采购，药材科、设备科根据依据药器材使用量制定采购计划，然后麻醉科再从药材科、设备科领取药器材。在整个药品采购流程中，药器材采购是经过该院相关药事、医疗器械委员会审批、经药材科等采购，看似规范严谨，实则是被告人鲁朝波利用单位授予其享有申报全院药器材的职权，并在日常管理中管控掌握整个医院对药器材的种类及使用量来影响单位的采购。从调阅2012年6月至2016年1月期间，其决定申报并提交的药器材申请单，及被告人鲁朝波供述来看，经被告人鲁朝波报送的药器材申请单，全部被洪泽区人民医院药事等委员审批通过，并按照其提供的使用量进行采购。涉案的药商销售代表，正是看中了被告人鲁朝波享有的权力，才不惜以药品零售价15%～20%的提成给予麻醉科，借机拉拢、收买。因而，可以认定被告单位麻醉科虽然是医院的内设机构，但其利用对单位药器材采购申报的职权，人为操控相关药品的种类及使用量，进而影响单位对涉案药品的采购，为他人谋取利益。

本案中查实的被告麻醉科涉案金额590726元，其中部分回扣款用于科室人员聚餐、科室人员生老病死看望等公共开支，其余款项按照麻醉科医生所用药量、护士辛苦费等予以分配。据此，可以认定，被告人鲁朝波、李欣收受的贿赂590726元，全部用于被告单位麻醉科所有和支配，并未归为个人所有。

被告单位麻醉科利用其采购药器材的建议权，收受他人以赞助费、提成等名义支付的回扣590726元，属于受贿行为，将违法所得归该科室所有而不是归个人所有，依据《刑法》第三百八十七条的规定以单位受贿罪论。

三、事业单位内设机构构成单位受贿罪及其相关责任人的处罚规则

我国刑法中，对于单位犯罪实行以单位和个人双罚制为主、个人单罚制为辅。无论是双罚制还是单罚制，其直接负责的主管人员和其他直接责任人员都是要被追究刑事责任的。双罚制中，单位承担的刑事责任是罚金，而对于单位是否有财物予以履行，我国刑法中并未明确规定，但从2001《会议纪要》对于单位内设机构构成单位犯罪规定来看，其没有可供执行的罚金不是否定其构成本罪的要件要素。单罚制，即只处罚单位犯罪的自然人。一般表现为虽是由单位实施的犯罪行为，但实际的社会危害性主要反映在个人行为上，只需处罚个人，无须处罚单位。对于自然人犯罪，刑法规定了直接负责的主管人员和其他直接责任人员两类人应承担刑事责任。

刑法规定的单位受贿罪是双罚制，对于个人犯罪部分，一般是指在单位犯罪中所起决定、批准、受意、纵容、指挥等作用的人员，多为单位的主管负责人，具体到内设机构则是指部门负责人，于本案中则是麻醉科负责人鲁朝波。而对于被告人李欣，是否认定为其他直接责任人员，一方面要查明其是否受部门负责人指派或奉命来认定，另一方面还要参照其参与犯罪的时间、程度、作用的大小等来认定。本案中，被告人李欣虽然是受部门负责人安排收取、保管、发放等回扣款有关收支事项，但正是在他的参与实施下，被告单位麻醉科收受他人贿赂长达4年之久，数额达到59万余元，且若不是经人举报，该犯罪行为将持续进行，足以证明被告人李欣在被告单位麻醉科的犯罪行为中起到了较大的作用。根据2001《会议纪要》规定，“其他直接责任人员，是在单位犯罪中具体实施犯罪并起较大作用的人员，既可以是单位的经营管理人员，也可以是单位的职工，包括聘用、雇佣的人员。”因而认定被告人李欣为其他直接责任人员。另根据2000年9月28日《最高人民法院关于审理单位犯罪案件

对其直接负责的主管人员和其他直接责任人员是否区分主犯、从犯问题的批复》中规定："在审理单位故意犯罪案件时，对其直接负责的主管人员和其他直接责任人员，可不区分主犯、从犯，按照其在单位犯罪中所起的作用判处刑罚。"具体到本案中，因被告人鲁朝波、李欣主从关系不明显，因而裁判中未区分主从犯，但在量刑时予以考虑其在单位犯罪中所起到的作用，有所区分其刑罚，达到罪责刑相一致。

（**一审法院合议庭成员** 陈 旭 傅志军 严卫鸿
编写人 江苏省淮安市洪泽区人民法院 鲁海军
责任编辑 周维明
审稿人 李玉萍）

民　事

张娟诉陈燕财产损害赔偿纠纷案

——异议登记不当损害责任裁判路径的选择

关键词：民事　异议登记　损害赔偿　禁止权利滥用　法益区分保护

【裁判要旨】

1. 异议登记系一种物权行使方式，界定"异议登记不当"，需结合《民法总则》之禁止权利滥用规则，从严格区分权利滥用与权利正当行使的界限出发，判断异议登记是否构成权利滥用。

2. 异议登记不当损害责任的内涵：异议申请人在行使法律规定的权利时，主观上背离权利设立之目的，客观上造成国家利益、社会公共利益或他人合法权益损害而需要承担之赔偿责任。其特殊性在于行为人主观过错应限定为"以损害他人为目的"。

3. 在对行为人主观过错的判断基准上，应结合异议登记构成要件，从主观推定行为人内心意思转向客观考察反应意志状态的事实外观，合理确认异议登记不当侵权的标准。

【相关法条】

《中华人民共和国民法总则》第七条　民事主体从事民事活动，应当遵循诚信原则，秉持诚实，恪守承诺。

第一百三十二条　民事主体不得滥用民事权利损害国家利益、社会公共利益或者他人合法权益。

《中华人民共和国物权法》第七条 物权的取得和行使，应当遵守法律，尊重社会公德，不得损害公共利益和他人合法权益。

第十九条 权利人、利害关系人认为不动产登记簿记载的事项错误的，可以申请更正登记。不动产登记簿记载的权利人书面同意更正或者有证据证明登记确有错误的，登记机构应当予以更正。

不动产登记簿记载的权利人不同意更正的，利害关系人可以申请异议登记。登记机构予以异议登记的，申请人在异议登记之日起十五日内不起诉，异议登记失效。异议登记不当，造成权利人损害的，权利人可以向申请人请求损害赔偿。

【案件索引】

一审：北京市东城区人民法院（2016）京0101民初2132号（2016年10月24日）

二审：北京市第二中级人民法院（2017）京02民终3858号（2017年10月27日）

【基本案情】

原告（上诉人）张娟诉称：2010年7月6日，张娟与杨毅楠就案涉房屋签订《存量房屋买卖合同》，因陈燕对房屋申请了异议登记导致无法过户。后法院判决解除前述合同，张娟支付了违约金。陈燕的行为给张娟造成损失，应承担全部责任。

被告（被上诉人）陈燕未到庭参加诉讼。

法院经审理查明：陈燕与案外人张军系夫妻关系，张军与张娟系兄妹关系。案涉房屋于2010年6月28日登记在张军名下，6月30日过户至张娟名下，7月14日陈燕就案涉房屋申请了异议登记，7月16日，法院受理了陈燕诉张军、张娟房屋买卖合同纠纷一案，判决张军与张娟签订的《存量房屋买卖合同》无效，房屋归陈燕与张军共有。张军、张娟提起上诉，二审维持。后北京市高级法院指令北京市第二中级法院再审。2013年10月10日，北京市第二中级法院作出判决，撤销一、二审判决，驳回陈燕的诉讼请求。

2010年7月6日，张娟与杨毅楠签订《存量房屋买卖合同》，将案涉房屋出卖给杨毅楠。2013 年 2 月 21 日，杨毅楠起诉张娟房屋买卖合同纠纷一案，法院判决解除杨毅楠与张娟签订的房屋买卖合同并由张娟给付相应违约金。

【裁判结果】

北京市东城区法院于 2016 年 10 月 24 日作出（2016）京 0101 民初 2132 号民事判决：驳回张娟的诉讼请求。

宣判后，张娟提起上诉，北京市第二中级法院于 2017 年 10 月 27 日判决如下：驳回上诉，维持原判。

【裁判理由】

法院生效裁判认为：本案争议焦点是陈燕的异议登记申请是否构成异议登记不当。异议登记申请系一种物权行使方式，何谓“异议登记不当”，需结合《民法总则》权利行使的规定予以理解。《民法总则》规定了禁止权利滥用规则：民事主体不得滥用民事权利损害国家利益、社会公共利益或者他人合法权益。构成权利滥用需具备四个要件：一是行为人享有合法权利；二是行为属于权利行使行为；三是因行使权利损害国家利益、社会公共利益或者他人合法权益；四是行为人具有主观恶意。据此，认定异议登记不当，应从严格区分权利滥用与权利正当行使的界限出发，判断是否在当事人之间造成了利益严重失衡或违背公序良俗、诚信原则的结果，进而确认异议登记不当损害赔偿请求权能否成立。

第一，陈燕属于适格异议登记申请人。

建设部《房屋登记办法》第七十六条规定：利害关系人认为房屋登记簿记载的事项错误，而权利人不同意更正的，利害关系人可以持登记申请书、申请人的身份证明、房屋登记簿记载错误的证明文件等材料申请异议登记。根据该条及《物权法》第十九条规定：有权利申请异议登记的只能是利害关系人。而《物权法》第三十三条规定：因物权的归属、内容发生争议的，利害关系人可以请求确认权利。据此，利害关系人应指因物权的归属、内容发生争议的人包括所有人、他物权人、基于处分限制而得到保护者以及共有人。

本案中，陈燕与张军系夫妻关系，婚姻关系存续期间张军以张学红名义购买案涉房屋，并长期由陈燕、张军及二人的孩子使用。后案涉房屋于 2010 年 6 月 28 日登记到张军名下，陈燕对此知情。结合《婚姻法》婚后所得财产属夫妻共同所有的规定及陈燕一家长期使用案涉房屋的事实，在权利外观上陈燕认为自己属于案涉房屋的共有人并无不妥，其提出异议登记申请，属于适格利害关系人。

第二，陈燕初步证明了房屋登记可能存在错误。

依据《物权法》第十九条第二款规定，利害关系人申请异议登记时，并不需如同该条第一款规定的更正登记那样“证明登记确有错误”，利害关系人只要提供初步证据表明登记簿可能存在错误，在一定程度上支持其对登记簿正确性的质疑即可。对登记部门而言，原则上其对异议登记申请人提交的材料亦仅承担形式审查义务。

本案中，陈燕申请异议登记时提供了结婚证、房屋产权证取得时间发生于婚姻存续期间及房屋产权登记于第三人名下陈燕不知情的材料。据此，依据《婚姻法》夫妻共同财产制的规定及陈燕作为张军配偶的身份等原始取得的基础，陈燕足可证明房屋登记于张娟名下可能存在错误。如前所述，登记部门固然无法准确判断陈燕提交的证据能否最终证明登记内容事实上的确存在错误，但却有理由相信具有非因陈燕自身因素而导致登记簿上记载的内容与真实的物权状态存在差异的可能性。

第三，陈燕不具有损害他人利益的主观恶意。

依据查明的事实，在离婚诉讼的敏感时期，张军取得案涉房屋的产权登记后即撤诉，撤诉后迅速将房屋产权过户到张娟名下；此间一系列的交易行为，加之离婚诉讼过程中张军转移其他夫妻共有房屋的事实（生效法律文书认定有恶意转移之嫌），均足以令陈燕相信张军对于房屋的交易存在主观恶意且侵犯了其对夫妻财产的共有权利。

另，没有证据表明陈燕申请异议登记时，已知晓张娟与杨毅楠就案涉房屋签订了买卖合同。而陈燕在提出异议登记申请后两天，即向法院起诉主张张军、张娟签订的案涉房屋买卖合同无效。前述起诉行为表明陈燕欲将异议登记推进至更正登记，以维护其自认的对案涉房屋享有的权利。据此，可认定陈燕申请异议登记之目的在于阻却案涉房屋前手登记之公信力，以维护其合法权益。故依据现有证据，难以认定陈燕之行为具有损害他人利益的主观恶意。

关于生效判决确认张娟系案涉房屋真正权利人的问题。“异议登记不成立”并不等同于“异议登记不当”，从 2010 年 7 月 16 日陈燕提起房屋买卖合同无效之诉开始，历经法院一审、二审、指令再审，再审四个诉讼阶段。对于房屋的产权归属问题，司法机关尚且历经四个诉讼阶段才得出终局结论，如以裁判结果论逆推陈燕的异议登记存在主观恶意，显属不当。

综上，陈燕作为案涉房屋利害关系人，在异议登记时提供了相关材料初步证明案涉房屋前手登记可能存在错误，并随之提起诉讼；其申请异议登记的时间、方式、对象、程度等均在权利行使的适当限度内，遵循了诚信原则，不构成权利滥用。对张娟而言，其没有证据表明陈燕的异议登记存在不当之处。故陈燕的异议登记申请不属于异议登记不当，自不必对张娟主张的损失承担赔偿责任。

【案例注解】

一、不识庐山真面目：异议登记不当损害责任裁判路径初探

（一）裁判现状分析：标准多元化

以“异议登记不当损害责任纠纷”为关键词在中国裁判文书网共检索到28件案件。从判决结果看，对认定异议登记不当存在不同标准：有的以申请人有作为利害关系人的合理理由，认定不构成异议登记不当；有的以申请人不动产登记纠纷败诉、无相应权利为由认定构成异议登记不当；有的以申请人异议登记后未及时诉至法院主张实体权利或起诉后撤诉为由认定构成异议登记不当。

由此，在对申请人的行为定性时，存在多套考量标准，既有将异议登记不当等同于异议登记不成立，将不当行为的成立与确权纠纷的裁判结果直接挂钩的；亦有结合申请的时间、原因、程序等因素区分当事人的主观状态作出不同认定的。

（二）实证法透视：规范抽象化

我国《物权法》第十九条规定：“权利人、利害关系人认为不动产登记簿记载的事项错误的，可以申请更正登记。不动产登记簿记载的权利人书面同意更正或者有证据证明登记确有错误的，登记机构应当予以更正。不动产登记簿记载的权利人不同意更正的，利害关系人可以申请异议登记。登记机构予以异议登记的，申请人在异议登记之日起15日内不起诉，异议登记失效。异议登记不当，造成权利人损害的，权利人可以向申请人请求损害赔偿。”异议登记

的规定，就法律规范而言仅见于此。[①]

异议登记不当损害纠纷本质上属侵权责任纠纷。就规范的文义解释而言，该种侵权责任的成立应满足的要件为：存在异议登记不当行为、损害事实、不当行为与损害事实的因果关系；显然不同于一般侵权责任构成的四要件说：违法行为、损害事实、因果关系、主观过错。而何谓“异议登记不当”，该项法律规范并未明确。显然，作为法律术语的“不当”，系对异议登记行为进行的法律评价，更应到具体法律制度中寻求其真意。由此，我们将视线转向《物权法》规定的异议登记制度本身。

二、谁将新樽盛旧月：当异议登记初遇禁止权利滥用

（一）异议登记制度之价值——特殊物权救济方式

异议登记，是指登记机构对利害关系人针对登记正确性提出的异议而为的登记，其目的是在利害关系人认为不动产登记有误但又无法立即更正时，通过中止不动产登记的公信力而获得临时性救济，以避免其权利受损。[②] 就学理而言，异议登记构成要件主要包括：（1）异议登记申请人主体适格，（2）利害关系人有证据初步证明登记具有错误，（3）异议登记的效力仅及于提出异议并意欲通过异议登记获得保护。[③]

建设部《房屋登记办法》第七十八条第一款规定：异议登记期间，房屋登记簿记载的权利人处分房屋申请登记的，房屋登记机构应当暂缓办理。赋予了异议登记以限制物权处分的效力。异议登记的提起及作成，并不能确切地证明登记存在错误，亦不能证明提起者即是真实权利人。如此，限制或者禁止登记权利人的处分权，以禁止登记物权的流转和排除登记公信力，可能会产生不利于登记权利人的后果。倘若任由当事人随意申请异议登记，则可能对登记权利人的合法权益造成损害。故《物权法》第十九条第二款规定了异议登记不

---

① 此外便只有建设部的《房屋登记办法》和国土资源部的《不动产登记暂行条例实施细则》，均属于部门规章，效力位阶低，且主要规定的是异议登记的行使程序问题。

② 王富博：《不动产登记瑕疵的法律救济》，载《法律适用》2005年第2期。

③ 构成要件包括哪些因素，是学理解释的结果，解释时固然要依托法律规范本身，但又不能完全受制于此，而应超越规范文义，结合规范目的和体系界定。

当损害赔偿请求权予以救济。①

（二）异议登记之正当行使方式——禁止权利滥用

为协调和平衡个体间及个体与社会间的利益冲突，提高资源利用效率，有必要对民事权利的行使予以适度限制。《民法总则》第七条规定：民事主体从事民事活动，应遵循诚信原则，秉持诚实，恪守承诺。确立了诚信原则在民事活动领域的重要地位。② 诚信原则即为权利行使的界限，其重要功能在于控制权利行使和义务履行。③

若行使权利违反诚信要求，以损害他人为目的，构成权利滥用，须被禁止，此即禁止权利滥用规则。《民法总则》第一百三十二条对此作出明确规定。该规则系诚信原则在权利行使领域的反向规定。通常认为构成权利滥用需具备四个要件：一是行为人享有合法权利，二是行为属于权利行使行为，三是因行使权利损害国家利益、社会公共利益或他人合法权益，四是行为人具有主观恶意。④ 如前述，异议登记制度系一种特殊物权行使方式，申请人行使权利时应遵循诚信原则，禁止权利滥用。“异议登记不当”显属权利行使不当，即异议登记不当属于异议申请人权利滥用的范畴。

（三）异议登记不当之本相——因权利滥用而侵权⑤

当行为人行为被认定为权利滥用，法律即对该行为作出否定性评价，此种否定性评价可以表现为多种形式，⑥ 而当权利滥用造成损害后果，此种否定性评价就是承担赔偿责任，此时权利滥用转化为侵权行为，权利滥用者应承担侵权责任。据此，以《民法总则》禁止权利滥用之新樽，邀《物权法》异议登记之旧月，当可停樽一问“不当”之缘由。结合前述异议登记的制度内涵和构成权利滥用的四个要件，可得出如下结论：异议登记不当损害责任是指异议

---

① 2015年6月29日国土资源部通过《不动产登记暂行条例实施细则》，第八十四条即“异议登记期间，不动产登记簿上记载的权利人以及第三人因处分权利申请登记的，不动产登记机构应当书面告知申请人该权利已经存在异议登记的有关事项。申请人申请继续办理的，应当予以办理，但申请人应当提供知悉异议登记存在并自担风险的书面承诺”，此规定修正了异议登记限制物权处分的内容，明确了在异议登记期间，登记权利人仍有权处分该不动产。本案纠纷发生于前述细则出台之前。

② 《物权法》第七条规定：“物权的取得和行使，应当遵守法律，尊重社会公德，不得损害公共利益和他人合法权益。”即是诚实信用原则对物权取得和行使的具体要求。

③ 陈甦主编：《民法总则评注》（上册），法律出版社2017年版，第45页。

④ 梁慧星：《民法总则讲义——重要条文的理解与适用（中）》，载《行政法》2017年10月。

⑤ 权利滥用并不必然使得相对人产生损害赔偿请求权或不作为请求权，相对人是否享有此类请求权，取决于各自要件是否满足。

⑥ 如：（1）失权，即剥夺滥用者的该项权利；（2）限制权利；（3）行为无效，即对权利滥用的行为认定为无效，不发生应有的法律效果；（4）承担民事责任等。

申请人在行使法律规定的权利时，主观上背离权利设立之目的，客观上造成国家利益、社会公共利益或他人合法权益损害而需承担之赔偿责任。故异议登记不当侵权独立于一般侵权而存在，区别在于：

1. 实施行为的权利基础不同

异议登记不当侵权属于权利行使或与权利行使有关的行为，侵权主体须有正当权利存在，对异议登记不当之规制本质上系对民事权利行使予以限制。而一般侵权无此要求，亦无限制民事权利的目的。此点不同关涉侵权责任构成要件中违法行为的认定问题。

关于违法行为认定，从比较法上看，不同法系国家有不同规定，有的对行为违法性作出要求，有的并无要求，其实无本质区别。不考虑违法性要件，有两种理解，一是存在加害行为并有损害结果时，自然包含了违法性要素；① 二是确定主观过错时自然也会考虑行为违法性，考量方式虽不同但处理实践案件的结论不会不同。② 就异议登记而言，其违法性认定具有相当难度，因为申请异议登记是法律规定的利害关系人的权利，只要申请人主观认为房屋登记簿记载事项错误，即可申请异议登记，不需提供充分证据证明不动产登记确实存在错误。故异议登记行为违法性认定在实践中缺乏可操作标准，对其认定不如放入主观过错的范畴进行审查。

2. 行为人主观过错程度不同

对异议登记不当侵权应采用过错责任原则。首先，符合侵权法一般规定，即以过错责任为原则，以特殊责任为例外；其次，适用特殊归责原则，无形中增加了申请人的负担，不利于保护真正权利人的利益，与异议登记制度设立初衷相悖。③

但在过错构成要件上，异议登记不当侵权以当事人有损害国家、社会或他人利益的故意为要件；而一般侵权不以故意为要件，仅因过失侵害他人合法权益亦可构成侵权行为。故意和过失虽在客观效果上并无二致，但行为人主观心态有重大区别：故意是明知行为具有危害性而仍为之的侵权动机；过失侵权则完全有违行为人主观愿望，过失引导下的侵权行为亦因缺少主观恶意较故意引

---

① See Basil S. Markesinis and Hannes Unberath, The German Law of Torts: A Comparative Treatise, Fourth Edition, Hart Publishing, 2002, P. 79.

② See Basil S. Markesinis and Hannes Unberath, The German Law of Torts: A Comparative Treatise, Fourth Edition, Hart Publishing, 2002, P. 81.

③ 毕琳琳：《我国不动产异议登记制度的完善——以〈物权法〉第19条第2款为切入点》，载《辽宁公安司法管理干部学院学报》2011年第1期。

导下的相同行为之社会危害性更小。

三、等闲识得东风面：异议登记不当侵权之考量因素

依前述，就异议登记不当损害责任构成要件而言，（1）行为违法性认定不具备可操作性，（2）损害后果及行为与损害之因果关系本质上均属事实认定，与一般侵权无异。故考察异议登记不当侵权的重点在于申请人的主观故意认定。[①] 但故意指人的主观内心状态，“人的意图是不能查明的，即使撒旦也不知道人的意图”。[②] 根据“谁主张、谁举证”的证明责任分配规则，让登记权利人证明申请人主观内心状态实属客观不能。前文已述，异议登记制度的设立宗旨决定了异议登记不当侵权无法适用特殊归责原则。如此，登记权利人将陷入维权困境。

“过错概念在法律实施过程的运用，不是体现为对行为人实施行为时心理活动的再现性描述，而是对那些足以表明意志状态的客观事实的综合性判断”，鉴于人的主观心态可以通过人的行为反映，故在权利行使是否“以损害他人为目的”的判断基准上，有从行为人的主观意思向客观的利益衡量的变迁。[③] 而申请人申请异议登记时需要具备法定构成要件并履行相应程序，故对于行为目的性的判断只能结合异议登记的构成要件予以考量：

（一）主体要件：申请人的权利基础考察

《房屋登记办法》第七十六条规定：利害关系人认为房屋登记簿记载的事项错误，而权利人不同意更正的，利害关系人可以持登记申请书、申请人的身份证明、房屋登记簿记载错误的证明文件等材料申请异议登记。根据该条及《物权法》第十九条的规定，有权利申请异议登记的只能是利害关系人。从《物权法》第十九条“不动产登记簿的权利人不同意更正的，利害关系人可以申请异议登记”的表述可以看出，利害关系人只能是登记权利人以外的人。而《物权法》第三十三条规定：因物权的归属、内容发生争议的，利害关系人可以请求确认权利。据此，利害关系人应指因物权的归属、内容发生争议的人包括所有人、他物权人、基于处分限制而得到保护者以及共有人。

确定异议登记申请人是否具有合法权利基础外观时，应联系异议登记的制

---

① 实际上损害后果亦具有特殊性，将在下文具体论述。

② ［英］J. W. 塞西尔．特纳：《肯尼刑法原理》，王国庆、李启家等译，华夏出版社1988年版，第12页。

③ 王泽鉴：《民法总则》，北京大学出版社2009年版，第437页。

度功能，考察申请人的目的是否在于阻却登记公信力、避免第三人因善意信赖登记权利为真实权利从事交易而损害真正权利人。但申请人具有一定权利和事实基础不意味着就可免责，主观故意认定是一种整体上的认定，行使权利超出正当范围，亦可能被认定为具有以损害他人利益为目的。而对于明知自己并无权利基础，通过伪造权利证书等文件虚构为权利人的，则可能构成刑事犯罪。

本案中，陈燕与张军系夫妻，婚姻存续期间张军以案外人名义购买房屋并登记到张军名下。结合《婚姻法》婚后所得夫妻共同所有的规定，在权利外观上陈燕认为自己属于房屋共有人并无不妥，其提出异议登记申请，属于适格利害关系人。

（二）程序要件：申请人对“登记错误”的证明程度

正义和公平需严格的程序来实现。对物权排他性的限制，并非要求物权人牺牲自己权利，而是要求物权人行使权利时遵守法律，尊重社会公共利益或他人利益，遵循正当程序，不得滥用其权利。《不动产登记暂行条例实施细则》第八十二条规定：利害关系人申请异议登记的，应当提交下列材料：（一）证实对登记的不动产权利有利害关系的材料；（二）证实不动产登记簿记载的事项错误的材料；（三）其他必要材料。依据前述规定并结合《物权法》第十九条第二款、《房屋登记办法》第七十六条之规定，可知利害关系人申请异议登记时，不需要如同更正登记那样“证明登记确有错误”。事实上，如利害关系人能确切无误地证明登记错误，则登记部门没有进行异议登记的必要，直接变更登记即可。故利害关系人只要提供初步证据表明登记簿可能存在错误，一定程度上支持申请人对登记簿正确性的质疑即可。

相关行政部门规章没有明确登记部门的审查范围，原则上，登记部门对申请人提交的材料仅承担形式审查义务，[①] 一方面，登记部门没有权利审查作为物权变动发生基础的合同行为的效力；另一方面，登记部门也不应介入当事人之间的权属纠纷，此为司法机关管辖的范围。反之，如果其提供的材料明显与登记部门要求不相关，则可能存在主观故意。至于申请人与登记机构恶意串通，造成登记权利人损害的，则属于典型的共同侵权。

本案中，陈燕申请异议登记时提供了结婚证、房屋产权证取得时间发生于

---

① 问题在于，即使形式审查，亦需确定一定范围，至少针对不同种类不动产应设定有区分的权属证明材料。此既需要行政管理部门做出细化规定，亦有赖于登记部门尽到一定程度的审查义务。实务中登记部门并非不存在过失行为，此种过失对于异议登记不当有着促成作用，从侵权责任构成的角度分析，此时有可能构成《侵权责任法》第十二条规定的竞合侵权行为。

婚姻存续期间及房屋产权登记于第三人名下陈燕不知情的材料并随之提起诉讼。据此陈燕足可证明房屋登记于张娟名下可能存在错误，其申请异议登记的时间、方式、对象、程度等均在权利行使的适当限度内，亦符合异议登记申请的正当程序。

（三）效力要件："异议登记不成立"难谓"异议登记不当"

从《物权法》第十九条第二款内容看，异议登记不当似应作出客观认定：只要申请异议登记后没有发生更正登记的，即可认定申请人具有主观故意，构成异议登记不当；造成损害，则需要赔偿。如作此解释，必将挫伤真实权利人维权之积极性，使其不敢主张权利；异议登记对申请人将具有灾难性，亦必将丧失其制度价值。依学理说，异议登记的效力仅及于提出异议并意欲通过异议登记获得保护，而从《物权法》关于"异议登记"和"更正登记"的规定看，异议登记是更正登记之前置辅助手段，最终对物权归属和内容的确定端赖于更正登记。故"异议登记"不必然意味着"更正登记"，"异议登记不成立"亦不能直接等同于"异议登记不当"。

同理，申请人对异议登记标的物的确权之诉败诉亦难等同于异议登记之诉存在以损害他人为目的，而应根据在案证据认定申请人是否具有超出诉讼本身的目的。切不能苛求申请人在起诉时即持与裁判结果一致的认识，因其只能依据其掌握的证据主张权利，案件结果由法官综合全案事实裁决。就诉讼规律而言，申请人诉讼主张得不到支持实属常态，不能仅以不利的裁判结果来认定其主观上存在不当目的。

本案中，张军在离婚诉讼中曾恶意转移夫妻共有房屋的"前科"及本次离婚之诉再次转移房屋的行为，足以令陈燕相信张军对房屋的过户存在主观恶意。而陈燕在申请异议登记后即诉至法院主张房屋买卖合同无效，足以表明其欲将异议登记推进至更正登记，其目的在于阻却房屋前手登记之公信力以维护其合法利益，故很难认定陈燕之行为存在不当之处。而从陈燕提起房屋买卖合同无效之诉开始，历经一审、二审、指令再审，再审四个诉讼阶段，虽最终败诉，但对于房屋产权归属，司法机关尚且历经四个诉讼阶段才得出终局结论，如以裁判结果论逆推其异议登记存在以损害他人利益为目的，显属不当。

小结：是否构成异议登记不当侵权，一方面，要从正向判断申请人是否遵循了《民法总则》确立的诚信原则，着重考察申请人异议登记时是否具备权利基础外观、申请时间和方式等是否符合法定程序；另一方面，则应从反向考察其行为是否构成权利滥用，结合权利滥用构成要件，通过对其主观状态的判断认定其行为违法与否。[①] 最终从严格区分权利滥用与权利正当行使的界限出发，判断是否在当事人之间造成了利益严重失衡或违背公序良俗、诚信原则的结果，合理确认异议登记不当侵权的标准。

四、为问东风余几许：申请人主观过错之再审视

（一）异议登记不当损害后果之特殊性：纯粹经济损失

据损害赔偿法原理，损害的客体一般包括三种：人身、财产和经济利益。前两者范围不言自明，经济利益如何界定法律无明确规定。梳理检索的相关纠纷案件中原告之诉请，发现原告主张的损失包含因异议登记导致的公证费、违约金、中介费、诉讼费用等。由此，登记权利人请求的损失既非人身伤害导致亦非财产损害形成。对行为人给他人造成人身伤害和有形财产损害之外的经济损失，称为纯粹经济损失。英美法中，纯粹经济损失被定义为非因对人的身体、精神或名誉的侵害或对财产的实质性损害而引起的金钱或商业利益的损失，“包括继发性经济损失、可得利益的丧失、机会的丧失和因被告过失造成的第三人的损失”。[②]

本案中，登记权利人主张之损失，并非异议登记申请人对其所有之物造成损坏形成的；而系因异议登记的存在导致登记权利人因无法及时履行交易合同导致违约而形成的单纯经济上的不利益，属于纯粹经济损失。

（二）法益区分保护：纯粹经济损失以故意致损为限定责

各国法律基于政策衡量，对纯粹经济损失予以不同程度的保护，[③] 在无特别保护立法之时，原则上以故意致损为限产生赔偿责任，当然故意致损并非唯一构成要件。前述理论的核心思想为法益区分保护说。对法益进行区分的标准至少有两个：受保护法益的价值和社会典型公开性。受保护的法益价值越高，受到的保护程度就应当越高。社会典型公开性是指被侵害法益所具备的客观性的、典型性的公开性和可识别性，法律对被侵害法益的界定越精确和明显，该法益就越具有社会典型公开性，所得到的侵权法保护就越全面。[④] 社会典型公

① 无论正面界定正当，还是反面论证不当，本质上无实质性区别，更多基于司法传统与法律逻辑不同之结果，毕竟法律之灵魂在于使用。

② 满洪杰：《论纯粹经济利益损失保护——兼评〈侵权责任法〉第2条》，载《法学论坛》2011年第2期。

③ 我国《侵权责任法》第二条采取了开放模式将对纯粹经济损失的保护纳入其中，符合对纯粹经济损失扩大保护的立法趋势。

④ 朱虎：《侵权法中的法益区分保护：思想与技术》，载《比较法研究》2015年第5期。

开性越高，他人就能够从相关客体的可感知性推导出对相关权利或法益的保护，并由此发展出对潜在侵权人的警告功能，从而使其更容易认识到侵害的可能性，采取合理的措施加以避免。①

就异议登记不当损害责任而言，需要在登记权利人受保护法益与异议登记制度价值及申请人行为自由体现的价值之间比较衡量。一方面，登记权利人受保护的法益并非人身权、财产权等绝对权利，仅系一种经济利益，法益价值相对较低；另一方面，登记权利人与第三人交易的法律行为因不具备较高社会典型公开性，导致异议申请人的可预见性低，若不对登记权利人受保护法益的侵权责任作出相应限制，则易发生异议申请人责任的泛滥，影响到异议登记的制度价值。故对登记权利人不应予以过高程度的保护，可通过限缩责任构成中主观状态的技术规范来实现，即将异议登记不当侵权构成的主观要件限定为故意而不包含过失。

由此，依据法益区分保护说对异议登记不当侵权损害后果之解剖，同样可得出侵权人之主观过错应限缩为故意的结论，与依据禁止权利滥用规则推导出的结论殊途同归。

（三）本案损害后果的特别说明

异议登记虽然旨在保护真实权利人，但其作为实现此目的之手段，并不漠视或不顾第三人利益，而是比较恰当地在真实权利人和第三人之间建构利益平衡机制。主要体现在：异议登记同其他物权登记一样，具有公示性，其将登记物权可能存在瑕疵的信息向社会公众展示出来，产生警示效力，使第三人以该登记物权为对象进行交易时，能够在了解该风险信息的基础上审时度势，依据意思自治进行判断。

本案中，买受人和出卖人 2010 年 7 月 16 日办理房屋过户登记时均已知晓异议登记的事实存在，即应知悉房屋存在交易不能的风险。但此时双方均未采取其他补救措施（如签订补充协议延长买卖合同履行期限或先行解除合同，毕竟此时合同刚签订，对买受人而言，购房的机会成本几乎不存在，亦谈不上实质性损失），以应对可能出现的不利后果；而是放任事态持续，甚至其后出卖人仍向买受人出具《保证书》，保证短期内配合办理房屋过户，此种保证的信心来源令人费解。买受人和出卖人对所谓房屋交易不能造成的损失，并非没有责任。

---

① 苏永钦：《再论一般侵权行为的类型》，中国政法大学出版社 2002 年版，第 306 页。

结　语

通过划定固定要件的方式限制司法者的裁量空间，可以实现分权制约，但立法滞后性与局限性又导致司法者的裁量权必不可少；而采取完全开放的概括条款给予司法者更多裁量空间则可能破坏法秩序的安定性。为解决这一困境，可以日常生活和事实的多样性导致的固定规则的不可能性作为出发点，通过明示价值基础，划出寻求合理解决方案时的相关考量因素，在个案适用时对各个因素进行综合考量，得出合理解决方案。① 故本文虽希望通过划定异议登记不当侵权的相关考量因素，为司法者裁判此类案件时提供思考和衡量的角度；但是否构成侵权，利益主体能否免责，还需在个案中权衡权利人利益与申请人行为自由何者更值得保护之后，再作通盘考量。

（**一审法院合议庭成员**　王　宏　刘惠楠　马洪波
二审法院合议庭成员　陈广辉　任淳艺　屠　育
编写人　北京市第二中级人民法院　陈广辉　杨云霞
责任编辑　杨　奕
审稿人　曹守晔）

① 朱虎：《侵权法中的法益区分保护：思想与技术》，载《比较法研究》2015 年第 5 期。

孟思奇诉北京古城房地产开发有限公司、北京鑫润创展房地产经纪有限公司财产损害赔偿纠纷案

——刑事判决责令退赔之后另行提起民事诉讼的法律规则

关键词： 民事　责令退赔　民事诉讼　受理　责任形式

【裁判要旨】

刑事判决责令被告人退赔受害人损失之后，受害人针对其他行为人另行提起民事诉讼并要求其承担侵权责任的，人民法院应当受理；其他行为人是否承担侵权责任，应在考察其主观过错程度的基础上确定，如其他行为人需承担赔偿责任，则应明确其享有向承担退赔义务的刑事被告人追偿的权利。

【相关法条】

《中华人民共和国侵权责任法》第六条第一款　行为人因过错侵害他人民事权益，应当承担侵权责任。

《最高人民法院关于适用〈中华人民共和国刑事诉讼法〉的解释》第一百三十九条　被告人非法占有、处置被害人财产的，应当依法予以追缴或者责令退赔。被害人提起附带民事诉讼的，人民法院不予受理。追缴、退赔的情况，可以作为量刑情节考虑。

【案件索引】

一审：北京市通州区人民法院（2016）京0112民初30933号（2017年10

月26日）

二审：北京市第三中级人民法院（2018）京03民终1114号（2018年1月29日）

【基本案情】

原告（被上诉人）孟思奇诉称：2014年8月15日，孟思奇在销售经理吴晟引导下，在古城公司开发的“运通人和良园”项目售楼处签订了《北京市商品房预售合同》，随后，孟思奇支付了首付款536016元。后来得知吴晟伪造古城公司财务章及合同章实施诈骗，被通州区人民法院以合同诈骗罪判处有期徒刑十二年。吴晟作为鑫润创展公司的工作人员，在工作时间、工作地点长时间诈骗多位购房人房款未被发现，这本身足以证明鑫润创展公司和古城公司存在严重管理失误与过错，古城公司也未尽到交易的安全保证义务。因为古城公司和鑫润创展公司的管理过错导致孟思奇所签订购房合同无效，错过购房机会。故诉至法院，请求判令：鑫润创展公司和古城公司赔偿损失1076016元，其中包括吴晟骗取的536016元及因错过购房机会导致财产损失54万元。

被告（上诉人）古城公司辩称：刑事判决业已解决购房款纠纷，购房款应当通过追赃、退赔等途径解决。孟思奇就购房款另行提起诉讼，法院不予受理，应当驳回其起诉。孟思奇购房款损失的最主要原因是吴晟实施诈骗，古城公司并非吴晟的用人单位，对吴晟不承担选任、委派、管理及支付报酬的责任，故不存在严重管理失误之说。

被告（被上诉人）鑫润创展公司辩称：吴晟的个人行为并非是利用了职务上的便利，其个人行为是严重的犯罪行为，受到了应有的制裁，这是任何一家公司的管理规定所不能约束、预防和避免的。刑事判决书主文中已判令吴晟退赔骗取孟思奇的购房款，其请求应当被驳回。

法院经审理查明，古城公司系北京市通州区“运通人和良园”（K2.清水湾）项目的开发商。案外人吴晟系该项目销售经理。吴晟在销售房屋期间，自2014年6月起至10月止，指使自己的销售团队将K2.清水湾的部分房屋销售给了孟思奇等十人，其中九人将首付款均按照吴晟及其团队销售人员指示汇至案外人闫照林账户，案外人黄海清将首付款付至吴晟个人账户。后吴晟潜逃，孟思奇、黄海清等两人报案，要求追究吴晟的刑事责任，孟思奇等8人未报案。2016年5月12日，吴晟因合同诈骗罪被北京市通州区人民法院作出（2016）京0112刑初141号刑事判决书，判处吴晟有期徒刑十二年，责令吴晟向被害人黄海清退赔人民币 787573 元、向被害人孟思奇退赔人民币 536016 元。在公安机关的讯问笔录中，关于这十人买房的过程，吴晟供述：“我按照正常的流程去接待他们，只是让客户交钱的时候，是让他们把钱汇到我告诉他们的指定账户。”

孟思奇为购买 K2. 清水湾的房屋，按照吴晟等人指示，于 2014 年 8 月 15 日将 536016 元汇至闫照林账户，并拿到盖有古城公司的财务专用章的收据。

根据通州区人民法院另案作出的关于受害者之一的吴佳炜起诉古城公司财产损害赔偿纠纷一案的民事判决书（2016）京 0112 民初 46561 号，该判决中记载：“古城公司在销售 K2. 清水湾项目房屋时，确有让购房人将购房款汇至该公司人员桑春华个人账户的情况，古城公司对此认可。”

根据孟思奇提交的由通州区人民法院作出的（2016）京 0112 执 4042 号执行裁定书，申请执行人为孟思奇，被执行人为吴晟，孟思奇依据（2016）京 0112 刑初 141 号刑事判决书中所判决的责令吴晟退赔孟思奇 536016 元提出强制执行申请，法院在执行过程中，经查询，被执行人吴晟名下无房产，无车辆，已冻结被执行人名下银行账户。被执行人已被列入失信被执行人名单。申请执行人无法提供被执行人的其他财产线索。据此，北京市通州区人民法院依照《民事诉讼法》的相关规定，终结了（2016）京 0112 刑初 141 号刑事判决书的本次执行程序。至今，上述刑事判决书中判决吴晟退赔孟思奇的款项分文未退。

对于商品房预售合同中加盖的古城公司合同专用章及收款收据上古城公司财务专用章的真实性，当事人均认为系吴晟私刻。经询，针对古城公司和鑫润创展公司所称孟思奇可能存在重复获利的情况，孟思奇称吴晟现实上已不可能依据刑事判决退赔，如古城公司在本案中履行了赔偿义务，今后如发现吴晟有赔偿能力，孟思奇愿意放弃刑事判决中的相应权利并把权利转让给古城公司。

【裁判结果】

北京市通州区人民法院于 2017 年 10 月 26 日作出（2016）京 0112 民初 30933 号民事判决：一、北京古城房地产开发有限公司赔偿孟思奇购房款损失共计 428812. 8 元，于本判决生效之日起七日内给付；二、驳回孟思奇的其他诉讼请求。

宣判后，古城公司提出上诉。北京市第三中级人民法院于 2018 年 1 月 29 日作出（2018）京 03 民终 1114 号民事判决：驳回上诉，维持原判。

【裁判理由】

法院生效判决认为：从诉讼主体上看，孟思奇系针对古城公司和鑫润创展公司提起的本案之诉，而非针对吴晟提起诉讼；故对于古城公司认为应驳回孟思奇起诉的主张，不予采信。吴晟及销售团队均在古城公司售楼处进行销售工作，古城公司系商品房销售合同的缔约主体，亦系合同缔约关系的直接利害关系人，理应对销售人员从事房屋销售、签约等行为予以监督、管理。在长达四个月的时间内，吴晟成功实施数起诈骗行为，古城公司亦未及时发现，故古城公司未尽到充分的监督、管理、注意义务。涉案商品房预售交易资金数额巨大，古城公司作为开发商在房屋销售过程中处于优势地位，古城公司应当在交易过程中保障资金交易安全、准确，特别是在购房款支付的流程中，应做好提示、监督等工作。现二审期间古城公司主张其从未承认存在将购房款交至个人账户的情况，但其未提供充分的证据推翻其在另案的相反陈述，故法院不予采信。吴晟利用古城公司上述财务管理存在的漏洞，私刻印章实施诈骗，并指示团队销售人员让孟思奇将购房款汇至闫照林账户，其他工作人员亦未怀疑上述行为，造成孟思奇的经济损失，古城公司对此负有不可推卸的责任。故此，古城公司对孟思奇的经济损失存有重大过错，应承担相应的赔偿责任。孟思奇作为买受人，基于对古城公司销售人员的交易信赖，按照古城公司正常卖房流程予以操作，虽然其对最终交纳购房款没有转至古城公司账户未充分予以注意，但并非重大过错。古城公司主张孟思奇存在重大过错，依据不足，法院不予采纳。一审法院根据古城公司在商品房预售过程中未尽到相应的监督注意义务，综合双方的过错的程度及具体情形，最终确定双方对孟思奇的经济损失担责的比例正确，古城公司赔偿孟思奇的损失数额适当。

【案例注解】

本案涉及刑民交叉领域的规范适用，《最高人民法院关于适用〈中华人民共和国刑事诉讼法〉的解释》（以下简称《刑事诉讼法司法解释》）第一百三十九条规定："被告人非法占有、处置被害人财产的，应当依法予以追缴或者责令退赔。被害人提起附带民事诉讼的，人民法院不予受理。追缴、退赔的情况，可以作为量刑情节考虑。"故涉及非法占有、处置被害人财产的，刑事被告人需承担退赔责任。因犯罪分子时常并无财产可供执行，故受害人为了弥补损失，便多尝试另行提起民事诉讼，然此类诉讼与刑事判决中的责令退赔密切相关且内容时常重合，进而也形成了民事领域的诸多困境。

一、本案涉及的责令退赔与民事诉讼交叉领域的两个基本问题

本案中，孟思奇起诉古城公司和鑫润创展公司，要求赔偿房屋首付款和其他损失，然上述首付款是案外人吴晟收取，且吴晟因此行为已被刑事判决认定构成诈骗罪并责令其退赔孟思奇。后因吴晟没有财产可供执行，孟思奇才提起本次诉讼。以该案为代表，此类案件的审理过程中，都会涉及两个基本问题的判断。

第一个问题关乎程序：刑事判决已责令退赔受害人损失之后，受害人能否就该损失或其他损失另行提起民事诉讼？第二个问题关乎实体：如果在程序上允许受害人另行提起民事诉讼，那么其他过错行为人或相关单位应当承担何种责任进而与刑事被告人的退赔责任如何协调？

上述两个问题，因涉及刑、民两个领域的规范理解，且存在解读角度的差异，故造成了诸多争议。

二、程序性争议与统一：责令退赔之后受害人另行提起民事诉讼的受理规则

（一）争议内容：应当受理还是不应受理

本案中，古城公司抗辩的重要理由是认为法院不应受理孟思奇的起诉，因为孟思奇的损失已被刑事判决责令退赔。对此类诉讼法院是否应当受理，实践中分歧很大。结合受害人起诉的被告主体和请求内容，此类诉讼大致可分为两种：主体重合型与主体涵盖型。不同类型的争议内容亦存在差异。

1. 主体重合型—主体论与请求论的争议。所谓主体重合，是指受害人提起民事诉讼的被告与刑事判决承担退赔责任的主体重合，即指向同一人。之所以如此，原因在于受害人认为责令退赔的只是直接损失，并未包括利息等其他损失，故希望通过民事诉讼获得全面救济。该类型的民事诉讼应否受理，存在主体论和请求论两种观点。主体论认为：如果民事诉讼的被告与刑事判决中承担退赔义务的主体重合，则当裁定驳回受害人的起诉，至于受害人请求的内容便无需审查。请求论认为：应考察受害人的民事请求是否与责令退赔范围一致，如一致，则或以一事不再理或以刑民冲突为由裁定驳回起诉；如不一致，则当受理并进行实体审理。

2. 主体涵盖型[①]——冲突论与并行论的争议。所谓主体涵盖，是指受害人提起民事诉讼时，其被告不仅包含刑事被告，[②] 亦包括其他主体。就原告的请求而言，或要求刑事被告与他人承担连带责任，或要求他人单独承担责任；就原告主张的损失而言，等于或多于责令退赔的数额。主体涵盖的组合主要有三种：刑事被告＋担保人；刑事被告＋共同的合同债务人；刑事被告＋其他过错方。对上述三种形式，受害人能否另行提起民事诉讼？主要存在冲突论和并行论两种观点。前者认为：刑事被告人被追究刑事责任，涉诉款项属于犯罪组成部分并被责令退赔，受害人再向他人主张，不属法院受理民事案件范围，民事案件再对此作出处理会与刑事判决冲突。后者认为：刑事判决仅针对单个犯罪嫌疑人，并未涉及其他责任人，刑事退赔和民事合同责任并不冲突，两者可在执行中得到统一解决。

（二）争议原因：规范解释的概括性结论和持续性疑问

1. 规范解释的概括性结论。责令退赔与民事诉讼关系的规范集中在刑事领域。《刑法》虽明确了责令退赔制度，然对于受害人另行提起民事诉讼的程序性问题，却未涉及。2000 年颁布的《最高人民法院关于刑事附带民事诉讼范围问题的规定》（以下简称《刑事附带民事规定》），第一次就此问题进行明确："犯罪分子非法占有、处置被害人财产而使其遭受物质损失的，人民法院应当依法予以追缴或者责令退赔；被追缴、退赔的情况，人民法院可以作为量刑情节予以考虑；经过追缴或者退赔仍不能弥补损失，被害人向人民法院民事审判庭另行提起民事诉讼的，人民法院可以受理。"

2013 年 1 月施行的《刑事诉讼法司法解释》，其对被非法占有、处置的被害人财产，设置了不得提起"附带民事诉讼"的禁止性条款，然并未延续《刑事附带民事规定》中"另行提起民事诉讼"的规则，进而引发了新的争议。

针对此种争议及退赔制度的困惑，最高人民法院于 2013 年 10 月对河南省高级人民法院作出《最高人民法院关于适用刑法第六十四条有关问题的批复》（以下简称《最高法院批复》），内容为："根据《刑法》第六十四条和《最高人民法院关于适用〈中华人民共和国刑事诉讼法〉的解释》第一百三十八条、第一百三十九条的规定，被告人非法占有、处置被害人财产的，应当依法予以

① 除主体涵盖之外，尚存在主体独立类型，即受害人仅起诉其他责任人，然就处理方式而言，两类型的逻辑思路趋于一致，故不再单列主体独立类型。

② 本文所述刑事被告，均指承担退赔责任的刑事被告人。

追缴或者责令退赔。据此，追缴或者责令退赔的具体内容，应当在判决主文中写明；其中，判决前已经发还被害人的财产，应当注明。被害人提起附带民事诉讼，或者另行提起民事诉讼请求返还被非法占有、处置的财产的，人民法院不予受理。”2015 年 1 月，《刑事附带民事规定》被废止，理由为：已被刑事诉讼法司法解释及相关规定修改。

解读上述规范，争议之一集中在《刑事附带民事规定》中“经过追缴或者退赔仍不能弥补损失”的含义。有观点认为，其当指追缴和退赔程序已执行完毕后仍不能弥补受害人损失的，受害人才可通过民事诉讼方式进行救济；另有观点则认为，上述规定应在更广泛意义上考虑，即刑事被告人无财产可供执行或执行完毕依然无法弥补受害人损失时，受害人均可另行提起民事诉讼。①

笔者认为第二种观点缺乏实践基础。具体言之，当事人另行提起民事诉讼的目的在于更全面的弥补损失，如刑事判决已责令退赔，受害人依然就此数额针对同一主体提起民事诉讼，则意味着存在如下假设：刑事判决的责令退赔无法执行，民事判决更具执行力。然此假设情形并不存在，执行部门也不会因为判决书的刑民不同而区别对待。换言之，如刑事判决难以执行，民事判决当然也要面临同样后果。此时，如果依然赋予受害人另行提起民事诉讼的权利，其意义何在？《刑事诉讼法司法解释》虽否定了附带民事诉讼，然对于当事人能否另行提起民事诉讼却并未表态，且对比分析，也不能得出在后司法解释否定在前司法解释的结论。至于随后的《最高法院批复》，虽排除了与责令退赔相关的部分民事诉讼程序，然其范围仅限于被非法占有、处置的财产。对比《刑事附带民事诉讼范围》的内容，可知在此点上，两者并不矛盾。

综上，我们可得出一个并无争议的概括性结论：刑事判决责令退赔之后，受害人就退赔的数额另行针对刑事被告人提起民事诉讼的，当不予受理。

2. 多重解读的持续性疑问。通过上述分析，虽可得出概括性结论，然在该结论之外，依然存在诸多疑问。如责令退赔之外的损失，受害人能否提起民事诉讼？与责令退赔相同的损失，受害人能否对刑事被告以外的人提起民事诉讼？上述问题不仅与另行提起民事诉讼所依据事实的“复杂性”相关，亦与对《最高法院批复》的不同解读相连。

首先，对于《最高法院批复》中的“另行”当如何解读。在民事诉讼请

---

① 成越、成延洲：《责令退赔制度中刑民交叉争议的解决》，载《人民司法·应用》2017 年第 19 期。

求与责令退赔内容一致的前提下，民事诉讼的被告大致存在三类：其一是刑事被告人；其二是刑事被告人和其他人；其三是刑事被告人以外的其他人。那么，批复当中不得另行提起民事诉讼的规定是针对上述三种情形还是只针对第一种情形？

其次，责令退赔之外的损失，当如何解决？对此有一定争议：反对论认为《刑事附带民事规定》被废止后，受害人另行提起民事诉讼缺乏依据；肯定论则认为民法领域，法不禁止即可为，应保障受害人的基本诉权。

（三）统一路径：以救济途径的充分性为目的

从法律发展过程分析，最初侵权行为和犯罪并未存在明确区分，犯罪是作为侵权行为处理的。① 就构成要件而言，侵权行为与犯罪亦有相似，两者只是存在法益侵害程度的差别。犯罪分子侵害他人财产，当然是对他人民事权利的侵犯，只不过因为侵害程度的“累加”，达到了刑法规制的程度。故从上述意义上而言，责令退赔的法律属性是以刑法规范面目出现的被害人民事财产权利的救济措施。既如此，对于受害人而言，刑事中的责令退赔和民事诉讼能否并存，其判断标准当集中在以救济为目标的实现路径是否充分。

1. 主体重合时以请求范围为考察重点。无论刑事判决抑或民事判决，最终都需进入执行程序。故如果责令退赔和民事诉讼在主体、内容上均处于重合状态，则两者不应并存，否则即意味着受害人接受了内容相同的“两次救济”，如此不仅有违救济论的基本含义，亦缺乏执行层面的意义。然如果责令退赔的仅是受害人部分损失，则意味着法律的救济目标并未完全实现，受害人再次通过民事诉讼方式主张其他损失，当不存在理论上的障碍。至于民事诉讼中的一事不再理原则，面对主体、范围均不相同的刑事诉讼，也难以成为阻碍理由。故此，受害人就刑事判决责令退赔之外产生的其他损失，另行针对刑事被告人提起民事诉讼，人民法院应当受理。

2. 主体涵盖时以责任主体为考察重点。就受害人的权利救济方式而言，其可选择刑事被告人作为唯一主体，亦可选择刑事被告人和其他人或者仅其他人成为责任主体。此类型中，无论受害人请求的内容是否与责令退赔一致，法院都应当受理并进行实体审理。究其原因，在于从民事角度分析，需向受害人承担赔偿责任的可能尚包括刑事被告人之外的其他人，而不同行为人对于受害人承担的赔偿责任即使存在“重合”，亦不违背救济论的本质，一则在于行为人应为其过错或承诺承担责任的基本法理，二则在于其他行为人与刑事被告人

① ［英］梅因：《古代法》，沈景一译，商务印书馆2015年版，第236页。

之间会以“追偿”的方式解决彼此付出的代价。

本案中，孟思奇起诉的主体并非承担退赔义务的刑事被告人吴晟，而是其认为存在过错的古城公司和鑫润创展公司，至于两被告是否需承担责任，需实体审查后才能确定，故此，从程序意义上而言，法院受理孟思奇的起诉进而进行实体审理并不违背《最高法院批复》的规定。

三、实体性争议与统一：责令退赔之后其他过错行为人和单位承担的责任性质

（一）争议内容：责任性质如何确定

1. 过错行为人介入型——独立责任与连带责任的争议。部分案件中，受害人的损失虽是刑事被告人造成，然他人确也存在过错，或是未尽管理注意义务，或是为犯罪行为提供便利。故刑事判决后，受害人时常会起诉其他责任人及刑事被告人，主张赔偿责任。此问题存在独立论与连带论两类观点。

独立论认为：责令退赔的金额属于受害人遭受的损失，需独立考察受害人的过错，即该项损失应在受害人与其他过错方之间依过错比例分担，其他过错方赔偿后，可向刑事被告人追偿。[①] 连带论认为：无需独立考察受害人的过错，在刑事被告人犯罪过程中，其他行为人的过错构成了共同侵权，故过错方与刑事被告人需向受害人承担连带赔偿责任。[②]

2. 职务行为（代理）介入型——侵权责任与合同责任的争议。部分犯罪分子在犯罪过程中，或利用其职务行为作“掩护”骗取被害人的信任，或形成了代理他人的表象，进而让职务行为或表见代理成了民事责任判断中的“介入因素”。上述情形下，被代理人或被代表单位应承担何种责任，存在着侵权责任论和合同责任论两种观点。前者认为：只要行为人被判处刑罚，对其所从事的“合同”行为便不再进行民事评价，直接以行为人实施犯罪也是侵权行为过程中，被代表单位或被代理人存在过错为由，判决其承担一定比例的赔偿责任。后者认为：行为人虽实施了犯罪，但如符合职务行为的要件，从民事意义上分析，行为人所签合同应约束被代表单位和相对人，并不因犯罪而必然无效；如果行为人构成了（职务）表见代理，基于上述类似原则，合同约束被代理人和相对人，至于被代表单位、被代理人与犯罪分子之间的责任，则

① 详见浙江省台州市中级人民法院（2017）浙10民终1072号民事判决书。

② 详见江苏省盐城市中级人民法院（2014）盐民终字第0071号民事判决书。

可通过追偿解决。

（二）争议原因：品格性差异与关联性分歧

1.“品格性”差异——刑民两者对于赔偿的解读不同。刑法的本质在于用公权力对破坏社会规则到一定程度的“过界者”施以惩罚。就惩罚内容而言，除了具有典型刑法意义上的限制自由、剥夺权利外，尚存在与民事接壤的“赔偿”性惩戒——责令退赔。然不可否认的是，诸多刑事裁判者将更多目光集中在刑法评价意义上的定罪量刑，以此为“主要矛盾”，而对于以“赔偿性”为主的责令退赔制度则关注度不高。此外，至于责令退赔在刑事判决中的呈现形式对于民事诉讼的影响以及民事诉讼与此相关的复杂性，更难以成为刑事裁判者考虑的范畴。然与此同时，在责令退赔之后受害人可否另行提起民事诉讼的问题上，刑法领域却又为民事诉讼规定了路径，面对民事领域的诸多复杂情形，刑法视野下的概括性规定必将面临多种解读，从而让民事裁判者陷入困惑。

就民法而言，其对契约自由的维护亦需要借助于惩戒性的规则，只不过与刑法相比，民法中的惩戒更具“经济性”，即主要以破坏规则者付出精神或物质性的赔偿为代价，所以“赔偿”一词往往成为民事裁判者的重点关注对象。此外，就民法的基本原理而言，民事责任具有一定的独立性，当事人承担刑事责任后并不影响其承担民事责任。与此同时，刑法规范中对于刑民交叉领域的排除性规定，多为民事诉讼“量身定制”，民事领域亦当遵照，所以，面对此类诉讼，民事裁判者必须要瞻前：考虑刑事处罚内容和刑法领域内的相关规定；同时又要顾后：考虑民事责任的独立性和复杂性，进而民事裁判者又会对刑法规范中的涉民性规定进行多样化解读，为民事诉讼的进行寻求“法不禁止即可为”的权利救济之道。

2. 关联性分歧——犯罪行为与合同的效力关系。如行为人的犯罪过程中涉及合同行为，则合同效力应如何认定，历来争议不断。有观点坚持犯罪行为将直接导致合同无效，至于其理由，或认为以合法形式掩盖非法目的，或认为违反了法律法规的强制性规定。① 另有观点则认为：不能仅因当事人一方实施了犯罪行为，而当然认定合同无效，此时仍应根据合同法等法律、行政法规对

① 王小莉：《民刑并存情形下合同效力的认定——从两则仲裁案件说起》，载《仲裁研究》第26辑，法律出版社2011年版。

合同效力进行审查判断，维护交易安全和交易秩序。[①] 上述分歧的存在，直接导致了责令退赔后受害人另行提起民事诉讼的法律后果差异，坚持合同无效者或直接进行侵权责任判断或裁定驳回受害人的起诉；坚持合同独立判断者则采取了合同责任先行的原则。

（三）统一路径：法律关系的明确和责任形式的确定。

诸多案件中，未对合同进行评价而直接判决单位承担责任的，其法律依据集中在《最高人民法院关于在审理经济纠纷案件中涉及经济犯罪嫌疑若干问题的规定》（以下简称《审理经济纠纷若干规定》）第三条到第五条。概括言之，即行为人构成犯罪的，当追究其刑事责任，然如果行为人是直接负责的主管人员和其他直接责任人员，单位对行为人因签订、履行合同造成的后果，应承担民事责任；对于行为人私刻公章以及借用或擅自使用单位的业务介绍信、公章或者盖有公章的空白合同书从事犯罪行为造成的损失，存在过错的单位当承担赔偿责任。

分析上述司法解释，其对于单位承担的责任规定为“民事责任”或“赔偿责任”，然责任基础是来自侵权还是合同却未明确。该司法解释发布于1998年，当时《合同法》和《侵权责任法》尚未颁布，表见代理制度亦未呈现于规范之中，当时对于合同责任和侵权责任的区分缺乏一定的规范基础。故此，该司法解释只是笼统地写入了赔偿责任，但对于赔偿责任的基础性来源却未表述。

笔者认为，上述司法解释虽可作为认定单位责任的规范依据，但法律关系的明确依然是责任确定的前提。具体言之，责令退赔涉及的多是以民间借贷为手段的诈骗、非法吸收公众存款等经济类犯罪，而《最高人民法院关于审理民间借贷案件适用法律若干问题的规定》中关于犯罪行为与合同效力的规定无疑具有重要的指导意义，其第十三条第一款规定：“借款人或者出借人的借贷行为涉嫌犯罪，或者已经生效的判决认定构成犯罪，当事人提起民事诉讼的，民间借贷合同并不当然无效。人民法院应当根据合同法第五十二条、本规定第十四条之规定，认定民间借贷合同的效力。”故面对此类纠纷，因犯罪行为而忽略民事行为独立性的判断方式并不足取。笔者认为，此类纠纷的逻辑判断可参考如下思路：首先，当独立判断合同法律关系，确定民事主体的行为是否构成职务行为或表见代理，如成立，则合同约束被代表（代理）人与合同

① 详见“上海闽路润贸易有限公司与上海钢翼贸易有限公司买卖合同纠纷案”，载《最高人民法院公报》2016年第1期。

相对人，被代表（代理）人直接向合同相对人承担合同责任，然后可向刑事被告人追偿。

其次，如职务行为或表见代理不成立，则需进一步判断刑事被告人与受害人之间的合同关系，如合同有效，则依合同确定权利义务；如合同无效或不成立，则可能构成缔约过失与侵权责任的竞合，此时，如果相对人主张侵权责任，则可依照《侵权责任法》和《审理经济纠纷若干规定》，确定单位、其他过错方是否构成侵权。

再次，如果单位或其他过错方应承担侵权责任，尚需判断责任形式为连带、补充还是按份。从民事角度分析，刑事被告人是最终意义上的无权占有人或不当得利人，进而负有返还或赔偿义务的也应是刑事被告人。然而，当刑事被告人经过执行依然无法赔偿时，受害人遇到了债务不能清偿的风险，此时其他行为人为其过错需要承担“补充性”的责任，恰如《侵权责任法》所规定的公共场所管理者存在过错的前提下对第三人侵权所承担的补充责任。故借鉴上述思路，笔者认为：刑事被告人责无旁贷的需要履行退赔义务，且是最终的责任承担者；其他过错行为人，依照民法基本原理和《侵权责任法》的规定，承担与其过错程度相当的补充责任。当然，其他行为人承担责任之后，有权向刑事被告人追偿。

（四）关于本案的评析

本案中，吴晟虽是鑫润创展公司的员工，但其私刻的是古城公司的公章，且带领销售团队长期工作在古城公司的售楼处，再结合各方的举证情况，可以判断鑫润创展公司在此事中并不存在过错，故责任的承担和分配主要集中在古城公司和吴晟之间。因吴晟并非古城公司的员工，故两者之间并不存在职务行为的判断，至于表见代理的问题，因为孟思奇在合同签订和付款的过程中亦存在过错，如未经核实擅自将大额款项打入个人账户，故不符合表见代理的认定要件，再结合孟思奇所起诉的案由，本案需要判断的是古城公司是否存在侵权意义上的过错及其责任形式，结合一、二审查明的事实，古城公司在吴晟诈骗的过程中确实存在过错，应当为此承担侵权责任，至于其责任形式，如上文所述，应为补充责任，即古城公司在承担责任之后享有向吴晟的追偿权。

四、延伸性反思：责令退赔之后引发的其他责任性质

（一）另一种类型—承诺退赔人的介入

所谓承诺退赔人，是指在刑事诉讼程序启动之前、之中或之后，犯罪分子

的亲友向受害人作出的退赔承诺。此后，受害人基于上述承诺，以债的加入为由对第三人提起民事赔偿之诉。争议集中在第三人的承诺性质如何认定，存在债务否定论和债务加入论两种处理方式。前者认为：犯罪分子已经刑事处罚，涉案款项构成赃款，不能形成民法中的债务，故应驳回受害人的诉讼请求。后者认为：犯罪分子亲友与受害人签订偿还协议，构成债的加入，债的加入者应当承担偿还责任。

（二）解决之道——自然之债与法定之债的明确

自然之债起源于罗马法，法学家把不具有诉权或不具有强制执行力的债，统称为自然之债，人们使用“自然”一词，以表示这些债务的原因和根据，是存在于公道、道德、宗教之中，而不是存在于法律之中。自然之债在我国当下的具体含义，虽在理论界存有争议，然多数观点中，其所具有的共识特征包括：缺乏法定之债的债因，不产生法定义务，不能通过诉讼的方式得以实现；债务人自愿履行的，不得请求不当得利返还。① 在上述基础上，再来观察刑事被告人亲友向受害人作出的退赔承诺。其一，依《刑法》的规定，退赔是刑事被告人的法定义务。其二，退赔与量刑后果紧密相关，《最高人民法院关于被告人亲属主动为被告人退缴赃款应如何处理的批复》中规定：“如果被告人对责令其本人退赔的违法所得已无实际上的退赔能力，但其亲属应被告人的请求，或者主动提出并征得被告人的同意，自愿代被告人退赔部分或者全部违法所得的，法院可以考虑具体情况，收下其亲属自愿代被告人退赔的款项，并视为被告人主动退赔的款项”；《最高人民法院关于常见犯罪的量刑指导意见》规定：“综合考虑犯罪性质，退赃、退赔行为对损害结果所能弥补的程度，退赃、退赔的数额及主动程度等情况，可以减少基准刑的30%以下。”可见，退赔义务的履行是被告人悔罪的表现，具有人身专属性，不能转让。其三，退赔无法以纯民事义务的身份与刑事责任剥离，如上文所述，犯罪分子亲友代为退赔同样影响量刑后果。故如果将退赔完全视为纯民事义务，并因亲友的承诺而具有民事之债的可诉性和执行性，将会出现如下后果：刑事被告人的退赔义务无法免除，其亲友的退赔承诺必须遵守，且因民事诉讼程序介入导致亲友被强制退赔的后果还不具有刑法量刑层面的意义，进而不仅会与量刑规则冲突，还难以在民事追偿层面自圆其说。故此，笔者认为，退赔义务无法脱离刑事责任而单独进行民事评价，亲友代为退赔的承诺并不产生法定意义的债之后果，其只是亲友基于道德或量刑的现实，为自己设定的一份“自然债务”，

① 郑玉波：《民法债编总论》，中国政法大学出版社2004年版，第7页。

相对人无法以诉讼的方式实现，然无论民法抑或刑法，无疑都鼓励犯罪分子的亲友代为退赔，且亲友实际退赔之后，亦无权请求受害人返还，究其原因，在于对受害人的损失进行弥补符合一个社会的道德规则，也是自然债务的应有之义。

（**一审法院合议庭成员** 何杨彪 张仕忠 李 茂
二审法院合议庭成员 巴晶焱 曹 炜 陈 茜
编写人 北京市第三中级人民法院 史智军 巴晶焱
责任编辑 杨 奕
审稿人 曹守晔）

樊世席诉湘西土家族苗族自治州肿瘤医院医疗损害责任纠纷案

——医疗机构对患者过度医疗应否承担赔偿责任的认定

关键词：民事　医疗损害责任纠纷　过度医疗　说明和告知义务　适当赔偿

【裁判要旨】

1. 根据《侵权责任法》第五十五条第一款规定，医务人员应当全面、科学、有效地对患者或其亲属履行说明和告知义务，从而使患者或其亲属的选择成为真正理性的选择。由于对晚期癌症治疗的特殊性，医务人员还应当全面、明确地告知拟实施手术、特殊检查、特殊治疗的通常情形下治疗效果及须支付的医药等费用，以使得患者或其亲属能够在在充分评估各方面因素之后最终能够作出理性的、真正自愿的选择。

2. 医疗机构或医务人员违背临床医学规范和伦理准则，不能为患者真正提高诊治价值，而进行的检查、治疗等医疗行为（包括过度检查、过度治疗），应当认定医疗机构为过度医疗行为、并依照《侵权责任法》第五十五条第二教的规定，判令医疗机构承担暗偿责任。赔嘗围应当主要限于医疗机构因其过度治疗行为向患者或其亲属收取的费用，也可以另外承担上部分护理费、营养费、交通费等费用。

【相关法条】

《中华人民共和国侵权责任法》第五十五条　医务人员在诊疗活动中应当向患者说明病情和医疗措施。需要实施手术、特殊检查、特殊治疗的，医务人员应当及时向患者说明医疗风险、替代医疗方案等情况，并取得其书面同意；不宜向患者说明的，应当向患者的近亲属说明，并取得其书面同意。

医务人员未尽到前款义务，造成患者损害的，医疗机构应当承担赔偿责任。

第五十六条 因抢救生命垂危的患者等紧急情况，不能取得患者或者其近亲属意见的，经医疗机构负责人或者授权的负责人批准，可以立即实施相应的医疗措施。

第六十三条 医疗机构及其医务人员不得违反诊疗规范实施不必要的检查。

【案件索引】

一审：湖南省吉首市人民法院（2016）湘3101民初1734号（2017年7月11日）

二审：湖南省湘西土家族苗族自治州中级人民法院（2017）湘31民终702号（2017年12月20日）

【基本案情】

原告（上诉人）樊世席诉称：被告湘西土家族苗族自治州肿瘤医院（简称州肿瘤医院）诊断于金菊为肝癌晚期后，医生说不治疗只能活6个月，治疗了可以活3年。被告还特意给开了从北京寄来的价值25000元的药，结果，患者出院后不到一个月就去世了。原告认为，被告没有对患者于金菊发病器官取样检查化验，只是凭拍的CT片就妄论患者是肝癌晚期，开了与患者病情不符的高价药，加速了患者死亡，被告明显存在过错。诉讼请求：确认被告在对于金菊整个医疗、护理过程中存在医疗过错行为，判令被告赔偿原告损失共计155826.5元。

根据原告申请，原审法院分别委托湖南省人民医院司法鉴定中心、广东南天司法鉴定所对被告在对于金菊的诊疗、护理过程中是否存在医疗过错行为进行鉴定。但该两家司法鉴定机构均将法院委托事项退案。

被告（被上诉人）州肿瘤医院辩称：其对患者于金菊作相关检查及其临床症状诊断肝癌，进行对症治疗和护理，符合相关诊断护理规范的规定，被告在本案中并无过错，无须承担赔偿责任。

法院经审理查明：原告妻子于金菊因腰腿痛分别在永顺县中医院、永茂镇中心医院、张家界中医院就医治疗，未查出病情，2016 年 1 月 11 日到被告湘西自治州肿瘤医院治疗，诊断为肝癌晚期，2016 年 2 月 2 日出院，住院 22 天，医疗费个人负担了 15206.18 元。于金菊出院后于农历 2016 年 2 月 28 日去世（原告陈述）。根据原告的申请，法院分别委托了湖南省人民医院司法鉴定中心、广东南天司法鉴定所对于金菊在被告湘西自治州肿瘤医院诊疗、护理过程中是否存在医疗过错行为进行鉴定。2017 年 4 月 7 日，湖南省人民医院司法鉴定中心出具《关于于金菊医疗纠纷不予受理通知单》，2017 年 5 月 10 日，广东南天司法鉴定所出具粤南（2017）法临函字第 143 号《函》，均将委托事项退案。

【裁判结果】

湖南省吉首市人民法院于 2017 年 7 月 11 日作出（2016）湘 3101 民初 1734 号民事判决：驳回原告樊世席的诉讼请求。

原告樊世席不服该判决，以州肿瘤医院在诊断出死者于金菊患有肝癌晚期时，没有尽到必要的告知义务，根据我国《中华人民共和国侵权责任法》第五十五条规定，医务人员未尽到相应的告知义务，造成患者损害的，医疗机构应当承担赔偿责任等为由，提起上诉。请求：撤销原判，改判支持原告的原审诉讼请求。

湖南省湘西土家族苗族自治州中级人民法院于 2017 年 12 月 20 日作出（2017）湘 31 民终 702 号民事判决：一、撤销吉首市人民法院（2016）湘 3101 民初 1734 号民事判决；二、州肿瘤医院赔偿樊世席医疗费损失 2 万元。

【裁判理由】

法院生效裁判认为：被上诉人州肿瘤医院确诊患者于金菊为肝癌晚期患者后，对其实施介入手术没有达到延缓肿瘤进程、提高生存质量的医疗目的，于金菊于术后不久死亡。对于这种手术不能达到治疗目的的风险，被上诉人不能提供充分证据证明其尽到了提示和说明的义务，由此造成上诉人樊世席医疗费用损失，被上诉人应承担一定的过错责任。二审中，樊世席提出赔偿 2 万元经济损失了结此案的意见，应予以支持。

【案例注解】

本案是一件比较特殊的医疗损害责任纠纷案。对于本案，可以从几个方面来认识。

一、对现行治疗大多数晚期癌症医疗行为局限性的认识

本案患者所患肝癌，被确诊时已经是癌症晚期。众所周知，对于肝癌等大多数晚期癌症，目前尚无可以治愈或能够长期生存的有效手段。

医疗机构在明知患者已经处于癌症晚期而仍予以手术或者服用疗效不明的贵重药品等治疗，很多情形就可以认定为过度医疗或者无效医疗了。

二、关于过度医疗

过度医疗，通说认为是指医疗机构或医务人员违背临床医学规范和伦理准则，不能为患者真正提高诊治价值，只是徒增医疗资源耗费的诊治行为。易言之，它是指在治疗过程中，不恰当、不规范甚至不道德，脱离病人病情实际而进行的检查、治疗等医疗行为，包括过度检查、过度治疗。过度医疗不是诊治病情所需，起码不是诊治病情完全所需。

一般认为，应该将对病人的诊疗总体上是趋好还是伤害，作为判定是否过度医疗的基本准则。具体说来，要看医生的目的何在，治疗是否产生预防作用，是否减轻了病人的痛苦，是否能延长病人的寿命。另外有三个附加条件：(1）病人的经济能力是否能承受。(2）病人的心理是否能承受。(3）治疗中是否能体现病人的权利。因此，过度医疗包括但又不仅限于通常所说的无效医疗。

通说认为，属于过度医疗的行为有：（1）诊断手段超过了诊断该疾病的实际需要，即本来可以用简便的、一次性能够得到的诊断，却用了复杂昂贵和多次重复的诊断，亦即超越了学术界公认的、可行的、适宜的诊断方法和手段；(2）采用了多余的、无效的甚至有害的治疗方法和手段；（3）对疾病诊断和治疗的费用明显超过了一般标准；（4）如果对病人的诊断和治疗超越了该病人体力和财力的可支持度，即使这种诊断和治疗符合学术界的公认要求，也应视为过度医疗；(5）对患者通过自身调节能很快得以恢复的、正常生理范围内出现的异常现象，如进行医疗干预，也应视为过度医疗；（6）对某些死亡征兆已经很明显或死亡不可逆转的病人仍进行挽救生命的无效治疗。

不应视为过度医疗的行为，通说认为主要有：（1）对某些复杂和难以诊治的疾病必须重复检查才能确诊的医疗行为；（2）为抢救危重病人的生命而采取某些可能不一定收到实效的治疗；（3）在别无选择情况下，为了探索其他有效治疗方法而选用某些实验性治疗；（4）为了防范某些疾病传播或病情扩大，避免更大风险，对病人采取某些适度的过度诊断或治疗，但这种举措不能无限扩大，否则也应视为过度医疗；（5）眼前虽没有疾病征兆，但为预防病症发生而采取某些治疗；（6）疾病已治愈，但为了防止复发或预防某些并发症产生而给予治疗。

因此，可以认为，过度医疗的基本特征是：（1）使用的诊疗手段超出了疾病诊疗的根本需求，不符合疾病规律和特点；（2）采用非“金标准”的诊疗手段；（3）对疾病基本诊疗需求无关的过度消费；（4）费用超出了当时个人、社会经济承受能力和社会发展水平。

我国当前过度医疗普遍存在，已是不争的社会现象。据分析，其形成原因主要是：（1）经济利益驱动是最主要原因。如：医疗过于市场化发展，以药养医，医务人员的收入与经济效益挂钩，药品回扣，开单提成等等。（2）医学本身的复杂性与医生的诊疗水平的原因。（3）法律法规制度方面的原因。如：人身损害赔偿司法解释规定了医方在过错及因果关系方面实行举证责任倒置制度，可能导致医生对病人的过度检查、过度治疗。（4）某些医生的道德水平滑坡。（5）其他原因。如：医患关系紧张，个别病人的不合理要求。

过度医疗的危害显而易见：（1）损害了患者的经济利益，导致医患关系恶化。（2）造成医疗资源浪费，影响卫生服务公平性。（3）医疗风险比率上升。

因此，过度医疗必然为世界各国的法律以及相关制度所被禁止。

本案中，被告州肿瘤医院没有举出充分证据予以证明或者以充分理由予以说明其对晚期癌症患者于金菊的介入手术治疗以及让于金菊服用从北京寄来的价值25000元贵重药是必要、经济、有效的。因此，对被告州肿瘤医院的该治疗行为，应该认定是一种客观上过度医疗行为。

三、关于过度医疗法律责任之认识

对于过度医疗，我国目前在法律上没有明确定义，更谈不上作出全面、具体规定。但一般认为，我国《侵权责任法》对此还是作出了一些回应，虽然只是涉及其部分。该法第五十五条规定：“医务人员在诊疗活动中应当向患者说明病情和医疗措施。需要实施手术、特殊检查、特殊治疗的，医务人员应当及时向患者说明医疗风险、替代医疗方案等情况，并取得其书面同意；不宜向患者说明的，应当向患者的近亲属说明，并取得其书面同意。医务人员未尽到前款义务，造成患者损害的，医疗机构应当承担赔偿责任。”第五十六条：“因抢救生命垂危的患者等紧急情况，不能取得患者或者其近亲属意见的，经医疗机构负责人或者授权的负责人批准，可以立即实施相应的医疗措施。”第六十三条规定：“医疗机构及其医务人员不得违反诊疗规范实施不必要的检查。”

考虑到我国《侵权责任法》的上述规定，一种观点认为，要将过度医疗问题纳入民法领域来解决，就必须充分考虑民法特有的价值取向或曰基本原则，即意思自治。按照我国《侵权责任法》的立法思想，是否接受及接受何种诊疗方案取决于患者或其亲属的意思，医疗机构及医务人员不得违反患者或其亲属的意思而实施诊疗行为。由此，我国《侵权责任法》中的过度医疗事实，应当由医学上“过度医疗”客观事实和患者主观上自由决定权受到侵害二者共同构成，即用患者的意思表示来限缩医学上对“过度医疗”定义，使其必须满足民法上的条件，才能成为民法上的“过度医疗”。[①] 笔者认为，这种观点充分考虑了民法特有的意思自治价值观念和基本原则，有其值得借鉴处，但是，其将患者主观上自由决定权受到侵害的“过度医疗”才定义为民法上的“过度医疗”，实际上否定了“过度医疗”是客观事实这一特质，是不可取的。应该认为，有医学上“过度医疗”客观事实和患者主观上自由决定权受到侵害的二者共同结合，才是医疗机构承担民事法律责任的法定构成要件。质言之，只有在患者主观上自由决定权受到侵害的前提下，医疗机构才为其“过度医疗”客观事实，承担民事法律责任。进而言之，“过度医疗”所产生的侵权责任，“在目前的《侵权责任法》中是对患者知情同意权的侵权责任。”[②]

有一种观点认为，根据我国《民法通则》及《侵权责任法》关于侵权责任的总则性规定：“过度医疗行为属于医方侵犯患方财产权的行为”；根据我国《合同法》关于违约责任的总则性规定：“过度医疗行为属于医方对患方的违约行为。”[③] 笔者认为，这种观点的法律依据过于原则、抽象，审判实践中可操作性不强，且部分忽略医疗行为“救死扶伤”的基本特质，因而不完全

①② 胡俊轩：《浅论侵权法上的过度医疗与患者的知情同意权》，载《法制与社会》2013 年第 2 期。

③ 刘昂：《过度医疗行为之认定及其法律责任分析》，载《法制与社会》2013 年第 8 期。

可取,[①] 但其有助于开阔法官视野、理清裁判思路，是应该肯定的。

四、对《侵权责任法》第五十五条医务人员说明和告知义务的再认识

虽然我国存在部分晚期癌症患者或其亲属囿于不完全理性的死亡观而不能正确对待必然来临的死亡，为了活命而不顾一切地赌一把的非理性现象，但也应该看到，很多患者或其亲属在充分评估可能的治疗效果及须支出的费用等方方面面因素之后，还是选择了放弃那些费用大、效果不能确定的治疗。对于晚期癌症患者或其亲属放弃治疗的理性选择，法官应该予以尊重，医务人员更应该予以尊重。

医务人员尊重晚期癌症患者或其亲属的理性选择，重要方面就是应该严格按照我国《侵权责任法》第五十五条规定，全面、科学、有效地对患者或其亲属履行说明和告知义务，从而使患者或其亲属的选择成为真正理性的选择。应该说，医务人员的这种说明和告知义务，不仅是我国《侵权责任法》第五十五条规定所要求，而且也是我国《民法通则》和《民法总则》所明确规定的诚实信用原则之必然要求。

根据我国《侵权责任法》第五十五条规定，医务人员对患者或其亲属履行说明和告知义务，一般性要求是应当在诊疗活动中向患者或其亲属说明病情和医疗措施；需要实施手术、特殊检查、特殊治疗的，还应当及时说明医疗风险、替代医疗方案等情况，并取得其书面同意。笔者认为，由于对晚期癌症治疗的特殊性，对于晚期癌症患者或其亲属履行说明和告知义务，还应进一步明确：医务人员还应该全面、明确地告知拟实施手术、特殊检查、特殊治疗的通常情形下治疗效果及须支付的医药等费用，以使得患者或其亲属能够在充分评估方方面面因素之后最终作出理性的、真正自愿的选择。

五、医疗机构对过度医疗承担赔偿责任的前提条件和赔偿范围

对我国《侵权责任法》第五十五条规定的“造成患者损害”，完全可以适当地、合乎目的地扩大解释为包括对患者金钱等财产的损害。

法官如果能够认定医疗机构没有按照上述要求，向晚期癌症患者或其亲属履行说明和告知义务，使患者或其亲属主观上自由决定权受到侵害，且医疗机

① 将医疗行为完全视为医疗服务合同行为，进而可能判令没有完全达到治疗目的的医疗机构承担违约责任，显然不可取、不可行。对此，毋须详述。

构的诊疗行为应该认定为过度医疗，那么，就应该判令医疗机构承担适当的赔偿责任。法律依据就是医务人员没有按照我国《侵权责任法》第五十五条规定及诚实信用原则之要求，全面、明确地向晚期癌症患者或其亲属履行说明和告知义务。

过度医疗行为往往是发生在“救死扶伤”过程中。与一般伤害行为是受害人受伤甚至死亡的直接或者主要因素明显不同，过度医疗行为往往只是使得患者在花费不菲的费用后却没有获得预期治疗效果。也就是说，患者或其亲属因医疗机构的过度医疗行为所遭受的损失，主要是金钱方面的无效支出。因此，医疗机构只应该承担与其过错相适应的适当赔偿责任，不是完全的赔偿责任，这是必须明确和坚持的。

医疗机构承担适当赔偿责任范围，应该主要限于医疗机构因其过度治疗行为向患者或其亲属收取的费用，也可以另外承担一部分护理费、营养费、交通费等等费用。

六、本案例参照适用时应注意的问题

本案是在认定医疗机构对患者过度治疗、又没有依法对患者或其亲属有效履行了说明和告知义务情况下，判令医疗机构对患者亲属承担赔偿责任。因此，本案判决的首要前提是医疗机构对患者过度治疗。

为了更为妥当地处理本类纠纷案件，今后在参照适用本案例时，实有必要全面认真分析导致医疗机构过度治疗的重要的、甚至是难免有效减少的深层次原因，以达到判决结果能够达到司法裁判一般预防和特殊预防相结合①的理想境界。

前面已经简述了我国当前过度医疗普遍存在的原因。这里，有必要对此进一步分析。

医疗行业具有风险程度高、风险复杂及风险不确定等特点，加之近年来医疗纠纷、医疗诉讼案件的逐年增加，促使防御性医疗行为的出现，而防御性医疗也加剧了过度医疗。防御性医疗行为（Defensive Medicine）最早于1978年由美国Tancredi等提出，指医务人员为降低医疗风险、减轻风险责任而对患者

① 虽然一般认为只在刑事诉讼领域存在一般预防和特殊预防的对立统一关系。但在民事和行政诉讼领域，实际上也存在这种对立统一关系，只是表述可以有所不同。如在医疗纠纷领域，通过裁判，有效解决了已经诉至法院的纠纷案件，就起到了特殊预防作用；该生效裁判影响巨大，医疗行为的相关当事人都将该裁判特别是裁判理由作为评估自己行为的标准，从而减少甚至杜绝了同类纠纷案件的发生，就起到了一般预防作用。

实施超出规范化诊疗常规的检查、诊断、治疗以及规避高危患者或高危诊疗程序的医疗行为。在2000年前后，我国由于在人身损害赔偿司法解释中实行了医疗举证责任倒置，使得医务人员为了规避自身风险，引导甚至主动要求患者多做高端检查和高端治疗，导致过度医疗。[①] 质言之，过度医疗的高发，部分源于医务人员为了规避法律风险！而医疗机构的法律风险高企，应该认为，部分源于一些法官受所谓“保护弱者”理念的影响，在裁判时没有做到“以事实为根据，以法律为准绳”，事实上对医疗机构实行了客观归责，不当加大医疗机构的法律责任![②]

因此，法官在参照适用本案例时，一定要坚守“以事实为根据，以法律为准绳”司法裁判基本准则，审慎认定医疗机构的过度医疗行为，认定医疗机构没有对患者或其亲属有效履行说明和告知义务必须达到“高度盖然性”证明标准，并坚持判令医疗机构只承担与其过错相适应的适当赔偿责任而不是完全赔偿责任。否则，“医闹”现象有可能再次泛滥成灾。

本案中，被告州肿瘤医院对患者于金菊的治疗行为应该认定为过度医疗，且被告不能举证证明其已经对于金菊或其亲属有效履行了说明和告知义务，使得于金菊患者或其亲属主观上自由决定权受到充分保障。因此，按照我国《侵权责任法》第五十五条规定及诚实信用原则之要求，被告州肿瘤医院应该因其过错，向原告樊世席承担赔偿责任。二审判令被告州肿瘤医院承担被告自负的全部医疗费用外，还判令其承担一部分其他费用，是合法、妥当的。但表述的判决理由过于简单，说服力欠佳，这也是必须指出的。

（**一审法院合议庭成员**　杨　智　黄德源　杨　静
二审法院合议庭成员　张建英　彭四海　向　力
编写人　湖南省湘西土家族苗族自治州中级人民法院　邱贤周　胡基厚
责任编辑　杨　奕
审稿人　曹守晔）

---

① MBA智库百科：过度医疗。载https：//wiki.mbalib.com/，2018年8月访问。

② 前几年我国“医闹”现象泛滥成灾，愈演愈烈，不能说与法院的某些不当甚至违法裁判没有关系。

游淑容诉重庆爱尚汽车销售有限公司买卖合同纠纷案

——平行进口车原产地欺诈的司法认定

关键词：民事　买卖合同　平行进口车　原产地

【裁判要旨】

1. 根据《进出口货物原产地条例》，两个以上国家（地区）参与生产的货物，以最后完成实质性改变的国家（地区）为原产地。平行进口车不是从品牌国直接进口，而是从品牌国授权进口的第三国所进口的，故为了满足进口国在文字表达、计量单位、使用习惯等方面的市场需求和检验标准，需要对车辆进行部分非实质性改装。此时不能以非实质性改装地认定为原产地，而应根据统一道路车辆识别代号体系认定原产地。

2. 经营者在车辆交付时告知了消费者车辆系美规车而非中规车等相关产品信息，消费者签字认可确认并且接受的，不能以经营者未明确告知车辆进口销售模式，从而认定其存在隐瞒商品信息的欺诈行为。

【相关法条】

《中华人民共和国消费者权益保护法》第五十五条　经营者提供商品或者服务有欺诈行为的，应当按照消费者的要求增加赔偿其受到的损失，增加赔偿的金额为消费者购买商品的价款或者接受服务的费用的三倍；增加赔偿的金额不足五百元的，为五百元。法律另有规定的，依照其规定。

经营者明知商品或者服务存在缺陷，仍然向消费者提供，造成消费者或者其他受害人死亡或者健康严重损害的，受害者有权要求经营者依照本法第四十九条、第五十一条等法律规定赔偿损失，并有权要求所受损失二倍以下的惩罚性赔偿。

《中华人民共和国进出口货物原产地条例》第三条 完全在一个国家（地区）获得的货物，以该国（地区）为原产地；两个以上国家（地区）参与生产的货物，以最后完成实质性改变的国家（地区）为原产地。

【案件索引】

一审：重庆市渝北区人民法院（2016）渝0112民初16671号（2017年6月27日）

二审：重庆市第一中级人民法院（2017）渝01民终5636号（2018年4月4日）

【基本案情】

原告（被上诉人）游淑容诉称：2014年4月3日，原告与被告重庆爱尚汽车销售有限公司（以下简称爱尚汽车公司）签订购车合同，约定原告向被告购买酒红色原装意大利进口车玛莎拉蒂一台。2014年5月初，原告支付完毕购车款项，被告将一台美规车交给原告使用，交接中，被告一直未告知美规车和中规车的区别，只告知：美规车是四驱，中规车是两驱，美规车性能好于中规车，至今尚未交付出厂资料、车辆检验合格证及使用说明。原告接车后，在使用过程中多次发现质量问题，到被告处维修多达9次之多。为维护原告的合法权益，2015年底，原告向法院起诉，才得知涉案车辆为位于美国加利福尼亚州的和合加利福尼亚汽车集团生产，该车辆在制造环节为改装车，非原产于意大利的原产车。且销售中没有对该车属于“平行进口”模式进行阐述，是否属于“平行进口”车明显会影响原告购买决策。原告在接受车辆后，因改装后的质量问题频发，致使原告的生命安全受到威胁。故请求：（1）撤销原、被告双方于2014年4月3日签订的《代理购车合同》；（2）被告退还原告购车款130万元，并增加赔偿原告390万元；（3）被告赔偿原告税费、保险费、上户费及其他费用20万元；（4）原告将车辆（车架号ZAM56RRA4E××××××）返还被告；（5）本案诉讼费由被告负担。

被告（上诉人）爱尚汽车公司辩称：涉案车辆由意大利制造厂将各种车辆零部件加工制造为完整汽车，而该车辆运送至美国后，仅就仪表盘、后尾灯中文警告标识以及前后牌照架进行了改装，该改装不影响车辆基本功能，也不影响货物税则归类，故美国不是货物实质性改变的发生地，涉案车辆的原产地仍为意大利。同时，我国海关识别进出口车辆原产地主要通过车辆识别代号即VIN码（也即车架号），涉案车辆的VIN码为ZAM56RRA4E×××××××，其中制造厂识别部分ZAM即代表车辆制造商为意大利，因此，根据车架号即可识别涉案车辆原产地为意大利。另外，原告游淑蓉在《新车提交客户确认单》和《非中规进口车查验表》上签字，应当据此确认游淑蓉在购车时知道和认可所购为美规车的事实。故，爱尚汽车公司不存在故意隐瞒真实情况或故意告知虚伪状况之事实，不存在欺诈。

法院经审理查明：2014年4月3日，游淑蓉为乙方，爱尚公司为甲方，签订了一份由爱尚公司提供的《重庆爱尚汽车销售有限公司代理购车合同》，主要约定：甲方与乙方订立代理购车合同协议，主要内容为：车名及车型玛莎拉蒂，原产地意大利，酒红/粉，数量1台，单车价及总价130万元。合同签订当天，游淑蓉交付了定金5万元。2014年5月6日，游淑蓉又支付379521元，剩余购车款104万元系银行按揭贷款支付，游淑蓉合计向爱尚公司支付购车款及相关费用1469521元。2014年5月7日，游淑蓉至爱尚公司处提车，并签字确认《新车提交客户确认表》一份，主要载明：顾客名称游淑容，销售顾问巫龙静（身份证姓名为巫龙剑），车型玛莎拉蒂，颜色波尔多红/米，配置总裁（美规），发动机号M156B××××××，车架号ZAM56RRA4E×××××××，游淑蓉对车辆状况及随车附件进行验收后，在购车方确认签字处签名确认。当天，游淑蓉对车辆识别代号、发动机型号和出厂编号、品牌型号、座位设置及核载人数、外观及标识进行了查验，并在《非中规进口车查验表》上签名确认。

另查明，2014年4月1日，天津爵颉国际物流有限公司填写的《出入境检验检疫入境货物报检单》载明：货物名称：总裁S轿车QUATTR OPORTE S，原产国（地区）意大利，数量1辆，货物总值110700美元。

《中华人民共和国出入境检验检疫进口机动车辆随车检验单》载明：涉案车辆检验情况车辆一般项目检验合格，安全性能检验合格，备注：该车为改装车。车辆改装项目说明载明：以下为车辆整改项目：仪表盘、后尾灯、中文警告标识、前后牌照架。

《货物进口证明书》载明：涉案车辆自意大利于2014年4月11日抵达本口岸，业经天津美通达汽车贸易有限公司于2014年4月14日按章办结进口手续，车身颜色为紫，产地意大利，出厂日期2013年12月。特此证明。

《车辆一致性证书》载明：车辆生产厂名称和合加利福尼亚汽车集团公司，车辆制造国美国，车型名称乘用车（玛莎拉蒂改装车）（4 座），车辆中文品牌德宝总裁 S，车身颜色红，最终制造阶段的制造商名称和合加利福尼亚汽车集团公司，最终制造阶段的制造商地址：美国加利福尼亚州工业城绿色大街 17065 号。

《中华人民共和国自动进口许可证》载明进口商天津美通达汽车贸易有限公司，进口用户天津顺胜建筑环境控制工程有限公司，贸易国美国，原产地国（地区）意大利。

《中国国家强制性产品认证证书》载明：生产者（制造商）及生产企业名称、地址和合加利福尼亚汽车集团公司，美国加利福尼亚州工业城绿色大街 17065 号，产品名称和系列、规格、型号为乘用车（玛莎拉蒂改装车）（4 座）/（5 座），产品标准和技术要求为 CNCA－02C－023：2008；发证日期 2014 年 2 月 24 日，有效期至 2018 年 12 月 9 日。

再查明，国际标准组织《世界制造厂识别代码（WMI）ISO3780－2009》与中国国家标准《GB16735－2004 道路车辆车辆识别代码（VIN）》，以及中国国家标准《GB16737－2004 道路车辆世界制造厂识别代码（WMI）》相互对照，证明目前在世界范围内统一的道路车辆识别代号体系的构成情况，即车辆识别代号（VIN：Vehicle identification number）由三部分构成，包括世界制造厂识别代号（WMI：World Manufacturer identifier）、车辆说明部分（VDS：vehicle descriptor section）、车辆指示部分（VIS：vehicle indicator setion）。WMI 系车辆识别代号的第一部分（前三位），用于标识车辆的制造厂；VDS 系第二部分，用于说明车辆一般特征信息；VIS 为第三部分、最后部分，系用于区别不同车辆而指定的一组代码。此外，VIS 的第二位，即 VIN 码的第十一位代表装配厂。而根据国家质量监督检验检疫总局颁布的《进口机动车辆制造厂名称和车辆品牌中英文对照表（2004）》载明，ZAM/1（WMI 制造商代码、VIN 第十一位装配厂代码）即指向意大利玛莎拉蒂股份公司圭利亚科工厂。

爱尚公司另提交包括路虎、保时捷、保时捷凯宴、奔驰、英路揽胜等一系列品牌的平行进口车相关手续资料，以证明这些平行进口车的《车辆一致性证书》上载明的车辆制造国均不是指原产地国家，而根据每辆车的 VIN 码才能正确认定车辆的原产地。

【裁判结果】

重庆市渝北区人民法院于2017年6月27日作出（2016）渝0112民初16671号民事判决：一、撤销原告游淑容与被告重庆爱尚汽车销售有限公司于2014年4月3日签订的《重庆爱尚汽车销售有限公司代理购车合同》；二、被告重庆爱尚汽车销售有限公司于本判决生效之日起十日内返还原告游淑容购车款130万元，并赔偿原告游淑容购置税和保险费等费用169521元；三、原告游淑容于本判决生效次日起十日内返还被告重庆爱尚汽车销售有限公司玛莎拉蒂小型轿车（车架号码：ZAM56RRA4E×××××××）；四、被告重庆爱尚汽车销售有限公司于本判决生效之日起十日内支付原告游淑容赔偿款390万元；五、驳回原告游淑容的其他诉讼请求。

宣判后，被告爱尚汽车公司提出上诉。重庆市第一中级人民法院于2018年4月4日作出（2017）渝01民终5636号民事判决：一、撤销重庆市渝北区人民法院（2016）渝0112民初16671号民事判决；二、驳回游淑容的原审全部诉讼请求。

【裁判理由】

法院生效裁判认为：本案争议焦点主要为以下两个方面。

一、涉案车辆的原产地应当如何认定

首先，爱尚公司在二审中提交了国际标准组织《世界制造厂识别代码（WMI）ISO3780－2009》、中国国家标准《GB16735－2004道路车辆车辆识别代码（VIN）》、中国国家标准《GB16737－2004道路车辆世界制造厂识别代码（WMI）》以及国家质量监督检验检疫总局颁布的《进口机动车辆制造厂名称和车辆品牌中英文对照表（2004）》等文件，这些文件相互对照，充分证明目前在世界范围内统一的道路车辆识别代号体系的构成情况；证明车辆识别代号VIN码（尤其前三位制造商代码WMI和第十一位装配厂代码）应当作为识别进口车辆原产地的依据；证明涉案车辆VIN码中ZAM/1（制造商代码、VIN第十一位装配厂代码）应指向意大利玛莎拉蒂股份公司圭利亚科工厂。

其次，《进出口货物原产地条例》第三条的规定，两个以上国家（地区）参与生产的货物，以最后完成实质性改变的国家（地区）为原产地。就涉案

车辆而言，《中华人民共和国出入境检验检疫进口机动车辆随车检验单》载明了在美改装的范围，即“仪表盘、后尾灯、中文警告标识、前后牌照架”。据此可以认定，涉案车辆系在意大利完成整车生产，在美国改装厂改装的项目仅涉及仪表盘、后尾灯、中文警告标识、前后牌照架，以符合中国市场标准及使用需求和习惯，显然改装项目未涉及货物实质性改变，故涉案车辆最后完成实质性改变的国家应认定为意大利，即涉案车辆原产地应认定为意大利。至于车辆名牌显示该车制造国为美国、生产厂名和合加利福尼亚汽车集团公司等，与《车辆一致性证书》中载明车辆制造国的意义等同，不能作为认定车辆原产地的直接依据。

二、关于平行进口车销售中的相关告知义务

二审中游淑容主张其在购车过程中从未知悉涉案车辆为平行进口车，从而爱尚公司存在刻意隐瞒影响购买决策的重大事项的行为，亦可构成欺诈。本院认为，所谓平行进口车，是从品牌国授权进口的其他第三国购买进口，而非从品牌国直接进口的车辆。因进口渠道环节不同，可能涉及车辆的部分非实质性改装，但该非实质改装目的仅为满足进口国在文字表达、计量单位、使用习惯等方面的市场需求。同时，在双方签订和履行购车合同的时期，对于平行进口车的销售告知义务及范围问题，亦没有国家行政性的或行业指导性的相关规定，各经销商在销售中没有统一的做法。故本院认为，《中华人民共和国消费者权益保护法》第五十五条所规定的经营者欺诈，需存在经营者故意隐瞒及恶意误导，对于平行进口车这样的新兴行业，结合本案具体事实情节，仅以销售商未明确告知平行进口商品的事实及相关情况，不足以认定销售商存在刻意隐瞒商品真实信息的欺诈行为。

综上，游淑容以涉案车辆存在原产地欺诈等为由要求撤销合同，并要求爱尚公司承担退车退款、三倍赔偿的民事责任，缺乏充分的事实依据及法律依据。至于涉案车辆存在质量问题，游淑容可根据合同约定另行提起违约之诉。一审法院认定事实错误，二审法院依法予以纠正。

【案例注解】

一、“平行进口车”模式及其背景

平行进口车，是指在汽车生产厂商授权销售体系之外，由除总经销商以外

的其他进口商从境外进口的汽车。根据进口地不同，一般可分为“美规车”“中东版车”“欧规车”等，以区别于授权渠道销售的“中规车”。“平行进口车模式”与“总经销模式”相对，是指并非从品牌国直接进口，而是从品牌国授权进口的其他第三国购买进口。因此，平行进口汽车并非针对我国市场和标准生产的，在进入中国市场时需要在授权的工厂对车辆的仪表盘、后尾灯、中文警告标识、前后牌照架等进行改装，但该改装目的仅为满足进口国在文字表达、计量单位、使用习惯等方面的市场需求，再通过相关认证、质量检测、通关手续进入国内。

近年来，随着我国平行进口汽车行业的不断发展，平行进口车对进口汽车市场起到了良好的补充作用。平行进口打破进口汽车市场垄断，降低中高档进口汽车价格，丰富消费者市场选择等方面发挥了积极作用。近年来，为推进汽车领域供给侧结构性改革，加快汽车流通体制创新发展，激发汽车市场活力，商务部等国家相关部委强力推进汽车平行进口试点，平行进口车逐渐从幕后走向台前，成为汽车市场尤其是高档车市场的有效补充。实际上，平行进口车这一模式打破了传统跨国车企的垄断性进口贸易模式，相对于中规车，平行进口车在价格上具有先天优势。然而，作为新兴事物，必然面临一些成长的烦恼。比如说价格不透明、售后服务存隐患、进口方式繁杂、手续办理麻烦等，但随着政策利好，我国平行进口市场正在逐步完善。

二、平行进口车模式常见的主要争议法律问题

（一）如何认定平行进口车的原产地，以及平行进口是否属于改装车的问题

经过非实质改装的平行进口车的原产地应如何认定，以及平行进口车是否属于改装车的问题，是平行车进口销售模式中争议较大的问题。对于平行进口车的产地信息，存在众多相关行政部门报告证书的不同认定。以本案为例，《中华人民共和国出入境检验检疫入境货物报检单》载明“原产国意大利”，《中华人民共和国出入境检验检疫进口机动车辆随车检验单》载明“检验合格”“备注：该车为改装车”，《货物进口证明》载明“产地意大利”，《车辆一致性证书》载明“车辆制造国美国，车辆最终制造阶段制造商是美国加利福尼亚汽车公司”，《中华人民共和国自动进口许可证》载明“原产国意大利”，《中国国家强制性产品认证证书》载明“生产者美国加利福尼亚汽车公司”“产品名称玛莎拉蒂改装车”。

在本案中，一审法院根据《进出口货物原产地条例》第三条规定“完全

在一个国家（地区）获得的货物，以该国（地区）为原产地；两个以上国家（地区）参与生产的货物，以最后完成实质性改变的国家（地区）为原产地”，以及《车辆一致性证书》载明“车辆最终制造阶段制造商是美国加利福尼亚汽车公司”，认定涉案平行进口车的原产地是美国，且车辆属于改装车，从而认定经营者存在欺诈行为。该认定引起了被告人和平行车进口行业的广泛质疑。

（二）经营者告知义务的相关问题

由于平行进口车是一个新兴行业，合法化状态刚刚明朗，平行进口车行业整体处于试点运行和新兴发展状态。经营者在合同中对于平行进口车的相关信息一般未予全面、充分、明确的告知，即使告知，告知的具体形式、内容、范围等也可能存在一定瑕疵。另外，相关的行政管理规范和行业自律规范尚未完善，经销商对于平行进口车相关信息、责任主体是否应当以书面形式向消费者作出提醒和说明。因此，如何在保护消费者知情权与引领平行进口车市场规范发展上寻求合理的平衡，是平行进口车案件面临的一个问题。

三、本案例对平行进口车相关案件裁判的借鉴作用

本案系重庆因平行进口车辆销售引发消费欺诈维权诉讼的第一案，对以后此类案件的处理具有一定的参考价值。

（一）关于制造国

汽车产品标牌上的制造国是指最后阶段制造厂所在国。平行进口车产品标牌上的制造国应与国家质检总局发布的《进口机动车辆制造厂名称和车辆品牌中英文对照表》（以下简称《中英文对照表》）上该车型对应的制造国一致。

需要说明的是，海关《货物进口证明书》也标示了制造国，对于平行进口汽车，该制造国与《中英文对照表》上该车型对应的制造国往往并不一致。究其原因，主要是海关在签发《货物进口证明书》时，按照《中华人民共和国进出口货物原产地条例》（国务院令第416号）的规定，对非优惠贸易措施以及进行政府采购、贸易统计等活动进口、两个以上国家（地区）参与生产的货物，以最后完成实质性改变的国家（地区）为原产地；而进口货物实质性改变的确定标准，以税则归类改变为基本标准，税则归类改变不能反映实质性改变的，以从价百分比（制造、加工后的增值部分应超出所得货物价值的30%）、制造或者加工程序等为辅助标准。显然，平行进口汽车的“标准符合性整改”并不构成实质性改变。因此，海关《货物进口证明书》上的制造国与《中英文对照表》上的制造国往往不一致，不能以此判定平行进口汽车来

历凭证不符合现行管理规定。

（二）关于原产地认定及改装车的问题

一辆平行进口车，仅在一个国家生产，对其原产地的认定则相对简单。因为《进出口货物原产地条例》第三条明确规定，完全在一个国家（地区）获得的货物，以该国（地区）为原产地。对于在两个以上国家（地区）参与生产的货物，相对麻烦，强调以最后完成实质性改变的国家（地区）为原产地。而出口货物实质性改变的确定标准，以税则归类改变为基本标准，税则归类改变不能反映实质性改变的，以从价百分比、制造或者加工工序等为补充标准。一般而言，对于平行进口车的改装，主要集中在车辆显示语言以及车灯，并未改变发动机等核心部件，其在一个国家的税则归类中不会发生变化。因此，即使一辆平行进口车在第三国进行了符合性改装，也不会影响对其原产地的认定。

本案之所以造成困惑，关键在于《货物一致性证书》中制造国以及《货物进口证明书》中的产地。实际上，《货物一致性证书》的目的在于向消费者证明车辆的实际情况与随车证明材料具有一致性，其之所以选择制造国的表述，是为了与改装车的属性相配套。也就说，这里的制造国更准确的应该是改装国。如此，《货物一致性证书》恰好从另外一个角度证明所谓的“制造国”仅仅是改装国，恰恰可以从侧面印证真正的原产地。同时，《货物进口证明书》的产地并不是法律意义上的原产地，而是从海关角度强调离岸地和到案地，货物从第三改装国进口，《货物进口说明书》上自然载明第三改装国。这种方式仅仅是出于海关及税务监管的需要，并不具有法律意义。况且，在实行自助报关的大背景下，报关信息错误是普遍存在的，在不影响税务交纳的情况下，这种信息偏差是允许存在的。

本案认为，根据《进出口货物原产地条例》第三条规定，两个以上国家（地区）参与生产的货物，以最后完成实质性改变的国家（地区）为原产地。平行进口车不是从品牌国直接进口，而是从品牌国授权进口的第三国所进口的，故为了满足进口国在文字表达、计量单位、使用习惯等方面的市场需求和检验标准，需要对车辆进行部分非实质性改装。此时不能以非实质性改装地认定为原产地，而应根据统一道路车辆识别代号体系认定原产地。即根据VIN码（中国国家标准《GB16735－2004道路车辆车辆识别代码（VIN））进行认定。VIN码实际上由三部分组成，包括世界制造厂识别代号（WMI：World Manufacturer identifier）、车辆说明部分（VDS：vehicle descriptor section）、车辆指示部分（VIS：vehicle indicator setion）。WMI系车辆识别代号的第一部分

（前三位），用于标识车辆的制造厂；VDS 系第二部分，用于说明车辆一般特征信息；VIS 为第三部分、最后部分，系用于区别不同车辆而指定的一组代码。这种 VIN 码具有独一无二性，相互之间并不重复，对其认识可以简单类比于我们国家的身份证号码。

同时，平行进口车在通过国家相关职能部门的检验和许可进口的情况下，平行进口车为了满足进口国市场需求和检验标准所进行的非实质性改装，与我国道路交通法律法规以及机动车登记管理规范中的“改装”意义不同，不构成欺诈行为。

（三）关于经营者告知义务的问题。

本案认为，根据本案具体情况，经营者在车辆交付时告知了消费者车辆系美规车而非中规车等相关产品信息，消费者签字认可确认并且接受的，不能以经营者未明确告知车辆进口销售模式，从而认定其存在隐瞒商品信息的欺诈行为。同时，需要指出的是，经销商出售未经供应商授权销售的汽车，或者未经境外汽车生产企业授权销售的进口汽车，应当以书面形式向消费者作出提醒和说明，并书面告知向消费者承担相关责任的主体。因此，为了避免平行进口消费欺诈诉讼纠纷，充分保障消费者对于平行进口车模式的知情权，规范平行进口车市场，销售商应当以书面形式明确向消费者告知平行进口车的相关事实。

（**一审法院合议庭成员**　赵嘉志　王先容　王道恒
二审法院合议庭成员　章兴东　向　川　钟　慧
编写人　重庆市第一中级人民法院　王晓利　张　迁　李遵礼
责任编辑　杨　奕
审稿人　曹守晔）

蒋某3诉蒋某2、蒋某1继承纠纷案

——对当事人放弃上诉权却寻求再审救济的认定和处理

关键词：民事　申请再审　上诉　两审终审制

【裁判要点】

当事人申请再审应依法行使诉讼权利，不能越级申请。除非有法律或司法解释的明确规定，对于人民法院已生效的裁定，当事人无权申请再审。

【相关法条】

《中华人民共和国民事诉讼法》第十三条　民事诉讼应当遵循诚实信用原则。

当事人有权在法律规定的范围内处分自己的民事权利和诉讼权利。

第一百九十九条　当事人对已经发生法律效力的判决、裁定，认为有错误的，可以向上一级人民法院申请再审；当事人一方人数众多或者当事人双方为公民的案件，也可以向原审人民法院申请再审。当事人申请再审的，不停止判决、裁定的执行。

《最高人民法院关于适用〈中华人民共和国民事诉讼法〉的解释》第三百八十一条　当事人认为发生法律效力的不予受理、驳回起诉的裁定错误的，可以申请再审。

第三百九十五条第二款　当事人主张的再审事由不成立，或者当事人申请再审超过法定申请再审期限、超出法定再审事由范围等不符合民事诉讼法和本解释规定的申请再审条件的，人民法院应当裁定驳回再审申请。

【案件索引】

一审：天津市和平区人民法院（2016）津01民初4086号（2016年11月10日）

二审：天津市第一中级人民法院（2017）津01民终1537号（2017年5月16日）

再审：天津市高级人民法院（2017）津民申1880号（2017年11月2日）

【基本案情】

原告（被上诉人、再审被申请人）蒋某3诉称：被继承人蒋某某与范某某系夫妻关系，生前育有原告蒋某3及被告蒋某2、蒋某1三人。范某某于2006年8月17日去世后，蒋某某依法继承取得范某某名下位于大同道1号1门505—509的房屋。2010年12月6日，蒋某某立遗嘱确定将其名下大同道房屋指定由原告继承，后蒋某某于2014年12月15日去世。原告为继承蒋某某遗产，故依法诉至法院，请求确认被继承人蒋某某2010年12月6日所立的遗嘱有效，请求判令被继承人蒋某某名下位于和平区大同道1号1门505—509的房屋由原告继承。

被告（被上诉人、再审申请人）蒋某1辩称：不同意原告全部诉讼请求。请求法院予以驳回。原告陈述与事实不符，诉争房屋权属并非继承人依法定继承取得，而是在被继承人配偶去世之后，原、被告三人经协商决定尊重我国家庭传统公序良俗，同意将诉争房屋暂时登记于被继承人名下，所以在夫妻一方去世的情况下，相应的财产物权并不当然归属另一方，而要结合事实和其他证据综合确定；本案诉争房屋并不包括在可继承的遗产范围之内，因为早在2006年9月25日原、被告三人及被继承人就已经对诉争房屋达成协议，同意诉争房屋归被告蒋某1所有，只是因原告的个人原因拒不配合被告蒋某1办理过户手续；被继承人所立遗嘱在本案中不具有法律效力，就诉争房屋而言，被继承人订立遗嘱系无权处分，就其他财产而言原、被告三人已经达成了新的合意，遗嘱不应该再作为权利分配的原始依据。所以原告的诉讼请求没有事实和法律依据，应当予以全部驳回。

被告（上诉人、再审被申请人）蒋某2辩称：请求驳回原告全部诉讼请求。被继承人蒋某某去世后经原告及两被告三方协商同意争议房屋归蒋某3所有，但蒋某3应当分别向两被告支付遗产折价款25万元。在2015年3月3日蒋某3向蒋某2出具欠条明确欠付蒋某2遗产25万元，该款项至今未给付。在未给付之前蒋某2不同意原告的诉讼请求。

法院经审理查明：被继承人蒋某某与范某某系夫妻关系，生前育有原、被告三人。原、被告系亲兄弟关系，被告蒋某1为老大、被告蒋某2为老二、原告蒋某3为老三。诉争座落于本市和平区大同道1号1门505—509的房屋原系原、被告之母范某某名下，后范某某于2006年8月17日因病死亡，遗留上述房屋。2006年9月25日，被继承人蒋某某、原告及二被告签订了《父子协议遗嘱》，内容为“第一，万新村独单的租赁权归蒋某2所有和居住；鞍山西道独单的租赁权为蒋某3所有和居住；大同道1号502号的中单由蒋某1和蒋某某共同居住。蒋某某今后的生活起居主要靠蒋某1安排照顾，蒋某某辞世后此房所有权归蒋某1所有。……四、两点说明：1. 本协议遗嘱，绝不等于协议分家，上述第一至第三所述内容均为蒋某某辞世后的安排，其健在期间除第一部分和三个孙女的婚嫁费外任何部分均不能提前实施，如调整后房屋的所有权，股市蒋某某所占的50%部分及银行存款等。2. 本协议遗嘱蒋某1、蒋某2及蒋某3中任何人未经协商同意不得修改或变更。但蒋某某根据自己的意愿有权修改或变更，如有需要，可另立新的遗嘱，则本协议遗嘱作废”。2006年12月29日，天津市和平区公证处出具（2006）津和平证字第7941号公证书，内容为：“查被继承人范某某于2006年8月17日因病在津死亡，死亡后遗有坐落于天津市和平区大同道1号1门505—509房屋。被继承人生前无遗嘱，其父母已死亡，其子女蒋某1、蒋某2、蒋某3放弃继承权。根据《继承法》之规定，被继承人的上述遗产由其配偶蒋某某继承。”2010年12月6日被继承人蒋某某自书遗嘱一份，内容为“……我决定原遗嘱作废，重立本遗嘱为准。一、关于住房：长子蒋某1仍搬回鞍山西道。次子蒋某2为其拆迁后所购的住房。三子蒋某3搬回现住处（和平区大同道1号502中单）我辞世后产权归蒋某3继承，长次均不得争议。……”后蒋某某于2014年12月15日死亡。2015年3月3日原告蒋某3为被告蒋某2书写欠条一张，内容为：“欠二哥蒋某2，父亲遗产贰拾伍万元整。”

【裁判结果】

天津市和平区人民法院于2016年11月10日作出（2016）津01民初4086号民事判决：一、被继承人蒋某某于2010年12月6日所立的遗嘱有效；二、坐落于天津市和平区大同道1号1门505—509的房屋产权由原告蒋某3继承所有。

宣判后，蒋某2提出上诉，二审期间蒋某2以其与蒋某3庭下已经达成和解为由，于2017年5月16日提出撤回其上诉，天津市第一中级人民法院作出（2017）津01民终1537号民事裁定：准许蒋某2撤回上诉。一审判决自本裁定书送达之日起发生法律效力。

蒋某1对本案一审判决、二审裁定的处理结果均不服，向天津市高级人民法院申请再审，天津市高级人民法院于2017年11月2日作出（2017）津民申1880号民事裁定：驳回蒋某1的再审申请。

【裁判理由】

法院生效裁判认为：蒋某3诉蒋某1、蒋某2继承纠纷一案，一审判决后，蒋某1作为一审被告并未上诉，被申请人蒋某2上诉至天津市第一中级人民法院，二审期间蒋某2申请撤回上诉，天津市第一中级人民法院遂作出（2017）津01民终1537号民事裁定予以准许，本案一审判决即天津市和平区人民法院（2016）津01民初4086号民事判决遂生效。再审申请人蒋某1未对本案一审判决提起上诉，应视为其接受一审判决的结果。现又对天津市和平区人民法院（2016）津01民初4086号民事判决申请再审，根据《民事诉讼法》第一百九十九条的规定，应向原审人民法院或其上一级人民法院即天津市第一中级人民法院申请再审，故本院对其该项再审申请不予审查。至于再审申请人对二审法院准许撤回上诉的裁定的异议，根据《最高人民法院关于适用〈中华人民共和国民事诉讼法〉的解释》第三百八十一条的规定，准许撤回上诉的裁定不属于可以申请再审的裁定的范围，故本院对于再审申请人的该项申请亦不予审查。

【案例注解】

本案具有一定的特殊性，申请再审人蒋某1作为一审被告，对一审判决并未提起上诉，另一被告蒋某2上诉致使本案进入二审程序。本案二审期间，上诉人蒋某2撤回上诉，天津市第一中级人民法院裁定准许撤回上诉，本案一审判决遂生效。现一审被告蒋某1对本案一审判决和二审法院准许撤回上诉的裁定均不服，向天津市高级人民法院申请再审。在申请再审的审查阶段，本案涉及两个问题的审查：一是对于一审生效判决的申请再审，二是对于二审准许撤回上诉裁定的申请再审。但是本案从类型上来说，也具有一定的代表性，反映出一些当事人出于诉讼成本等种种考虑，放弃上诉权却申请再审，寻求再审救济的情况。

一、对于当事人放弃上诉权，而对一审判决申请再审的认定

根据我国《民事诉讼法》的规定，两审终审制是我国民事诉讼的基本制度。当事人应首先选择民事诉讼审级制度设计内的常规救济程序，简而言之，本案中，申请再审人蒋某1如对一审判决不服，首先应对该判决提起上诉，当事人上诉后必然引起二审程序，这也是我国民事诉讼两审终审制的应有之义，属于我国民事诉讼的常规救济程序。我国民事诉讼中的再审程序是针对生效判决可能出现的重要错误而赋予当事人的特别救济程序。根据我国《民事诉讼法》的立法设计，当事人如在穷尽了常规救济途径之后，依然认为生效裁判有错误的，方可向人民法院申请再审。当事人申请再审并不必然导致该案进入再审程序，只有在当事人主张的再审事由成立，且符合《民事诉讼法》及其司法解释规定的申请再审条件的情况下，人民法院才会裁定再审。

当事人在放弃上诉权的情况下，对于一审生效判决还可否申请再审？对于这个问题，我国《民事诉讼法》并没有明确的规定。对此问题，通常认为对于无正当理由未提起上诉的当事人，一般应推定其当时是接受一审判决结果的，否则其可以通过提起上诉的方式维护自己的合法权益。事后，当事人对该已生效的一审判决申请再审，是否准许，现行法律并未有明确的规定。结合本案具体案情来看，本案就属于这种情况，申请再审人蒋某1针对本案一审判决，未提起上诉却申请再审。诉权是我国宪法规定的公民基本权利，是当事人启动和推进民事诉讼程序的重要权利，也是当事人实现和维护当事人民事权利的重要制度。尊重和保障当事人的诉权是我国《民事诉讼法》及其司法解释的基本宗旨和基本功能之一，也是对人民法院民事审判工作的本质要求所在。因此从保障当事人诉权的角度来看，无论是上诉权还是申请再审权，都属于当事人依法享有的诉权范畴，当事人放弃上诉权，并不意味着其同时也当然放弃了申请再审的权利，此时对于当事人申请再审的诉求，人民法院断然不予审查，似乎也缺乏相应的法律依据，难以令人信服，也不利于做到案结事了。当然在依然享有申请再审的权利的前提下，当事人也应依法行使，也应遵循民事诉讼法的相关规定。根据《民事诉讼法》第一百九十九条的规定，当事人对已经发生法律效力的判决、裁定，认为有错误的，可以向上一级人民法院申请

再审；当事人一方人数众多或者当事人双方为公民的案件，也可以向原审人民法院申请再审。结合本案的具体情况，申请再审人蒋某1申请再审的话，应向原审人民法院（天津市和平区人民法院）或其上一级人民法院即天津市第一中级人民法院申请再审，而不是向天津市高级人民法院申请再审。因此，本案中，天津市高级人民法院对申请再审人的该项再审请求不予审查是有法律依据的，也符合我国民事诉讼两审终审制的原则和制度设计。

同时从当事人维权的实际效果上来讲，当事人对着常规的救济程序弃而不用，却寻求特殊的救济程序（申请再审），这种异常行为无异于舍近求远，也不利于达到或实现当事人的诉讼目的进而维护自己的合法权益。因为根据我国《民事诉讼法》的规定，启动再审程序具有许多限制性要求，绝非仅凭当事人的意愿或申请就可满足的。这一点不同于二审程序的启动，二审程序的启动只需当事人在上诉期内提起上诉即可。这也是我国民事诉讼法两审终审制制度设计的应有之义和必然要求。

二、当事人对于二审法院准许撤回上诉的裁定可否申请再审

对于这个问题，我国《民事诉讼法》也没有明确具体的规定，在司法实践中也存在一些模糊认识。众所周知，民事裁定与民事判决不同，主要是解决诉讼中的程序问题，一般不对当事人的实体权益构成实质性影响。为了保证民事诉讼程序的顺利进行，民事裁定更注重效率和效力的确定性，根据我国《民事诉讼法》的规定，最高人民法院和二审法院制作的民事裁定，一经送达即产生相应的法律效力。为保证民事诉讼程序的顺利进行，对于民事裁定，以不允许申请再审为原则，允许申请再审为例外。也就是说除非有法律或司法解释的明确规定，不得对裁定申请再审。

根据《民事诉讼法》第一百五十四条的规定，仅对不予受理、管辖权异议、驳回起诉的裁定，当事人可以上诉，对于其他的裁定，当事人无权上诉，举轻以明重，不允许上诉的前提下，更谈不上允许申请再审。同时根据《最高人民法院关于适用〈中华人民共和国民事诉讼法〉的解释》第三百八十一条的规定，当事人认为发生法律效力的不予受理、驳回起诉的裁定错误的，可以申请再审。本条规定明确界定可以申请再审的裁定的范围，除此之外的裁定自当属于不允许申请再审之列。

根据申请再审人主体身份的不同，又可分为以下两种情形：一是撤回上诉的当事人本人事后反悔，针对已经生效的准许撤回上诉的裁定申请再审；二是其他当事人认为人民法院不应裁定准许撤回上诉，针对该裁定向人民法院申请

再审。对于上述第一种情形，根据《民事诉讼法》第十三条第一款的规定，民事诉讼应当遵循诚实信用原则。当事人有权在法律规定的范围内处分自己的民事权利和诉讼权利。当事人在二审期间撤回上诉并经人民法院作出生效裁定后，又事后反悔针对该裁定申请再审，这一情形显然有违民事诉讼的诚实信用原则，不应得到人民法院的支持。因此，笔者认为对于当事人撤回上诉后又对人民法院准许撤回上诉的裁定申请再审的，不应准许，人民法院对其该项再审申请理应不予审查。对于上述第二种情形，即申请再审人本人未上诉，其他当事人上诉后又申请撤回上诉，人民法院裁定准许当事人撤回上诉，申请再审人认为不应准许，故针对人民法院生效的准许撤回上诉的裁定向人民法院申请再审，对于这种情形，人民法院收到该项再审申请时，应该如何处理呢？笔者认为，根据我国《民事诉讼法》第十三条第二款的规定，当事人有权在法律规定的范围内处分自己的民事权利和诉讼权利。上诉与否系当事人固有的诉讼权利，当事人有权处分，可以上诉，也可以不上诉，也可以上诉后申请撤回上诉，当事人有权选择以自己的意志，自己的方式自主行使，与其他当事人无关，他人无权干预。人民法院经审查一般对当事人的处分权也会予以尊重，这也是民事诉讼中当事人意思自治原则的体现。其他当事人对于人民法院准许撤回上诉的裁定，无权申请再审，人民法院对于上述当事人的该项再审申请，也不应予以审查。

结合本案具体案情，本案的上诉人是另一当事人蒋某2，蒋某2撤回上诉申请，上诉与否系当事人蒋某2行使自己固有的民事处分权，与申请再审人蒋某1无关，二审法院裁定准许撤回上诉，蒋某1对该裁定无权申请再审。因此本案中，天津市高级人民法院针对申请再审人对于二审准许撤回上诉的裁定的再审请求，不予审查，这种处理方式符合现行法律的相关规定。

（**一审法院独任审判员** 刘　蕊
二审法院合议庭成员 姚　玉　豆　艳　邵　丹
再审法院合议庭成员 李斌英　赵　岩　曹　谅
编写人 天津市高级人民法院　李斌英　申　华
责任编辑 杨　奕
审稿人 曹守晔）

商　事

盈之美（北京）食品饮料有限公司与泛金管理有限公司、北京汇源佳必爽商贸有限责任公司公司决议效力确认案

——股东除名权的行使要件

关键词：商事　股东除名　出资义务　前置程序　决议效力

【裁判要旨】

《最高人民法院关于适用〈中华人民共和国公司法〉若干问题的决定（三）》［以下简称《公司法解释（三）》］关于股东除名规则的适用主体为有限公司，包括中外合资有限公司。根本性违反出资义务是除名的正当性基础，催告和限期补正是除名的前置程序，有效决议是除名的决定性环节，以上为股东除名权行使的三个要件。其中，股东违反出资义务以及公司履行催告前置程序的举证责任在公司；催告通知应包括补正出资义务的权利主张并有效送达，且应为消除出资瑕疵留足合理期限；除名决议作出的机关应当是公司最高权力机关股东会，也包括不设股东会的中外合资企业董事会；被除名股东有接受会议通知、出席会议并进行申辩的权利但应当回避表决，除名决议应当以绝对多数决的方式审议通过。除名的触发事由和前置程序不具备，或除名决议本身存在严重瑕疵的，除名行为无效。

【相关法条】

《最高人民法院关于适用〈中华人民共和国公司法〉若干问题的规定(三)》第十七条 有限责任公司的股东未履行出资义务或者抽逃全部出资，经公司催告缴纳或者返还，其在合理期间内仍未缴纳或者返还出资，公司以股东会决议解除该股东的股东资格，该股东请求确认该解除行为无效的，人民法院不予支持。

在前款规定的情形下，人民法院在判决时应当释明，公司应当及时办理法定减资程序或者由其他股东或者第三人缴纳相应的出资。在办理法定减资程序或者其他股东或者第三人缴纳相应的出资之前，公司债权人依照本规定第十三条或者第十四条请求相关当事人承担相应责任的，人民法院应予支持。

【案件索引】

一审：北京市顺义区人民法院（2016）京0113民初14438号（2017年10月23日）

二审：北京市第三中级人民法院（2018）京03民终468号（2018年2月8日）

【基本案情】

原告（上诉人）盈之美公司诉称：（1）确认盈之美公司于2016年4月10日作出的《盈之美公司董事会决议》有效；（2）解除泛金公司作为盈之美公司股东的资格；（3）本案诉讼费由泛金公司承担。事实和理由：一、泛金公司未履行出资义务，不享有股东实体权利；二、股东除名权是公司为消除不履行义务的股东对公司和其他股东所产生的不利影响而享有的一种法定权能，是不以征求被除名股东的意思为前提和基础的。对于该股东除名决议，该未出资股东不具有表决权，即便该股东系控股股东。基于指导案例形成的裁判规则，本案泛金公司对于其除名决议，不具有表决权；三、泛金公司已经丧失主张董事会会议召集程序、表决方式违反法律、行政法规或者公司章程，决议内容违反公司章程的权利。

被告（被上诉人）泛金公司辩称：一、盈之美公司2016年4月10日作出的《盈之美公司董事会决议》不具有法律效力。(1)《盈之美公司董事会决议》作出程序不符合《中外合资经营企业章程》规定。根据泛金公司与第三人签订的《中外合资经营企业章程》第二十五条、第二十七条之规定，盈之美公司在作出《盈之美公司董事会决议》之前并没有履行该再次通知的义务，属于程序违反规定。且盈之美公司在未通知泛金公司董事张碧茹、参会人员不足2/3的前提下召开董事会亦属于程序违反规定。(2)《董事会决议》内容不具有法律效力。《中外合资经营企业法》《中外合资经营企业合同》《中外合资经营企业章程》均未规定或约定董事会可以解除泛金公司的股东资格。

(第三人)佳必爽公司述称：同意盈之美公司的诉讼请求。

法院经审理查明：2004年，佳必爽公司与泛金公司签订《中外合资经营企业合同》《中外合资经营企业章程》，建立了盈之美公司。2007年佳必爽公司与泛金公司签订《合资合同及章程修改协议》。合同和章程中约定：泛金公司以进口机器设备（一条生产线）入资，占36.56%。董事会由5名董事组成，其中佳必爽公司委派3名，泛金公司委派2名。董事会是合营公司的最高权力机构，决定合营公司的一切重大事宜。召开董事会会议的通知应包括会议时间和地点、议事日程等，且应当在会议召开的30日前以书面形式发给全体董事。董事会会议应当由2/3以上的董事出席方能举行。如果一方或数方所委派的董事不能出席董事会会议也不委托他人代表其出席会议，致使董事会5日内不能就公司重大问题或事项作出决议，则其他方可以向不出席会议的董事及委派他们的一方或数方再次发出书面通知，敦促其在规定日期内出席董事会会议。如果被通知人在通知发出后15日内仍未将答复送达通知人，或答复不出席董事会会议，则应视为被通知人弃权。在通知人收到对方挂号函回执后，其委派的董事和其他董事可以召开董事会特别会议，即使出席会议的董事达不到法定人数，经出席会议的全体董事一致通过，仍可就公司之重大问题或事项作出有效决议。佳必爽公司委派董事为张建秋、刘学英、郑作相，泛金公司委派董事为纪文、张碧茹。

2016年，盈之美公司向董事发出通知召开股东会，通知中载明会议讨论内容：泛金公司配合盈之美公司换领营业执照等。经查，通知人未向泛金公司委派的董事张碧茹发送通知。盈之美公司召开董事会，参会董事为张建秋、刘学英、郑作相。会议形成决议：鉴于泛金公司不配合办理营业执照变更手续等不作为损害公司利益及未按照合资合同履行出资义务，决议解除泛金公司的股东资格。盈之美公司起诉请求确认案涉《盈之美公司董事会决议》有效；解除泛金公司作为盈之美公司股东的资格。

【裁判结果】

北京市顺义区人民法院于2017年10月23日作出北京市顺义区人民法院（2016）京0113民初14438号民事判决：驳回原告盈之美（北京）食品饮料有限公司的全部诉讼请求。

盈之美公司不服原审判决，提起上诉。北京市第三中级人民法院于2018年2月8日判决如下：驳回上诉，维持原判。

【裁判理由】

法院生效判决认为：本案的争议焦点为：公司可以以股东会决议解除某股东的股东资格，但是必须符合以下条件：（1）股东未履行出资义务或者抽逃全部出资；（2）公司履行了催告的前置程序，并给予股东弥补的合理期限；（3）公司以股东会决议的形式作出除名决议。

一、关于股东未履行出资义务或者抽逃全部出资一项。泛金公司应当以进口机器设备入资。盈之美公司主张泛金公司从未实际出资，公司的生产线非泛金公司出资。根据现已查明的事实情况，盈之美公司所提供的证据难以证明泛金公司构成未履行出资义务或者抽逃全部出资的情况。

二、关于公司履行催告的前置程序，并给予股东弥补的合理期限一项。当股东未履行出资义务或者抽逃全部出资时，公司首先应当催告该股东缴纳或返还出资，只有在经催告后在合理期限内股东仍未缴纳或返还出资的，公司才可以召开股东会审议股东除名事项。2016年2月23日，汇源佳必爽公司向泛金公司寄送《通知函》，要求泛金公司马上缴清出资款，被拒收。3日后，盈之美公司发出了《召开股东会（董事会）的通知》，且董事会于2016年4月10日对泛金公司作出了除名决议。在《通知函》的邮件中，并未给予泛金公司缴纳出资款的方式，亦未约定合理的期限，同时，并没有告知泛金公司若不在合理期限内缴纳出资或向公司明确说明、提出申辩，公司将启动除名程序。另，实际上，盈之美公司并未给予泛金公司缴足出资的合理期限即召开董事会并作出了决议，不符合前置程序的法律要求。

三、关于公司以股东会决议的形式作出除名决议一项。除名决议内容与被除名股东有直接利害关系，可以考虑限制被除名股东的表决权。但是，即使公司行使股东除名权而做决议时，可以限制被除名股东的表决权，也不应排除被除名股东接受会议通知和参加会议的权利。公司欲召开会议审议股东除名事项时，应当通知未出资股东参加。本案中，张碧茹为公司董事，通知人未向其发送通知，即会议并未通知到全体应当与会人员。其次，解除泛金公司股东资格的会议审议事项从未通知泛金公司及其委派董事，继而对未通知事项作出了董事会决议。故，案涉董事会决议存在严重程序问题。

另，《最高人民法院关于适用〈中华人民共和国公司法〉若干问题的规定(四)》第五条规定，本案中，盈之美公司以程序问题应为决议可撤销事由，而撤销权已过诉讼时效为由，主张案涉决议有效。案涉决议未通知相关董事参会，亦在会前未向各董事告知会议审议的事项，存在严重程序问题。故，一审法院确认案涉董事会决议不成立，并无明显不当。

【案例注解】

股东除名制度设立的初衷是规制守信股东与失信股东之间的权利义务关系，立足于瑕疵出资股东对公司整体利益的影响，通过对股东身份权和财产权双重处罚的手段保护守信股东和公司整体利益。[①] 股东除名的公司法理基础包括团体纪律权说、除名权法定化说、合同主义学说等，[②]《公司法解释（三)》第十七条丰富了股东出资义务及相关法律责任的内容，肯定了特定情形下股东除名的正当性，明确了公司除名行为的相关条件、要求和后果；但相关条款较为简单、原则，实务中此条的具体适用规则有一定争议，本案在个案争议解决基础上就股东除名权适用的范围、条件和程序进行了厘清。

一、除名行为适用的主体范围

《公司法解释（三)》第十七条将其适用主体范围明确为有限责任公司，这与有限公司的如下特点不无关系：

1. 有限公司的人合性和封闭性。有限公司股东人数通常较少，人合性明显，股东之间具有较强的信赖关系。而在信赖关系崩塌之际，除名制度显得尤为必要，通过公司自治及时淘汰不守信用的合作者，保证公司平稳持续发展、及时把握商机，维持公司的整体经济价值、避免不经济的公司解散，以实现公

---

① 最高人民法院民事审判第二庭：《最高人民法院关于公司法解释（三）、清算纪要理解与适用》，人民法院出版社 2011 年版，第 175 页。

② 刘德学：《股东除名权法律问题研究》，中国政法大学 2008 年博士学位论文。

司利益最大化，进而维护守约股东利益。有限公司封闭性导致股东退出的不便利，股东之间的歧争在公司内部不断积聚而得不到释放，最终给股东、公司的利益造成负面影响，造成有限责任公司的“封闭性困境”，[①] 而除名行为赋予了公司打破“封闭性困境”的解决路径。违约股东特别是缺乏履约能力的股东，除名制度也可以消除其出资责任，也是其可行的退出机制。

2. 有限公司的资本信用和资金需求。虽然公司信用已由资本信用走向资产信用，[②] 但资本信用在交易活动中的重要性仍不容忽视，除名具有的惩罚性、威慑性和代替出资安排，有利于维持有限公司的资本真实性，保证新设公司的信用基础。另外，有限公司相比于股份公司，资合性不强且融资能力有限，这决定了有限公司对于股东缴纳出资具有一定的资金依赖性。规定有限公司的除名制度，避免有限公司为违约股东所拖累，及时增加新的替代股东，保证有限公司的资金来源，提高公司的偿债能力和经营能力，为企业通过新陈代谢换发新的活力赋予了主动权。

应当注意的是，《公司法解释（三）》第十七条没有将股份公司纳入适用范围且难以扩大解释至股份公司。《公司法解释（三）》第六条规定了股份公司发起人取消认股人认股资格并另行募集的权利，与有限公司的除名规则有相似之处。

本案中，盈之美公司属于中外合资企业，根据《公司法》第二百一十七条规定，外商投资的有限责任公司适用《公司法》，因此也适用《公司法解释（三）》的除名规则。

二、除名行为的适用条件和程序

《公司法解释（三）》第十七条规定了除名行为的三个适用条件和程序，一是股东未履行出资义务或者抽逃全部出资；二是经公司催告缴纳或者返还，该股东在合理期间内仍未缴纳或者返还出资；三是公司以股东会决议解除该股东的股东资格。上述三要件缺一不可，具体而言：

（一）根本性违反出资义务是除名的正当性基础

股东违反出资义务的法律责任包括追究其违约责任，限制其股东权利，除名属于最后的、最为严厉的、终局性的手段。根据合同法理论，合同一方根本

---

① 谭甄：《论有限责任公司闭锁性困境的救济》，载方流芳主编：《法大评论》第3卷，中国政法大学出版社2004年版，第75～104页。

② 赵旭东：《从资本信用到资产信用》，载《法学研究》2003年第5期。

违约行为时，相对方有解除合同的权利，股东除名可以理解为股东根本违反出资义务导致公司解除出资约定的行为。另外，除名行为涉及对股东最基本权利的处分，是对股东财产及身份权的剥夺，根本性地影响了股东权益，应当严格谨慎并谦抑适用，司法不应过多介入。特别是在公司经营一段时间之后，公司股权可能出现增值溢价，将股东除名，其持有股权的增值部分也收归其他股东。[①] 因此，虽然股东通过认缴出资取得公司股权，但股东的出资义务系股东对公司的首要、唯一和根本性义务，而只有在股东根本性违反出资义务时，才可以将其除名，其也就丧失了取得股权增值的正当性基础，任何人不得基于严重的违约违规行为不当获益。基于除名的非常规性，需要就触发事由进行明确、可预期的规定，《公司法解释（三）》第十七条对根本性违反出资义务的行为限缩在如下特定事由，不应当做扩大解释，避免被滥用：

1. 未履行出资义务

未履行出资义务的行为可呈现多种表现方式，包括但不限于：未按时履行出资义务并在出资期限届满后不做明确表示的，或以书面、口头或行为明确表示拒绝履行出资义务；并未交付货币、实物或者未转移财产权，但串通由资产评估机构、验资机构出具财产所有权转移证明，进行虚假出资等情形。未履行出资义务的行为是一种客观上的法律事实，主观上表示愿意履行出资义务但客观上未缴纳的行为亦包括在内。

2. 抽逃全部出资

抽逃全部出资与未履行出资义务在本质上一致，是严重侵蚀公司资本的行为。《公司法解释（三）》第十二条具体规定了抽逃出资的不同表现形式。值得注意的是，股东抽逃出资的资本形式并不限于其向公司出资的资本一种样态，只要在价值上是相当的即可。抽逃出资行为的表现形式多样，具有复杂性、模糊性和隐蔽性等特征，这加大了司法认定和把握的难度，司法实践中务必应综合考量案件所涉及各种因素，委托专业性的鉴定机构对抽逃出资的资本价值进行准确鉴定，确保法律适用的公平性、统一性。

因此，上述除名的触发事由不包括部分缴纳或部分抽逃出资、未全面履行

---

① 与此相关的是国有股东被除名与国有产权转让程序（国有资产保值增值）相衔接的问题，例如豪迈尔（北京）能源科技开发有限公司与中石油昆仑天然气利用有限公司、菏泽中石油昆鹏天然气利用有限公司请求变更公司登记纠纷［菏泽市中级人民法院（2015）菏商终字第277号］，被除名国有股东认为其持有的股权是国有股权，对国有股权的处置要按照国有资产处置的相关法律、法规来进行，但二审法院认为：根据企业产权登记表，被除名股东的实缴资本为零，因此，其不具有构成国有资产的根基，也就不存在国有资产的处置问题。

出资义务或抽逃出资行为已得到逐步改正的行为，对其已缴纳出资部分对应的股权通常情况下没有理由进行剥夺。① 履行部分出资义务的股东虽然不能被除名，但是未履行出资部分对应的股权是否可以调减法律法规并无明确规定，实践中当事人可能就相关出资调整事项进行约定，该等约定应予支持。根本性违反出资义务应做实质性判断，缴纳了极为少数的象征意义出资或抽逃了绝大部分出资的行为，与根本性违反出资义务的行为无异，但任何明文规定的定量标准都有通过形式手段进行实质性违反的可能，量变到质变，需要结合实际情况进行具体判断。

另外，除根本性违反出资义务之外，现有规定相对保守，暂未明确其他可以除名股东的事由，如若公司章程或者在先的公司决议②中有其他除名事由的规定且已为相关股东所预见和认可，则属于公司自治的范畴，司法审判不宜轻易否定。

被除名股东根本性违反出资义务的举证责任在公司一方。本案中，根据合作协议和章程中规定，泛金公司应当以进口机器设备（一条进口生产线）入资，盈之美公司主张泛金公司作为股东未履行出资义务，但盈之美公司所提供的证据难以证明泛金公司未出资，泛金公司亦主张公司使用的生产线系其出资，对于泛金公司是否存在未缴纳出资的情况难以认定，盈之美公司承担举证不利的后果。

（二）催告和限期补正是除名的前置程序

鉴于除名是股东身份和财产权利的根本性剥夺，影响了股东的根本权益，本着谦抑适用的基本原则，无论是股东不履行义务、损害公司利益，还是违反章程的约定，只要还有改正和弥补的可能，公司应当给予股东一个改正和弥补的机会。根据《公司法解释（三）》第十七条规定，公司应当向相关股东通知有关情况并催告其履行出资义务，并给予该等股东合理期限内的弥补机会，体现了公司穷尽内部救济的理念，该要件的适用应注意以下几个问题：

1. 关于催告通知的发出主体。催告通知起到发起除名程序的作用，《公司

① 例如辜将与北京宜科英泰工程咨询有限公司公司决议效力确认纠纷案［北京市第三中级人民法院（2015）三中民（商）终字第10163号］、申屠建中与上海中科网威信息技术有限公司请求变更公司登记纠纷［上海市浦东新区人民法院（2015）浦民二（商）初字第4777号］。

② 例如张胜才与北京世纪天鼎商品交易市场有限公司公司决议纠纷案［北京市第二中级人民法院（2016）京02民终3357号］，法院认可了法定事项之外公司自治确定的除名规则：公司在生产经营困难时由董事会对公司的投资方案作出决议，明确各股东投资金额及未按期投资则视为放弃股东权利的后果责任。

法解释（三)》第十七条规定发出主体是公司，未明确是否包括股东，我们理解可以包括公司的股东，因为守约股东有要求违约股东履行出资义务并承担违约责任的请求权，不履行出资义务也是对股东之间约定的根本违反。即便多个股东之间关于是否启动催告通知存在不同意见，也不妨碍个别股东发出催告通知启动除名程序，不同意除名的股东可在后续股东会投票反对。另外在控股股东未履行出资义务的情况下，公司行为在控股股东的控制之下，小股东难以促使公司发出催告通知，不赋予股东的通知催告权，除名程序难以启动。[①] 再者本条催告通知的目的在于让相关股东了解违反出资义务的相关情况和补正出资义务的宽限期，便于其履行有关义务防止被公司除名，而通知的发出主体并非核心事宜。另外，发出催告是必经程序，而公司作出催告的决议并不是必经程序。

2. 关于通知催告的方式和内容。《公司法解释（三)》第十七条未明确通知的方式和内容。在形式上，我们理解无论是口头、书面或邮件、专人送达等方式，只要合理送达被催告股东且能被相关证据证明，均应予以认可。在内容上，其必备的核心内容应当是催告补正出资义务的主张，通常还包括未履行出资义务或者抽逃出资的基本情况、消除该等情形的合理期限、不按期消除该情形的后果以及其享有对公司解释、说明情况的权利等。催告通知的形式和内容还应当符合法律法规的规定和在先约定，例如不得违反章程规定的出资金额和出资方式。

3. 关于合理期限的认定。《公司法解释（三)》第十七条未明确多长期限视为“合理”,[②] 催告通知中可以明确具体的合理时间要求，也可以不明确。司法机关应根据公司具体主张的期限、未履行出资义务的金额及相关违约程度等对“合理性”进行综合认定。

4. 关于补正出资效果的认定。补正出资的措施包括实际缴纳出资、返还

① 例如北川金翔汽车内饰件有限公司与石宝金公司决议效力纠纷案二审判决书［绵阳市中级人民法院（2017）川07民终3070号民事判决书］，法院认为被除名股东王开玲（持股80%）携带公司公章离开公司多年，而小股东石保金（持股20%）是公司实际经营管理人和控制人，因以公司名义催告但无公章可盖，故作为公司实际经营管理人和控制人的石保金对王开玲的催告就相当于公司催告。

② 《德国有限责任公司法》第21条第1款关于股东除名规定：“股东迟延缴付出资时，可催告其在规定的宽限期内缴付，并提出警告可能因此没收其已缴的股份。此项催告应以挂号信发出，宽限期至少为1个月。”国家工商行政管理局和外经贸部在1988年1月1日联合发布的《中外合资经营企业合营各方出资的若干规定》第7条规定：“合营一方未按照合营合同的规定如期缴纳或者缴清出资的，即构成违约。守约方应当催告违约方在1个月内缴付或者缴清出资。逾期仍未缴付或者缴清的，视为违约方放弃在合营合同的一切权利，自动退出合营企业。”该条确定1个月为宽限期，具有一定的参考性。

抽逃出资，但如果部分缴纳或部分返还能否起到阻却除名的效果？我们理解，在合理期限内，股东的补正出资达到消除除名的触发条件“未履行出资义务或者抽逃全部出资”即可，不一定需要全部缴纳，但需要进行实质判断。收到催告通知后，股东可以向公司解释申辩催告通知中的有关情况失实并提交相关证明材料，或者提出替代性的出资方案，例如改变出资方式或出资期限等。但股东的解释说明和替代性的出资方案不被公司认可的，不构成对出资义务的补正以及对除名程序的阻却，公司仍可以启动除名决议。

已经履行必要程序的举证责任也应当在公司一方。本案中，“佳必爽公司于2016年2月23日以EMS形式向泛金公司寄送《关于佳必爽公司要求泛金公司配合盈之美公司办理营业执照及出资款事宜的通知函》，要求泛金公司马上缴清成立盈之美公司时的出资款，该邮件被拒收。”该等通知系由公司股东以书面邮件方式发出，内容关于催告履行出资义务的要求明确，但期限不尽合理，且未有效送达至泛金公司。“除此之外，佳必爽公司和盈之美公司未再以其他方式催告泛金公司缴纳出资，3日后，盈之美公司发出了《关于召开盈之美股东会（董事会）的通知》，且董事会于2016年4月10日对泛金公司作出了除名决议。”因此，盈之美公司在对泛金公司进行除名时，实际上并未给予泛金公司缴足出资的合理期限即召开董事会并作出了决议，也即并未充分经过催告的前置程序，程序存在瑕疵。

（三）决议有效性是除名的决定性环节

除名决议具有决定性，公司可以依据有效的除名决议实施除名行为，因此除名决议应当做到决议程序、内容合法合规并符合公司章程规定，否则可能会影响决议效力。《公司法解释（三）》第十七条关于“公司以股东会决议解除该股东的股东资格”的规定比较原则，具体执行过程中存在如下问题：

1. 关于除名机关。股东除名的行使主体是公司，而有限责任公司中只有股东会也即公司的最高权力机关，可以做出股东除名决议。股东除名导致股东资格丧失以及股东结构的调整，非公司经营业务管理事项，涉及股东权利，根本动因在于维护公司整体利益，因此应由全体股东所组成的公司权力机构做出集体决议。董事会是公司的业务执行和经营决策机构，其成员由股东会选出，其不应有权决定股东的去留。另外因为股东除名也会引起公司章程的变更修改，修改公司章程属于股东会的职权。

本案在除名机关上具有特殊性，根据《中外合资经营企业法》、合作协议和章程等相关规定，盈之美公司作为中外合资企业，并未设立股东会，董事会为其最高权力机关，董事会作出除名决议符合除名的决议机关要求。

2. 关于除名的会议程序。决议机关会议的召集、召开等程序应当符合章程和法律规定，比如应当按照章程或法律规定的方式通知全体应参会股东，告知会议议题、会议时间、地点、联系人等基本信息。应当明确的是，被除名股东应当有权被通知，虽然会议的议题包括对股东除名的表决，但是法律并未排除该股东接受会议通知、出席会议并进行申辩的权利，股东进行解释和申辩的权利很重要，应予确认和保护，也是司法解释要求除名必须经过决议的应有之义。

本案中，盈之美公司合资经营企业合同及章程约定了董事会的议事方式和表决程序，首先包括："召开董事会会议的通知应包括会议时间和地点、议事日程等，且应当在会议召开的30日前以书面形式发给全体董事。"本案中，通知人仅向泛金公司、纪文通知召开董事会，而张碧茹同样是泛金公司委派的董事，通知人未向其发送通知。即使合资合同及章程约定"各方有义务确保其委派的董事出席董事会会议"，但该约定并不免除董事会通知人通知全体董事参加董事会的义务。其次，"召开董事会会议的通知应包括会议时间和地点、议事日程等"，涉诉董事会决议内容为解除泛金公司股东资格，而通知的议题为"泛金管公司配合盈之美公司换领营业执照等"，涉诉董事会议题从未通知泛金公司及其委派董事，董事会就未通知事项进行表决，董事会决议存在严重程序问题，且影响未通知方实体权利的行使，上述问题严重到可以视为决议不成立的程度。

3. 关于除名决议的表决权回避。在公司股东会就股东除名进行表决时，被除名股东是否享有表决权，《公司法解释（三）》对此并无规定，我们理解应当适用回避表决。出资义务是股东根本义务，未履行出资义务的股东进行表决权限制具有一定正当性，例如《公司法解释（三）》第十六条规定可以对未履行出资义务股东权利可以作出相应的合理限制。再者，如果拟被除名股东是大股东，在公司中拥有的股份超过二分之一，其又享有表决权，那么可能公司永远无法以股东会决议的方式解除该违约股东的股东资格。股东除名决议是通过公司股东会议以公司的名义作出的，但除名决议与被除名股东有直接利害关系，法谚有云"任何人都不能成为自身诉讼的法官"，此时拟被除名的股东在表决除名决议时应予回避。表决权回避制度是指"如果股东与股东会将要决议的事项有利益冲突关系时，该股东或其代理人就不能在表决该项决议时行使表决权”。[①] 利益冲突表决权回避的事项，我国《公司法》在第十六条、第一百二十四条等条款中就作出过规定。除了因为拟除名股东与除名决议有利益冲突而应回避外，实践中除名决议的通过一般违背拟被除名股东的意愿，具有单方性和强制性，而股东除名制度立法设计的特征就是不考虑被除名股东的意思而强制剥夺其股东资格，从合同解除权角度也是一种消灭性的形成权。另外，如果被除名股东存在其他关联股东的，该等关联股东容易成为被除名股东的代言人，也应当回避表决。

本案中，盈之美公司被除名股东委派的董事如果出席了董事会，应当回避表决。[②]

4. 关于除名决议的多数决方式。关于除名决议应采取多数决还是一致决，存在不同的立法例，但无疑多数决可以使得对公司的保护更加容易。股东除名决议对被除名股东和公司来说，均属于重大决议，涉及公司正常经营的维持，可能涉及注册资本的减少，也涉及公司章程的修改，因此，股东除名决议应当属于特别决议，有限公司需经代表三分之二以上表决权的股东表决后才可通过。股东除名是为了排除公司经营的障碍，只有在拟被除名股东与绝大多数股东都无法继续合作时，才会影响到公司和其他股东的共同利益，因此应该在股东除名决议的作出上采严格多数。[③] 在三分之二的通过比例之上，有限公司章程中可以约定更高要求的多数决机制，例如需经代表四分之三以上表决权的股东表决才可通过。[④]

本案中，盈之美公司章程对于表决机制并未作出特殊约定，故应当经三分之二以上的无关联董事同意。

5. 除名决议效力及其与其他除名要件的关系。《公司法解释（三）》第十七条关于人民法院确认有效的对象是“除名行为”，而公司是以股东会决议的

---

① ［德］托马斯·莱赛尔、吕迪格·法伊尔：《德国资合公司法》，高旭军等译，法律出版社2005年版，第521页。

② 已有其他司法案例判决认为被除名股东对除名表决事项不具有表决权，例如宋余祥诉上海万禹国际贸易有限公司等公司决议效力确认纠纷案［上海市第二中级人民法院（2014）沪二中民四（商）终字第1261号］；北川金翔汽车内饰件有限公司与石宝金公司决议效力纠纷案［绵阳市中级人民法院（2017）川07民终3070号］；孙克法与王艺颖、烟台凤山置业有限公司公司决议效力确认纠纷案［烟台市中级人民法院（2016）鲁06民终2628号］等。

③ 吕愔：《股东除名制度立法研究》，郑州大学2015年博士学位论文。

④ 德国联邦最高法院判例认为，“因重要事由而针对某一股东提起的开除之诉，如果在有限责任公司的章程中没有做出相应规定，参照《有限责任公司法》第60条第1款第2项之规定需要达到所行使表决权（排除当事股东的表决权）的四分之三加重多数”，参见王东光：《德国联邦最高法院商事判例评议》，北京法律出版社2010年版，第284页。我国没有相关规定，但可以在章程中提高相关比例。

方式作出除名行为，决议生效之日起除名行为生效，除名行为的效力问题也即除名决议的效力问题。实践中，当事人多以“除名决议”的决议效力问题作为案由提起诉讼。判断除名决议（除名行为）的效力问题除应当以《公司法》第二十二条以及《公司法解释（四）》的相关条款作为依据外，还应当依据《公司法解释（三）》第十七条作出判断，不符合除名触发条件和前置程序两个要件的除名决议当属无效决议，章程如对除名另有约定的需要另行考量。《公司法解释（三）》第十七条所确定的裁判规则填补了《公司法》的制度空白，明确了特定条件下的除名才属于合法合规的行为，因而也成为公司的行为准则。

本案中，案涉的争议焦点问题在于董事会做出股东除名的决议是否符合程序和实质要件要求，决议是否有效，而盈之美公司董事会决议本身存在重大程序瑕疵，而且本次除名的触发事由和前置条件也不具备，综合导致本次董事会的除名决议无效，也即除名行为无效。

（**一审法院合议庭成员** 张翔鹏 肖永臣 邓士霞
二审法院合议庭成员 蒙 瑞 龚勇超 胡 婧
编写人 中国政法大学博士研究生 蒙 瑞
北京市第三中级人民法院 刘茜倩
责任编辑 潘 静
审稿人 曹士兵）

陈意明诉丁群股权转让纠纷案

——立案阶段形式审查的司法边界与技术标准

关键词：商事　立案登记制　形式审查　起诉条件　诉权

【裁判要旨】

在立案登记制下，法院进行立案审查必须坚持形式审查的原则。形式审查与实质审查的边界，不在于是否对主体资格、主管管辖、事实理由、起诉期限等进行法律评价，而在于对上述事项的评价方式。通过阅读诉状，单方面依据原告提交的证据材料归纳案件事实，识别法律关系，从而判断起诉条件是否成就，才是形式审查的核心意涵。具体就管辖问题而言，只要依据起诉证据归纳出的案件事实不能明确排除受诉法院的管辖权，那么就应当拟定受诉法院有管辖权，依法保障当事人的诉权。至于受诉法院是否确实具有管辖权，则交由审判法官在管辖异议或实体审理阶段，根据符合法律真实的事实作出最终裁决。

【相关法条】

《中华人民共和国民事诉讼法》第一百一十九条　起诉必须符合下列条件：

（一）原告是与本案有直接利害关系的公民、法人和其他组织；

（二）有明确的被告；

（三）有具体的诉讼请求和事实、理由；

（四）属于人民法院受理民事诉讼的范围和受诉人民法院管辖。

《最高人民法院关于人民法院登记立案若干问题的规定》第一条　人民法院对依法应该受理的一审民事起诉、行政起诉和刑事自诉，实行立案登记制。

第二条　对起诉、自诉，人民法院应当一律接收诉状，出具书面凭证并注明收到日期。

对符合法律规定的起诉、自诉，人民法院应当当场予以登记立案。

对不符合法律规定的起诉、自诉，人民法院应当予以释明。

第八条 对当事人提出的起诉、自诉，人民法院当场不能判定是否符合法律规定的，应当作出以下处理：

（一）对民事、行政起诉，应当在收到起诉状之日起七日内决定是否立案；

（二）对刑事自诉，应当在收到自诉状次日起十五日内决定是否立案；

（三）对第三人撤销之诉，应当在收到起诉状之日起三十日内决定是否立案；

（四）对执行异议之诉，应当在收到起诉状之日起十五日内决定是否立案。

人民法院在法定期间内不能判定起诉、自诉是否符合法律规定的，应当先行立案。

【案件索引】

一审：湖南省长沙市芙蓉区人民法院（2017）湘0102民初7193号（2017年8月1日）

二审：湖南省长沙市中级人民法院（2017）湘01民终6985号（2017年9月25日）

【基本案情】

原告（上诉人）陈意明诉称：起诉人陈意明（合同乙方）与被起诉人丁群（合同甲方）分别于2016年8月4日及2016年8月9日签订了两份《股权转让及担保合同书》，由起诉人陈意明购买被起诉人丁群所持有的湖南映山红科技有限公司（以下简称映山红公司）2%的股份，转让价格共计110万元。同时，该两份合同还就付款方式、付款时间、股权变更、违约责任等相关条款进行了约定。合同签订后，陈意明支付了全部转让款110万元，但被起诉人丁群未按照合同约定办理股权变更登记。起诉人陈意明遂向被起诉人丁群出具《关于股权转让的函》，明确表示退出合同，并要求丁群退还110万元转让款。丁群签收《关于股权转让的函》后，只退还了50万元，仍有60万元转让款未退还给起诉人。2017 年 7 月 27 日，陈意明诉至长沙市芙蓉区人民法院，请求：（1）判令被告丁群支付股权转让款 60 万元及利息人民币 15754.17 元（以 60 万元为基数，按银行同期利率贷款基准年利率 4.75% 的标准自 2017 年 1 月 7 日起算至 2017 年 7 月 24 日止，2017 年 7 月 25 日起仍按上述标准计算至还清日止）；（2）判令丁群承担本案相关诉讼费用。

法院经审理查明：2016 年 8 月 4 日，丁群（甲方）与陈意明（乙方）分别签订了一份《股权转让及担保合同书》，约定乙方购买甲方在映山红公司 1% 股份，转让价格为 60 万元。2016 年 8 月 9 日，丁群（甲方）与陈意明（乙方）又签订了一份《股权转让及担保合同书》，约定乙方购买甲方在映山红公司 1% 股份，转让价格为 50 万元。两份合同共计转让股权 2%，转让价款合计 110 万元。两份合同均约定，具体支付方式本合同签订后三个工作日内乙方向甲方支付全部款项，款项支付到甲方指定账户（户名映山红公司；开户行长沙银行信诚支行；账号 8001×××××）；在公司运营过程中，如乙方选择退出，甲方应原价受让乙方转出的股份，不受公司章程的限制，甲方应在乙方发函给甲方一个月内，将转让款支付给乙方；合同签订后一个月内，甲方负责给乙方办理相关工商变更手续，将股份过户到乙方名下。合同签订后，陈意明向映山红公司先后转款 28 万元、32 万元、50 万元，合计 110 万元。但双方一直未办理映山红公司股权变更登记手续。

2016 年 12 月 6 日，陈意明向丁群出具一份《关于股份转让的函》，告知丁群其选择退出，并将映山红公司 2% 的股份转让给丁群，要求丁群在收函后一个月内向陈意明支付股权转让款 110 万元。丁群在该函件上签字。2017 年 1 月 3 日、1 月 26 日，丁群向陈意明分别转款 30 万元、20 万元，合计 50 万元，尚欠 60 万元股权转让款未予支付。

另查明，（1）2016 年 8 月 4 日签订的《股权转让及担保合同书》第 7 条约定："甲乙双方因履行本协议所发生的或与本协议有关的一切争议，应当友好协商解决。如协调不成，任何一方均有权向合同签订所在地人民法院起诉。"在合同末尾"签定地点"处，未以文字方式注明签地点，但加盖有湖南映山红科技有限公司合同专用章。（2）2016 年 8 月 9 日签订的《股权转让及担保合同书》第 8 条约定："甲乙双方因履行本协议所发生的或与本协议有关的一切争议，应当友好协商解决。如协调不成，任何一方均有权向合同签订所在地人民法院起诉。"在合同末尾"签定地点"处，既未以文字方式注明签地点，也未加盖映山红公司合同专用章，但在合同末尾"甲方：丁群"处，加盖有映山红公司合同专用章。（3）映山红公司的住所地位于湖南省长沙市岳麓区。

【裁判结果】

湖南省长沙市芙蓉区人民法院于2017年8月1日作出湖南省长沙市芙蓉区人民法院（2017）湘0102民初7193号民事裁定：对陈意明的起诉，本院不予受理。

陈意明不服原审裁定，提起上诉。长沙市中级人民法院于2017年9月25日作出湖南省长沙市中级人民法院（2017）湘01民终6985号民事裁定：一、撤销湖南省长沙市芙蓉区人民法院（2017）湘0102民初7193号民事裁定；二、指令湖南省长沙市芙蓉区人民法院先行立案。

【裁判理由】

法院生效裁定认为：本案的焦点在于如何认定合同签订地，即在立案阶段如何把握诉讼管辖的裁判标准。按照立案登记制的要求，人民法院在立案阶段必须坚持形式审查的原则。因此，对管辖问题的把握尺度须遵循“不排除”的原则。只要起诉证据不能达到明确排除受诉法院管辖的程度，即应拟定受诉法院有管辖权。至于受诉法院是否确实具有管辖权，则交由管辖异议或实体审理阶段查实并处理。本案中，根据上诉人陈意明提交的证据材料来看，虽然两份《股权转让及担保合同书》中均约定了“甲乙双方因履行本协议所发生的或与本协议有关的一切争议，应当友好协商解决。如协调不成，任何一方均有权向合同签订所在地人民法院起诉”，但在“签定地点”处均未以文字方式注明合同签订地点。虽然2016年8月4日签订的合同在“签定地点”处加盖有映山红公司合同专用章，2016年8月9日签订的合同在“甲方：丁群”处加盖有映山红公司合同专用章，但加盖公章的行为究竟是表示合同签订的地点，还是表示映山红公司对所涉债权债务进行担保的意思表示，立案法官仅凭现有起诉材料无法作出判断。只有待被告应诉答辩后，才能查实清楚。因此，现有起诉证据尚不能达到排除长沙市芙蓉区人民法院有管辖权的可能，故应拟定长沙市芙蓉区人民法院对本案具有管辖权。该院以2016年8月4日合同中的“签订地点”处有映山红公司合同专用章为由，在未经答辩的情形下直接认定合同签订于映山红公司住所地，从而排除管辖权，裁定不予受理起诉，并不符合形式审查的原则。根据《最高人民法院关于人民法院登记立案若干问题的规定》（以下简称《规定》）第八条第二款的规定，人民法院在法定期间内不能判定起诉、自诉是否符合法律规定的，应当先行立案。故对上诉人陈意明提起的本案诉讼，应先行立案。

【案例注解】

本案看似仅涉及立案阶段管辖问题的认定标准，但实际上涉及的是整个立案阶段形式审查的裁判尺度问题。由于我国的立案登记制改革从未废除《中华人民共和国民事诉讼法》第一百一十九条，[①] 严格依照法律规定的起诉条件，将合法起诉转化为司法案件，将违法起诉、违法滥诉、不符合条件的起诉排除在司法程序之外，才是改革的本来之意。遗憾的是，理论界并未对“形式审查”的边界予以清晰界定，《规定》也未就形式审查的具体标准作出规范。这直接导致司法实务中，许多立案法官未能正确把握形式审查的司法边界，将立案阶段对起诉条件的审查实质化，损害了人民群众的合法诉权。换言之，在立案登记制的大背景下，立案阶段形式审查的司法边界究竟在哪里，才是本案的典型意义之所在。

一、何为形式审查——立案审查的司法边界

自21世纪初，张卫平先生提出立案标准高阶化问题以来，[②] 基于德日诉讼制度而构建的“诉之提起—诉之合法—诉之有理”模型，已被学界奉为圭臬。在诉之提起阶段，只要诉状格式完备即可立案。[③] 起诉能否转化为可审案，即主管、管辖、诉讼利益、起诉期限等则交由诉之合法阶段处理。该模型的精髓在于，将立案独立于受理，并赋予立案特有的功能价值（保护诉权）。由于立案阶段的审查对象仅限于诉状格式而不及于起诉条件的法律评价，故而对诉状格式的核对即构成形式审查的边界。对之相对应，对主管、管辖、诉讼利益、起诉期限等起诉条件的审查，则构成实质审查的边界。

然而，正如上文所述，《民事诉讼法》第一百一十九条四项起诉条件从未被废除。在我国的民事诉讼结构中，立案与受理是同一程序，立案就是受理。《规定》第二条第二款也明确：“对符合法律规定的起诉、自诉，人民法院应

---

① 《民事诉讼法》第一百一十九条　起诉必须符合下列条件：（一）原告是与本案有直接利害关系的公民、法人和其他组织（二）有明确的被告；（三）有具体的诉讼请求和事实、理由；（四）属于人民法院受理民事诉讼的范围和受诉人民法院管辖。

② 参见张卫平：《起诉条件与实体判决要件》，载《法学研究》2004年第6期。

③ 部分学者还提出需要交纳诉讼费用。

当当场予以登记立案。对不符合法律规定的起诉、自诉，人民法院应当予以释明。”而按照民诉法的规定，对起诉条件的审查贯穿于从立案到审判的全过程。《最高人民法院关于适用〈中华人民共和国民事诉讼法〉的解释》第三百三十条规定，人民法院依照第二审程序审理案件，认为依法不应由人民法院受理的，可以由第二审人民法院直接裁定撤销原裁判，驳回起诉。显然，不论是立案阶段还是审判阶段，对于原告的起诉是否符合《民事诉讼法》第一百一十九条四项起诉条件，都需要进行审查。也就是说，立案阶段的形式审查与审判阶段的实质审查，其边界并不在于审查的内容（《民事诉讼法》第一百一十九条）有何不同。

笔者认为，任何一种立案制度无非包含四个方面：起诉条件（立案审查的内容）、起诉材料（立案审查的载体）、法律逻辑（立案审查的方式）和受理程序，是运用法律逻辑对起诉材料进行分析，以判断是否符合起诉条件，并根据判断结果适用不同处理程序的系统集合。既然立案登记制改革并未改变民事诉讼的起诉条件，那么所谓“改实质审查为形式审查”就不应指向审查的内容（《民事诉讼法第一百一十九条》），而应指向审查的方式。在逻辑上，改革将审查方式（形式审查/实质审查）从审查内容（《民事诉讼法》第一百一十九条）中抽离出来，赋予审查方式独立的逻辑功能。即：审查内容规范立案法官审什么，而审查方式则规范立案法官如何审。在立案阶段，立案法官要做的是根据起诉人提交的证据材料归纳案件事实，识别法律关系，并据此对照《民事诉讼法》第一百一十九条进行法律评价。其法律后果是立案或者不立案，而不涉及事实认定和法律适用的真实性、正确性。也就是说，立案阶段对四项起诉条件的判断结果，在经过审理查明后可能最终并不成立。而在审理阶段，审判法官则需要在举证、质证、认证的基础上，形成符合法律真实的案件事实，并据此对照《民事诉讼法》第一百一十九条进行法律评价。其法律后果要么是驳回起诉，要么是继续审理并作出实体判决。这种评价结果在法律意义上来讲，应该是真实的、确定的、无争议的。由此我们可以看出，通过阅读起诉状，单方面依据原告提交的证据材料归纳案件事实，识别法律关系，从而判断起诉条件是否成立，才是形式审查的司法边界。① 而实质审查则需听取被告答辩，依据两造诉辩的结果及法院查明的事实来判断起诉条件是否符合法律真实。

---

① 第三人撤销之诉较为特殊，法院收到诉状后须通知被告，并听取其意见。由于第三人撤销之诉系再审制度的延伸，故不能作为本文讨论的对象。

二、怎样形式审查——立案审查的技术标准

将形式审查的司法边界运用到具体的立案审查工作中来，既做到依法保障当事人诉权，又做到依法履行审查职责，可以衍生出以下三个具体的技术标准：

（一）证据（事实和理由）审查标准。形式审查并不排斥对案件事实的归纳，它只是不追求结果的真实性而已。因此，对起诉证据的审查只需坚持“可能性”标准即可。即，根据起诉证据归纳出的事实，可以支持原告所主张事实的可能性。最常见的情况是，起诉证据可以归纳出所诉事实。比如，A起诉B要求归还借款，起诉证据为B出具给A的借条。而另一种情况则是，起诉证据虽不能直接证明但亦无法排除原告所主张的事实。此情形集中于事实竞合性案件。比如，A起诉B要求归还借款，起诉证据为A向B的账户汇款10万元的银行凭证（以下简称例1）。虽然汇款凭证只能呈现出A向B汇款的事实，并不能进一步证明款项的性质，它既可能是借款，也可能是货款，还可能是赠款，甚至可能是不当得利等很多种可能。但只要能够囊括A所主张民间借贷的可能性，那么立案时对证据的审查到此即止。如果起诉证据连原告所诉事实的可能性都不支持，则可以认为没有事实依据，不应立案。

（二）主体资格审查标准。主流理论虽然提出诉的利益学说，试图给五花八门的司法实践提供相对统一的操作工具。但立场的多维性导致诉的利益本身具有不确定性。① 鉴于形式审查的司法边界，我们可以采用更加客观的法律关系标准，即只要原告是根据起诉证据识别出的法律关系的主体即为适格。比如在例1中，如果A起诉C要求清偿借款，那么虽然有明确的被告、具体的诉讼请求，但根据起诉证据无法识别出A与C之间存在民间借贷法律关系，即C不是A所诉法律关系的主体，故不应立案。但如果A另行提交了一份结婚证，载明B与C系夫妻关系，那么该证据的介入使得A与C之间又构成了基于夫妻共同债务而可能形成的民间借贷法律关系，C系该法律关系中的主体，则应予立案。需要注意的是，起诉事实可能引发多个或者多种法律关系，法院只能依原告选择起诉的法律关系作出判断。被告是否适格同样如此。

（三）诉讼管辖审查标准。对于法定管辖而言，只需依据起诉证据确定联系点即可。实务中的难点集中于约定管辖的情形，具体呈现四种形态：（1）约定不明，比如“由当地法院管辖”或“守约方所在地法院管辖”；（2）约定过

① 参见李凌：《立案登记制下诉的利益判断》，载《国家检察官学院学报》2017年第4期。

大，比如“由长沙法院管辖”，但案件又未达到长沙市中级人民法院管辖标准；（3）约定冲突，比如协议中同时出现两个独立的条款，一个约定争议解决方式为“由合同履行地法院裁决”，另一个约定“本合同的管辖权：合同签约所在地”；（4）约定明确但联系点不明确，比如约定由合同签订地法院管辖，但合同未载明签订地，原告也未提交关于实际签订地的起诉证据。笔者认为，立案阶段对管辖问题可遵循“不排除”原则。即，若起诉证据不能达到明确排除受诉法院管辖的证明程度，人民法院即应立案受理。至于受诉法院是否确实具有管辖权，则交由管辖异议或实体审理阶段处理。特别需要说明的是，对于“守约方所在地法院管辖”，最高人民法院的观点十分明确，认为谁是守约方须待实体审理才能作出判断，故该约定无效。① 虽然该观点本身并无不妥，但笔者认为，在立案审查阶段不宜直接适用。因为原告之所以选择向其所在地法院起诉，正是基于原告主张其系守约方，故而拟定原告系守约方是符合形式审查原则的。若当事人对此无异议，则受诉法院自然获得最终的管辖权。若当事人提出管辖异议，则在管辖异议阶段再对该约定是否有效作出裁决。这样才能在依法保障诉权与依法审查起诉之间求得法律形式上的平衡。

三、本案审查结果——形式审查的具体运用

本案的焦点既是一个管辖问题，也是一个起诉证据的审查问题。因为判断管辖的关键，仍然是立案阶段如何把握起诉证据即《股权转让及担保合同书》。根据陈意明提交的证据材料来看，本案的管辖条款属于约定明确但联系点不明确的情形。两份《股权转让及担保合同书》虽然约定，“甲乙双方因履行本协议所发生的或与本协议有关的一切争议，应当友好协商解决。如协调不成，任何一方均有权向合同签订所在地人民法院起诉”，但是又都未以文字方式明确注明合同的具体签订地点。于是，一、二审法院的分歧就在于，如何看待映山红公司的盖章行为。

首先，陈意明主张的事实是：涉案合同的名称为《股权转让及担保合同书》，映山红公司加盖公章的行为系出于对股权转让进行担保的意图，只不过其中一份恰好将公章盖在“签订地点”处而已。

其次，起诉证据归纳出的事实是：（1）陈意明与丁群分别签订了两份《股权转让及担保合同书》；（2）丁群指定收款账户是，户名映山红公司，开

① 刘德权总编，陈裕琨、缪蕾主编：《最高人民法院司法观点集成·民事诉讼卷Ⅰ》，中国法制出版社2017年版，第48～49页。

户行长沙银行信诚支行，账号8001×××××；（3）2016年8月4日签订的合同在“签定地点”处加盖有映山红公司合同专用章，2016年8月9日签订的合同在“甲方：丁群”处加盖有映山红公司合同专用章。

第三，映山红公司盖章行为呈现出的五种可能性事实是：（1）映山红公司同意担保；（2）合同签订于映山红公司住所地；（3）映山红公司同意担保，且合同签订于公司住所地；（4）映山红公司对陈意明、丁群签订合同一事予以见证；（5）映山红公司同意以自己账户接收股权转让款。因此，不管陈意明的主张最终是否符合庭审查明的法律真实，但至少其主张的事实确系上述五种可能性事实之一，即人民法院在立案阶段无法肯定性地排除长沙市芙蓉区人民法院的管辖权。按照上述形式审查的司法边界及“不排除”管辖标准，立案阶段应当先行拟定长沙市芙蓉区人民法院对本案具有管辖权。故，陈意明的起诉符合《民事诉讼法》第一百一十九条的形式审查要求，应予立案。而一审法院在未经被告应诉答辩，以及举证、质证、认证的基础上，直接排除陈意明所诉事实的可能性，逾越了形式审查的司法边界，损害了当事人的合法诉权。

（**一审法院合议庭成员** 杨宇光 李梅香 陈 丹
二审法院合议庭成员 管建文 左 武 张 訸
编写人 湖南省长沙市中级人民法院 左 武
责任编辑 潘 静
审稿人 曹士兵）

庄军与上海宁优投资管理合伙企业、俞文婷及第三人宜优股权投资基金管理（上海）有限公司退伙案

——投资者与基金公司签订的合伙企业退伙协议效力认定

关键词：商事　实际出资人　管理控制　外观信赖

【裁判要点】

工商登记的名义出资人可与实际出资人不同；法律也不禁止合伙企业委托数个合伙人或合伙人以外的其他人代表合伙企业。就被告宁优合伙企业原合伙人内部关系而言，被告宁优合伙企业的实际出资、管理、控制公司均为宜优公司，宜优公司的实际控制人为被告俞文婷。从被告宁优合伙企业对外行为而言，合伙协议中宜优公司申明其身份为普通合伙人及执行事务合伙人，被告宁优合伙企业、宜优公司、原告均认可。可以认定宜优公司是被告宁优合伙企业的实际出资人，也是以执行事务合伙人名义实际管理控制被告宁优合伙企业。原告因信赖该外观而签订合伙协议等相应的法律行为应受到法律保护。

【相关法条】

《中华人民共和国合伙企业法》第二十六条　合伙人对执行合伙事务享有同等的权利。

按照合伙协议的约定或者经全体合伙人决定，可以委托一个或者数个合伙人对外代表合伙企业，执行合伙事务。

作为合伙人的法人、其他组织执行合伙事务的，由其委派的代表执行。

第四十三条第一款　新合伙人入伙，除合伙协议另有约定外，应当经全体

合伙人一致同意，并依法订立书面入伙协议。

第四十五条第二项 合伙协议约定合伙期限的，在合伙企业存续期间，有下列情形之一的，合伙人可以退伙：（二）经全体合伙人一致同意。

第五十一条 合伙人退伙，其他合伙人应当与该退伙人按照退伙时的合伙企业财产状况进行结算，退还退伙人的财产份额。退伙人对给合伙企业造成的损失负有赔偿责任的，相应扣减其应当赔偿的数额。

退伙时有未了结的合伙企业事务的，待该事务了结后进行结算。

【案件索引】

一审：上海市金山区人民法院（2016）沪0116民初8916号（2017年2月23日）

二审：上海市第一中级人民法院（2017）沪01民终5562号（2018年8月29日）

【基本案情】

原告（被上诉人）庄军诉称：2015年8月10日，原告与被告宁优合伙企业签订有限合伙投资文件，并于当日向其汇款527280元，之后发觉是骗局，接着向被告俞文婷追讨，被退回30万元。被告俞文婷口头承诺于2015年12月全部还清，但至今未付。本案不是借款合同关系，原告的请求权基础是退伙协议，本案是退伙协议的履行问题。原告庄军请求二被告连带支付原告227280元及该款自2016年1月1日起至判决生效日止、按照中国人民银行同期贷款利率计算的逾期付款利息损失，二被告连带支付原告律师费2万元。

被告（被上诉人）宁优合伙企业辩称：不同意原告诉请，其认为与原告发生法律关系的是被告俞文婷，其不是退伙协议的相对方，即使法院认定需要返还，也应由被告俞文婷返还。被告宁优合伙企业确认，王浩作为执行事务合伙人仅为挂名，合伙协议的实际操作，包括退伙、退款都是宜优公司操作，而宜优公司的实际控制人是被告俞文婷。

被告（上诉人）俞文婷辩称：不同意原告诉请，其认为退伙协议上盖章的是宜优公司，已经退还的30万元也是宜优公司退还。原告要求其承担连带责任缺乏依据，工商信息显示其仅为有限合伙人而非无限合伙人。

第三人宜优公司述称：原告起诉的金额不正确，总金额应以第一份退伙协议中的502171元为准，不应向原告支付律师费用。

法院经审理查明：2015年8月，原告与被告上海宁优投资管理合伙企业（有限合伙）（以下简称宁优合伙企业）、第三人宜优股权投资基金管理（上海）有限公司（以下简称宜优公司）签订《有限合伙投资文件合伙协议》，明确基金执行事务人为宜优公司；被告宁优合伙企业认购意向书载明，原告认购总金额伍拾贰万柒仟贰佰捌拾元；原告在有限合伙人处签字，宜优公司在普通合伙人处盖章，被告宁优合伙企业盖章确认。

2015年8月10日，原告（甲方）与被告宁优合伙企业（乙方）签订《委托代持股份协议书》，内容约定：甲方出资授权乙方代为持有标的公司股权，甲方有权依据《上海宁优合伙企业（有限合伙）合伙协议》约定将股东权益转移到自己名下。

2015年8月10日，原告向被告宁优合伙企业转账527，280元。2015年12月9日，原告（甲方）与宜优公司（乙方）签订《退伙协议》，约定甲方从被告宁优合伙企业退伙、款项归还事宜。该协议乙方处由宜优公司盖章、被告俞文婷签字。

2015年12月15日，原告（甲方）与宜优公司（乙方）签订《退伙协议》，称因乙方及乙方实际负责人自身原因，乙方未能在约定时间2015年12月9日向甲方全额归还伍拾万贰仟壹佰柒拾元，现经双方协商，就下列条款达成一致：（1）乙方保证于2015年12月31日前将剩余款贰拾万贰仟壹佰柒拾元支付给甲方……如乙方未能在2015年12月31日前还款，甲方可以向乙方追加退伙款项扣除部分，即总金额贰拾贰万柒仟贰佰捌拾元。（2）甲方因乙方未能按时还款，甲方诉讼费及律师费由乙方承担。（3）乙方未能按时还款，甲方可向乙方及其股东个人（实际负责人）起诉追讨赔偿款；甲方也可向被告宁优合伙企业及其股东个人追讨赔偿款。被告宁优合伙企业工商登记信息显示，成立日期2015年2月28日，出资额1000万元，执行事务合伙人为王浩。合伙人出资情况：王浩计划出资600万元，被告俞文婷计划出资400万元，出资到位时间均于企业成立之日起五年内缴足。

2015年12月11日，宜优公司转账支付原告30万元。

2015年12月16日，王浩（甲方）与宜优公司（乙方）签订《关于甲方担任法人、普通合伙人公司的实际控制公司、控制人认定书及甲方公司实际控制公司偿还甲方公司债务责任、相关法律责任承担确认书》，约定：（1）经股东大会决议及甲、乙双方确认，由甲方担任法人与普通合伙人的被告上海宁优合伙企业等，由甲方担任法人公司的实际出资公司、管理公司、实际控制公司均为乙方，乙方实际控制人为被告俞文婷。甲方公司所有资金的实际调配使用权均为乙方控制。乙方实际控制人为俞文婷。（2）甲方担任法人的公司，所有债务将由乙方公司及乙方公司实际控制人俞文婷承担偿还。甲方王处王浩签字，乙方处由宜优公司盖章，被告俞文婷签字。

2016年11月18日，原告与上海市华荣律师事务所签订聘请律师合同，并于11月21日支付了律师服务费用2万元。

【裁判结果】

上海市金山区人民法院于2017年2月23日作出上海市金山区人民法院（2016）沪0116民初8916号民事判决：一、被告上海宁优投资管理合伙企业（有限合伙）、俞文婷应于本判决生效之日起十日内共同退还原告庄军款项227280元及该款自2016年1月1日起至本判决生效日止按照中国人民银行同期贷款基准利率计算的逾期付款利息损失；二、被告上海宁优投资管理合伙企业（有限合伙）、俞文婷应于本判决生效之日起十日内共同赔偿原告庄军律师费2万元。

本案案件受理费2820元，由被告上海宁优投资管理合伙企业（有限合伙）、俞文婷共同负担。

宣判后，被告俞文婷提起上诉。上海市第一中级人民法院经审理，于2017年8月29日作出上海市第一中级人民法院（2017）沪01民终5562号民事判决：驳回上诉，维持原判。

【裁判理由】

上海市金山区人民法院经审理后认为：原告与被告宁优合伙企业分别签订了委托代持股份协议书、合伙协议，内容约定原告将系争出资款入伙被告宁优合伙企业，原告成为有限合伙人后，被告宁优合伙企业以合伙企业名义入股目标公司，故原告与被告宁优合伙企业是通过合伙协议的方式履行委托代持股份协议，原告与被告宁优合伙企业是合伙法律关系。因被告宁优合伙企业在合伙协议签订之前已经成立，原告向被告宁优合伙企业出资入伙，欲成为被告宁优合伙企业有限合伙人，原告与被告宁优合伙企业、宜优公司签订的合伙协议实为入伙协议。

对于新合伙人入伙，除合伙协议另有约定外，应当经全体合伙人一致同意，并依法订立书面入伙协议。经查，被告宁优合伙企业工商登记的合伙人为王浩、被告俞文婷，执行事务合伙人为王浩，而与原告签订该合伙协议的主体为被告宁优合伙企业及宜优公司。法院认为，工商登记的名义出资人可与实际出资人不同；法律也不禁止合伙企业委托数个合伙人或合伙人以外的其他人代表合伙企业。首先，就被告宁优合伙企业原合伙人内部关系而言，被告宁优合伙企业登记合伙人即王浩、被告俞文婷与宜优公司签订的债务责任、相关法律责任承担确认书确认，被告宁优合伙企业的实际出资、管理、控制公司均为宜优公司，宜优公司的实际控制人为被告俞文婷。其次，从被告宁优合伙企业对外行为而言，系争合伙协议中宜优公司申明其身份为普通合伙人及执行事务合伙人，被告宁优合伙企业、宜优公司均盖章确认，原告也签字确认。再次，被告宁优合伙企业当庭也自认王浩为挂名执行事务合伙人，实际均系被告俞文婷及宜优公司控制操作。据此可以认定虽然被告宁优合伙企业工商登记的合伙人是王浩、被告俞文婷，执行事务合伙人是王浩，但是无论对内、对外都明确宜优公司是被告宁优合伙企业的实际出资人，同时也是以执行事务合伙人名义实际管理控制被告宁优合伙企业。原告因信赖该外观而签订合伙协议等相应的法律行为应受到法律保护。原告与宜优公司、被告宁优合伙企业签订合伙协议，可以认定已经全体合伙人一致同意，应为有效。

协议签订后，原告按约交付入伙款项，但被告宁优合伙企业并未按照约定办理工商变更，将原告登记为有限合伙人。宜优公司与原告于 2015 年 12 月 9 日签订退伙协议，内容为原告同意从被告宁优合伙企业退伙，宜优公司退还款项，实质系作为合伙人的宜优公司与原告达成了同意原告退伙的意思表示。因该协议未完全履行，2015 年 12 月 15 日，宜优公司又与原告签订退伙协议。就第二份退伙协议内容而言，宜优公司承诺由其退还原告款项，并称不能按时还款，原告可向被告宁优合伙企业追讨赔偿款，就效力而言，宜优公司是合伙人及执行事务合伙人双重身份作出承诺，结合宜优公司已经实际退还部分款项的行为，可以认定原告与宜优公司对退伙及相应结算价格达成一致意见。虽然债务责任、相关法律责任承担确认书第 3 条约定是王浩与被告俞文婷、宜优公司之间的内部约定，不能对抗包括原告在内的新入伙投资人。现因宜优公司未能在 2015 年 12 月 31 日前还款，原告依据 2015 年 12 月 15 日退伙协议的约定，要求被告宁优合伙企业按照剩余金额 227280 元返还投资款及逾期付款利息损失，并承担律师费的主张，于法有据，法院予以支持。

同时，因债务责任、相关法律责任承担确认书第 2 条约定，王浩担任法人的公司，……所有债务，将由宜优公司及俞文婷承担偿还。该约定中被告俞文婷所作承诺具有债务加入的法律性质，被告俞文婷应对被告宁优合伙企业所负债务承担共同还款责任，原告主张被告俞文婷承担连带责任的主张，有所不当，法院予以纠正。

法院生效裁判认为：工商登记的名义出资人可与实际出资人不同；法律也不禁止合伙企业委托数个合伙人或合伙人以外的其他人代表合伙企业。本案中，无论对内、对外都明确宜优公司是被告宁优合伙企业的实际出资人，同时也是以执行事务合伙人名义实际管理控制被告宁优合伙企业。原告因信赖该外观而签订合伙协议等相应的法律行为应受到法律保护，应为有效。另，关于退伙协议的效力，宜优公司以合伙人及执行事务合伙人双重身份作出承诺，虽债务责任、相关法律责任承担确认书约定：如果宜优公司及实际控制人无法偿还王浩公司的所有债务及其他费用，宜优公司及实际控制人将承担由此引起的所有法律责任，王浩及王浩公司将不承担由此引起的任何法律责任及民事偿还债务责任。但该约定仅是内部约定，不能对抗包括原告在内的新入伙投资人。

【案例注解】

有限合伙企业作为私募基金的主要运作模式，区别于传统的公司制，通过具备专业投资能力的GP与拥有雄厚资金的LP相结合，为私募基金的发展增添不少活力。基金公司通过设立有限合伙企业，并由有限合伙企业吸纳投资人为有限合伙人的方式募集资金，但投资人在向合伙企业缴纳出资后，合伙企业并未将其登记为合伙人，投资人与合伙企业、基金公司之间的法律关系应当如何认定多存有争议。

该类案件中作为原告的投资人，对与合伙企业、基金公司的法律关系往往自身也无法明确，借款合同纠纷、委托理财纠纷、合伙纠纷等案由均有出现。而法院对其法律关系的认定也存在较大争议，有的法院认为投资人向合伙企业投入资金，但并未转化未合伙财产，也未与合伙人达成入伙合意，不能认定为合伙企业的合伙人。有的法院认为相关协议虽名为合伙，但约定了固定收益、利息等，应为借贷关系。有的法院认为相关入伙协议是与基金公司，而非与合伙人签订，合伙人未追认该合伙效力，应为无效合同。排除个案之间的差异性，可以看到多数法院的裁判思路为，虽然投资人与合伙企业签订了合伙/入伙协议，但因投资人实际并未被登记为合伙人，法院多排斥将投资人与合伙企业认定为合伙关系，而向借贷关系靠拢。

现有“非此即彼”的案由分类对于区分法律关系，明确裁判思路，具有重要意义，但是社会生活复杂多样，商事案件的审判更趋向于精细化审理，从案件事实、当事人真意、法律关系本身的抽丝剥茧中梳理清晰。本案与上述判决既有相似，又有不同，在请求权基础的检索中，本案承办人从案件基本事实出发，逐一分析，最终认定投资人与合伙企业之间应为退伙纠纷，宜优公司系被告宁优合伙企业实际出资人及执行事务合伙人，有权代表被告宁优合伙企业与原告达成退伙协议，被告宁优合伙企业应当就该退伙协议承担法律责任。

一、投资人原告与被告宁优合伙企业之间的法律关系?

1. 原告与被告宁优合伙企业签订了合伙协议（实为入伙协议），同时签订了委托代持股份协议书，之后又签订了退伙协议。就协议内容而言，双方并不是约定原告出借款项给被告宁优合伙企业，并由被告宁优合伙企业到期返还原告本金及支付固定利息，故双方并非借款合同关系。

2. 原告与被告宁优合伙企业之间并非委托代持股份关系。原告与被告宁优合伙企业先签订了委托代持股份协议书，后原告与被告宁优合伙企业之间、第三人宜优基金公司之间又签订了合伙协议。委托代持股份协议书约定，原告实际出资目标公司，并以合伙企业的名义代持。原告有权依据《上海宁优投资管理合伙企业（有限合伙）合伙协议》约定的开放时间内，在条件允许的情况下，将相关股东权益转移到自己名下；与持标的股份相关的收益，……在合伙协议约定的时间转交给原告等。可见，委托代持股份协议书的履行依赖于合伙协议，应就委托代持股份协议与合伙协议同时进行审查。

3. 合伙协议约定，原告将系争出资款入伙被告宁优合伙企业，原告成为有限合伙人后，被告宁优合伙企业以合伙企业名义入股目标公司。原告与被告宁优合伙企业实质是通过合伙协议的方式履行委托代持股份协议，原告与被告宁优合伙企业是合伙法律关系。

4. 就合伙协议内容而言，被告宁优合伙企业在合伙协议签订之前已经成立，原告与被告宁优合伙企业签订合伙协议，内容为向其出资入伙，欲成为被告宁优合伙企业有限合伙人，属于新合伙人入伙的情形。那么，法律也就是合伙企业法对于入伙协议的签订主体、协议效力等是否有限制，投资人能否与合伙企业签订入伙协议呢？对此，《合伙企业法》第四十三条规定，新合伙人入伙，除合伙协议另有约定外，应当经全体合伙人一致同意，并依法订立书面入伙协议。也就是是说，合伙企业法规定新合伙人入伙应当经过全体合伙人一致同意。而对于新合伙人是否必须与全体合伙人签订入伙协议，法律并无明确的规定，也就是说在新合伙人入伙的方式上，法律并未作出限制性规定，即新合伙人可以从其他合伙人处受让合伙份额，并经全体合伙人同意后实现入伙，也可以与合伙企业签订入伙协议，通过增资、受让等方式，并经全体合伙人同意后实现入伙。当新入伙人即原告仅与受让人、合伙企业签订入伙协议，而尚未经全体合伙人同意的情况下，该入伙协议的效力如何？我们认为，根据《最高人民法院关于审理买卖合同纠纷案件适用法律问题的解释》第四十五条的规定，“权利转让或者其他有偿合同参照适用买卖合同的有关规定的，人民法院应当首先引用合同法第一百七十四条的规定，再引用买卖合同的有关规定。”相应的法理依据为负担行为与处分行为相区分的法学理论，原告作为新合伙人与被告宁优合伙企业签订的入伙协议应为有效。但是，该入伙协议中除被告宁优合伙企业盖章外，还有第三人宜优公司盖章，并无被告宁优合伙企业工商登记的合伙人王浩、俞文婷的签字确认，该合伙协议的履行状况应当如何认定？

5. 该入伙协议并未实际履行，协议签订后不久，且未进行完成工商变更登记的情况下，原告与被告宁优合伙企业、第三人宜优公司就又先后达成两份《退伙协议》，均明确被告宁优合伙企业同意原告退伙，故原告与被告宁优合伙企业又形成了退伙关系。两份退伙协议均明确，被告宁优合伙企业同意原告退伙并返还投资款，而且此后原告与宜优公司签订的《退伙协议》还明确，除入伙本金外，应赔偿利息、律师费等内容。那么原告与被告宁优合伙企业的争议就在于，原告能否依据与宜优公司签订的《退伙协议》的约定要求被告宁优合伙企业承担违约责任。《合伙企业法》规定了约定合伙期限的退伙、未约定合伙期限的退伙、当然退伙、除名退伙等多种退伙方式。除了约定退伙、法定退伙、当然退伙外，原告与被告宁优合伙企业之间显然是达成了合意退伙的意思表示，在协议退伙的情况中，依照《合伙企业法》规定，合伙人退伙的，应当经全体合伙人一致同意。原告分别与被告宁优合伙企业、第三人宜优公司分别签订了两份退伙协议，但是均无证据证明合伙人俞文婷、王浩同意，该两份退伙协议的效力如何，又应当如何履行呢？

二、被告宁优合伙企业、合伙人王浩、俞文婷与第三人宜优基金公司之间的法律关系，宜优公司是否有权代理/代表被告宁优合伙企业签订退伙协议？

1. 就本案被告宁优合伙企业、宜优公司、王浩、俞文婷之间的关系而言，可以明确的事实主要有两部分：一是，就被告宁优合伙企业工商登记信息而言，被告宁优合伙企业工商登记的合伙人有王浩、俞文婷二人，执行事务合伙人为王浩。被告宁优合伙企业工商登记信息显示，成立日期2015年2月28日，出资额1000万元，执行事务合伙人为王浩，合伙人出资情况：王浩计划出资600万元，被告俞文婷计划出资400万元，出资到位时间均于企业成立之日起五年内缴足。二是，原告、被告宁优合伙企业、被告俞文婷、宜优公司对于被告宁优合伙企业的实际出资人、执行事务合伙人及实际控制人为宜优公司均无异议。首先，就被告宁优合伙企业原合伙人内部关系而言，被告宁优合伙企业登记合伙人即王浩、被告俞文婷与宜优公司签订的债务责任、相关法律责任承担确认书确认，被告宁优合伙企业的实际出资、管理、控制公司均为宜优公司，宜优公司的实际控制人为被告俞文婷。其次，从被告宁优合伙企业对外行为而言，系争合伙协议中宜优公司申明其身份为普通合伙人及执行事务合伙人，被告宁优合伙企业、宜优公司均盖章确认，原告也签字确认。最后，被告宁优合伙企业当庭也自认王浩为挂名执行事务合伙人，实际均系被告俞文婷及宜优公司控制操作。

2. 对于被告宁优合伙企业的出资人、执行事务合伙人的认定及与投资人即原告之间法律关系的认定。

第一，公司法关于名义出资人与实际出资人相区分的法律规定，同样适用于《合伙企业法》。理由如下，首先，就主体性质而言，公司与合伙企业均为民法规定的法律主体，公司具有独立的法律人格，而合伙人之间具有更深层次的信赖密切关系，合伙企业的主体只是相对独立，但不具备独立的法律人格。但是公司和合伙企业均系组织体，由法律拟制产生主体资格，必须经工商登记注册成立，出资人为股东或者合伙人，亦需登记公示。实践中名义股东与实际出资人不同屡见不鲜，遂由公司法解释对实际出资人要求显名的条件、实际出资人与名义出资人的合同约定有效等做出规定。而合伙纠纷较公司类纠纷较少，但近年来亦有增多趋势，案情日益复杂，如私募基金纠纷中，先成立基金公司，再设立若干合伙企业吸纳投资人以募集资金的方式也日益增多，承认合伙企业中名义出资人与实际出资人不同并不违反法理。其次，就合伙企业法与公司法及司法解释形成时间而言，《合伙企业法》于2006年修订，2007年6月1日施行，并无相关司法解释，而《公司法》已历经几次修订，《最高人民法院关于适用〈中华人民共和国公司法〉若干问题的规定（三）》于2011年发布，更能反映社会生活的现状，对于合伙企业法没有规定的相关内容，参照适用公司法及司法解释的规定，更符合司法现实需求。通过以上查明的事实，可以认定虽然被告宁优合伙企业工商登记的合伙人为俞文婷、王浩，但实际出资人为宜优公司。之所以需要对合伙企业的名义出资人、实际出资人进行区分并明确，是因为合伙企业对人合性的要求更严格，在入伙、退伙纠纷中，经过全体合伙人一致同意是司法审查的内容之一。

第二，《合伙企业法》规定合伙企业委托数个合伙人或合伙人以外的其他人代表合伙企业。那么虽然被告宁优合伙企业工商登记的执行事务合伙人为王浩，其同时委托宜优公司担任执行事务合伙人亦未违反法律的规定，且该身份意味着宜优公司有权代表被告宁优合伙企业进行相关法律行为。

第三，对于投资人信赖利益的保护。虽然被告宁优合伙企业工商登记的合伙人是王浩、被告俞文婷，执行事务合伙人是王浩，但是无论对内、对外都明确宜优公司是被告宁优合伙企业的实际出资人，同时也是以执行事务合伙人名义实际管理控制被告宁优合伙企业。原告因信赖该外观而签订合伙协议等相应的法律行为应受到法律保护。

第四，依据《合伙企业法》的规定，在合伙人退伙时应当对合伙财产进行清理结算。而就本案的合伙法律关系而言，原告向被告宁优合伙企业入伙，原告虽然缴纳了投资款，但并未完全履行，在原告未变更登记为合伙人的情况下，双方就达成了退伙协议，且原告已经收到部分款项。就第二份退伙协议内容而言，宜优公司承诺由其退还原告款项，并称不能按时还款，原告可向被告宁优合伙企业追讨赔偿款，就效力而言，宜优公司是合伙人及执行事务合伙人双重身份作出承诺，结合宜优公司已经实际退还部分款项的行为，可以认定原告与宜优公司对退伙及相应结算价格达成一致意见。

（**一审法院合议庭成员** 熊艳蓓 蒋雪芳 王 霞
二审法院合议庭成员 郑军欢 成 阳 朱国华
编写人 上海市金山区人民法院 熊艳蓓 唐旭田
责任编辑 潘 静
审稿人 曹士兵）

知识产权

金阿欢诉江苏电视台、珍爱网公司侵害商标权纠纷案

——涉电视节目名称的商标侵权判定

关键词：知识产权　商标性使用　商标相似　类似服务　商标保护力度

【裁判要旨】

1. 判断被诉标识是否属于商标性使用，关键在于相关标识的使用是否为了指示相关商品/服务的来源，是否起到使相关公众区分不同商品/服务的提供者的作用。

2. 在判断以现实生活为题材的电视节目是否与某一服务类别相同或类似时，应当综合考察节目的整体和主要特征，把握其行为本质，作出全面、合理、正确的审查认定。

3. 《商标法》所要保护的，并非仅以注册行为所固化的商标标识本身，而是商标所具有的识别和区分商品/服务来源的功能，必须考虑涉案注册商标的显著性与知名度。

【相关法条】

《中华人民共和国商标法》第五十七条第二项　有下列行为之一的，均属侵犯注册商标专用权：（二）未经商标注册人的许可，在同一种商品上使用与其注册商标近似的商标，或者在类似商品上使用与其注册商标相同或近似的商标，容易导致混淆的。

《最高人民法院关于审理商标民事纠纷案件适用法律若干问题的解释》第十条第三项 人民法院依据商标法第五十二条第（一）项的规定，认定商标相同或者近似按照以下原则进行：（三）判断商标是否近似，应当考虑请求保护注册商标的显著性和知名度。

第十一条第一款 商标法第五十二条第（一）项规定的类似商品，是指在功能、用途、生产部门、销售渠道、消费对象等方面相同，或者相关公众一般认为其存在特定联系、容易造成混淆的商品。

第十二条 人民法院依据商标法第五十二条第（一）项的规定，认定商品或者服务是否类似，应当以相关公众对商品或者服务的一般认识综合判断；《商标注册用商品和服务国际分类表》、《类似商品和服务区分表》可以作为判断类似商品或者服务的参考。

【案件索引】

一审：广东省深圳市南山区人民法院（2013）深南法知民初字第208号（2014年9月29日）

二审：广东省深圳市中级人民法院（2015）深中法知民终字第927号（2015年12月11日）

再审：广东省高级人民法院（2016）粤民再447号（2016年12月30日）

【基本案情】

原告（上诉人、再审被申请人）金阿欢诉称：金阿欢享有第7199523号“非诚勿扰”商标，并于2010年9月7日获得商标注册，核定服务项目包括第45类的“交友服务、婚姻介绍所”。江苏电视台旗下的江苏卫视于2010年开办了以婚恋交友为主题、名称为《非诚勿扰》的电视节目。珍爱网为该节目推选相亲对象，提供广告推销服务等。故金阿欢以江苏电视台与珍爱网共同侵害其注册商标权为由，向法院提起诉讼，请求判令：（1）江苏电视台所属的江苏卫视频道立即停止使用“非诚勿扰”栏目名称；（2）珍爱网公司立即停止使用“非诚勿扰”名称进行广告推销、报名筛选、后续服务等共同侵权行为；（3）江苏电视台与珍爱网公司共同承担本案全部诉讼费用。

被告（被上诉人、再审申请人）江苏省广播电视总台（以下简称江苏电视台）与深圳市珍爱网信息技术有限公司（以下简称珍爱网公司）辩称：被诉“非诚勿扰”标识的使用不属于商标性使用；被诉电视节目与金阿欢涉案注册商标核定使用的“交友服务、婚姻介绍”服务不属于相同或类似服务；相关使用也不会造成公众混淆误认；被诉行为不构成侵权。

法院经审理查明：2009 年 2 月 16 日，金阿欢向国家工商行政管理总局商标局（以下简称商标局）申请注册非誠勿擾商标。2010 年 9 月 7 日，金阿欢获得第 7199523 号非誠勿擾商标注册证，有效期自 2010 年 9 月 7 日至 2020 年 9 月 6 日，核定服务项目为第 45 类，包括“交友服务、婚姻介绍所”等。

金阿欢向法院提交的公证书等证据表明：江苏电视台网页记载：《非诚勿扰》系江苏电视台下属江苏卫视的一个栏目。栏目网页显示“新派交友电视节目”以及“非诚勿扰”等文字，其中，“非诚勿扰”为突出使用；该网页在节目简介中称“《非诚勿扰》是一档适应现代生活节奏的大型婚恋交友节目，我们将为您提供公开的婚恋交友平台，高质量的婚恋交友嘉宾，全新的婚恋交友模式。播放频道：江苏卫视。报名方法包括“在珍爱网登记报名资料”。

江苏卫视于 2012 年在深圳福田区、南山区现场招募《非诚勿扰》节目嘉宾，活动由江苏卫视和珍爱网公司联合主办。此外，普通用户可以通过互联网登录江苏电视台的网站，在江苏卫视《非诚勿扰》栏目中的“珍爱网报名”登录珍爱网公司网站；珍爱网公司的报名网页显示，江苏卫视通过珍爱网招募男女嘉宾，突出使用了“非诚勿扰”文字标识。

金阿欢还提交了两期《非诚勿扰》的视频内容。金阿欢在一、二审庭审笔录及代理词中均明确主张，江苏电视台在被诉节目中使用的被诉“非诚勿扰”标识主要体现为两种形态：一是“非诚勿扰”纯文字标识；二是非诚勿扰，即“非诚勿扰”文字与女性剪影组合的图文标识。

【裁判结果】

广东省深圳市南山区人民法院于 2014 年 9 月 29 日作出（2013）深南法知民初字第 208 号民事判决：驳回金阿欢诉讼请求。

金阿欢不服，提出上诉。广东省深圳市中级人民法院于 2015 年 12 月 11 日作出（2015）深中法知民终字第 927 号民事判决：一、撤销广东省深圳市南山区人民法院（2013）深南法知民初字第 208 号民事判决；二、江苏省广播电视总台立即停止侵害金阿欢第 7199523 号“非诚勿扰”注册商标行为，即其所属的江苏卫视频道于判决生效后立即停止使用“非诚勿扰”栏目名称；

三、深圳市珍爱网信息技术有限公司立即停止侵害金阿欢第7199523号“非诚勿扰”注册商标行为，即于判决生效后立即停止使用“非诚勿扰”名称进行广告推销、报名筛选、后续服务等行为。

二审判决后，江苏电视台与珍爱网公司不服，分别向广东省高级人民法院申请再审，广东省高级人民法院经审查，以符合《民事诉讼法》第二百条第六项规定为由，裁定对该案进行提审。该案提审后，广东省高级人民法院于2016年12月30日对该案进行再审判决：一、撤销广东省深圳市中级人民法院（2015）深中法知民终字第927号民事判决。二、维持广东省深圳市南山区人民法院（2013）深南法知民初字第208号民事判决。

【裁判理由】

法院生效裁判认为：江苏电视台对被诉“非诚勿扰”标识的使用，从客观使用情况和主观意图来看，起到了指示商品/服务来源的作用，属于商标性使用。从商品/服务类别来看，被诉“非诚勿扰”节目与金阿欢注册商标所核准使用的“交友服务、婚姻介绍”在服务目的、内容、方式和对象上均区别明显。以相关公众的一般认知，能够清晰区分电视文娱节目的内容与现实中的婚介服务活动，两者不构成类似服务。退一步而言，即使认定其为类似服务，也必须紧扣商标法宗旨，考虑涉案注册商标的显著性与知名度，在确定其保护范围与保护强度的基础上考虑相关公众混淆、误认的可能性，从而判断是否构成商标侵权。由于金阿欢注册商标本身显著性较低，本案对该注册商标的保护范围和保护强度，应与金阿欢对该商标的显著性和知名度所作出的贡献相符。在被诉节目标识与金阿欢注册商标不相同，相关使用具有一定合理性，且作为娱乐、消遣的综艺性文娱电视节目为公众所熟知下，相关公众能够对该服务来源作出清晰区分，不会产生两者误认和混淆，因此，被诉行为并未损害涉案注册商标的识别和区分功能，不构成商标侵权。

【案例注解】

本案系典型的涉电视节目商标侵权纠纷。由于被诉节目的知名度和广受欢迎，本案二审认定被诉节目构成侵权后引发社会热议和争议，社会关注度极高。对于电视节目名称是否属于商标性使用，电视节目与内容题材之间的关系、如何判断此类节目的服务类别，司法实践中并无统一标准。本再审案对此逐一进行了分析。

一、关于商标性使用问题

《商标法》第四十八条规定："本法所称商标的使用，是指将商标用于商品、商品包装或者容器以及商品交易文书上，或者将商标用于广告宣传、展览以及其他商业活动中，用于识别商品来源的行为。"被诉标识只有在商标法意义上使用、起到识别作用，才涉及被诉行为是否构成对注册商标侵害的评价问题，因此，商标性使用是商标侵权判定中的前提。而本案的一个特殊情况是，被诉标识本身是节目名称，而节目名称的使用一般属于对其电视节目主题内容的概括描述，通常视为叙述性使用即属于合理使用的范畴；而且，节目名称的使用常态就是突出使用或单独出现，所以也不能仅以是否突出使用这一普通的商标性使用的表现形态来作为商标性使用的标准。但是，这并不意味着节目名称的使用一定不属于商标性使用，如果相关使用超出了合理使用的必要范畴，而起到识别和区分来源的功能和作用的话，即应当视为商标性使用。承认节目名称作为相关商业标识的作用和权益，不仅具有法律依据，也对相关品牌节目的发展保护具有现实意义。

本案中，法院明确地指出，相关标识具有节目名称的属性并不能当然排斥该标识作为商标的可能性，而被诉标识在电视节目上的显示位置及样式是否固定、使用的同时是否还使用了其他标识，亦非否定被诉标识作为商标性使用的充分理据。判断被诉"非诚勿扰"标识是否属于商标性使用，关键在于相关标识的使用是否为了指示相关商品/服务的来源，起到使相关公众区分不同商品/服务的提供者的作用。从客观情况来看，"非诚勿扰"原是江苏电视台为了区分其台下多个电视栏目而命名的节目名称，但本案江苏电视台对被诉"非诚勿扰"标识的使用，并非仅仅为概括具体电视节目内容而进行的描述性使用，而是反复多次、大量地在其电视、官网、招商广告、现场宣传等商业活动中单独使用或突出使用，使用方式上具有持续性与连贯性，其中标识更在整体呈现方式上具有一定独特性，这显然超出对节目或者作品内容进行描述性使用所必需的范围和通常认知，具备了区分商品/服务的功能。随着该节目持续热播及广告宣传，被诉"非诚勿扰"标识已具有较强显著性，相关公众看到被诉标识，将联想到该电视节目及其提供者江苏电视台下属江苏卫视，客观上起到了指示商品/服务来源的作用。从主观意图来看，江苏电视台在不少广告中，将被诉"非诚勿扰"标识与"江苏卫视"台标、"途牛""韩束"

等品牌标识并列进行宣传，在再审审查程序中提交的证据表明江苏电视台曾就该标识的使用向华谊公司谋求商标授权，这均直接反映江苏电视台主观上亦存在将被诉标识作为识别来源的商标使用、作为品牌而进行维护的意愿。因此，江苏电视台仅以“非诚勿扰”属于节目名称、同时标注台标明晰来源为由，否认相关行为属于商标性使用，不能成立。

二、关于服务类似的问题

本案与普通商标侵权纠纷不同之处在于，电视节目往往需要反映现实生活领域活动，因此电视节目将不可避免地涉及现实生活的方方面面。故在判断是否构成相同或类似服务时，并不像传统的商标侵权纠纷那样简单清晰、一目了然。在对此类跨领域的服务是否构成类似服务时，如果仅仅因为存在某些要素，就认定其与相关服务相同或类似，事实上也不符合商标司法解释所规定的，从服务的目的、内容、方式、对象等方面是否相同，相关公众是否一般认为存在特定联系，容易造成混淆等方面进行综合判断的要求。而且，本案类似服务的判断还需要考量相关判断结果对行业的影响。作为大众传媒的广播电视行业本身负有宣传正确的价值观、寓教于乐等公众文化服务职责，其不可避免地要对现实生活有关题材进行创作升华，如果仅仅因为节目题材有所涉及就简单当然地将之视为相同或类似服务，显然将大大限制其创作范围，不利于该文化产业的发展。据此，对于此类节目是否与相关服务相同或类似，不能仅看其题材或表现形式来简单判定，应当根据商标在商业流通中发挥识别作用的本质，结合相关服务的目的、内容、方式、对象等方面情况并综合相关公众的一般认识，进行综合考量。本案中，被诉《非诚勿扰》节目系一档以相亲、交友为题材的电视文娱节目，其借助相亲、交友场景中现代未婚男女的言行举止，结合现场点评嘉宾及主持人的评论及引导，通过剪辑编排成电视节目予以播放，使社会公众在娱乐、放松、休闲的同时，了解当今社会交友现象及相关价值观念，引导树立健康向上的婚恋观与人生观。其服务目的在于向社会公众提供旨在娱乐、消遣的文化娱乐节目，凭节目的收视率与关注度获取广告赞助等经济收入；服务的内容和方式为通过电视广播这一特定渠道和大众传媒方式向社会提供和传播文娱节目；服务对象是不特定的广大电视观众等，以上均与满足特定个人的婚配需求、通过提供促成婚恋配对的中介服务来获取经济收入的“婚姻介绍、交友”服务不相同不类似，相关公众能够清晰区分电视节目和现实生活中的交友服务，不构成混淆。

三、关于商标相似及司法保护力度问题

正确把握商标权的法律属性，根据商标用于区别商品或服务来源的核心功能，合理确定商标权的保护范围。对于不损害商标识别功能的行为，商标法不予禁止，司法中也不会认定商标侵权。因此，商标近似与否的判断，以及商标权保护范围和保护强度，均与商标的显著性和知名度紧密相关。以上理念，不仅符合商标法立法宗旨，也在最高人民法院历年出台的司法政策中有所体现。如2009年《最高人民法院关于贯彻实施国家知识产权战略若干问题的意见》（法发〔2009〕16号）就明确指出："合理界定商标权的范围，根据商标的显著性程度、知名度大小等确定保护强度和范围，准确认定商标侵权判定中的商品类似、商标近似和误导性后果。"同年出台的《最高人民法院关于当前经济形势下知识产权审判服务大局若干问题的意见》（法发〔2009〕23号）也要求："认定商品类似和商标近似要考虑请求保护的注册商标的显著程度和市场知名度，对于显著性越强和市场知名度越高的注册商标，给予其范围越宽和强度越大的保护，以激励市场竞争的优胜者，净化市场环境，遏制不正当搭车、模仿行为。"而在2016年7月最高人民法院陶凯元副院长在全国法院知识产权审判工作座谈会上提出"司法主导、严格保护、分类施策、比例协调"十六字知识产权司法保护政策时，在"比例协调"的阐述中强调："坚持比例协调，使知识产权保护范围和强度与其创新和贡献程度相协调……实现权利人利益与他人合法权益以及社会公众利益、国家利益的均衡发展。……在商业标识领域，要妥善运用商标近似、商品类似、混淆、不正当手段等弹性因素，考虑市场实际，使商标权保护的强度与商标的显著程度、知名度等相适应。"以上，均完整阐述了合理确定商标权的保护范围、特别是禁用权范围，鼓励促进自主品牌诚信发展、拒绝抢注商标"打擦边球"的司法政策。

具体到本案，被诉标识的两种形态"非诚勿扰"及非诚勿扰与金阿欢的注册商标非诚勿擾相比，并非相同标识。因此本案涉及的是商标禁用权的范围，这便需要考虑注册商标的显著性和知名度，在确定注册商标权利及保护范围的基础上来判断是否使相关公众混淆误认。本案中，金阿欢涉案注册商标中的"非诚勿扰"文字本系商贸活动中的常见词汇，用于婚姻介绍服务领域显著性较低，其亦未经过金阿欢长期、大量的使用而获得后天的显著性。故本案对该注册商标的保护范围和保护强度，应与金阿欢对该商标的显著性和知名度所作出的贡献相符。反观被诉《非诚勿扰》节目，其将"非诚勿扰"作为相亲、交

友题材节目的名称具有一定合理性，经过长期热播，作为娱乐、消遣的综艺性文娱电视节目为公众所熟知。即使被诉节目涉及交友方面的内容，相关公众也能够对该服务来源作出清晰区分，不会产生两者误认和混淆。既然相关被诉标识的使用不对注册商标的识别功能造成损害，不为商标法所禁止，则不构成商标侵权。故法院作出了驳回金阿欢诉讼请求的判决。

该案既对此类涉电视节目名称案件的审理树立了良好示范效果，也生动演绎了知识产权司法保护力度与创新程度相适应的“比例协调”司法政策，在维护保障商标权人正当权益、合理维护广播电视行业的创作空间和热情，以及促进文化产业的繁荣和发展之间取得最佳平衡。

（**一审法院合议庭成员** 羊大雄 张湖清 王希乔
二审法院合议庭成员 于春辉 费 晓 杨馥维
再审法院合议庭成员 徐春建 邱永清 肖海棠
编写人 广东省高级人民法院 张胤岩
责任编辑 宋建宝
审稿人 林广海）

美国3M公司诉上海源嘉塑胶有限公司等侵害发明专利权纠纷案

——对专利等同侵权判定中功能与效果的评价体系研究

关键词：知识产权　发明专利　等同侵权　功能　效果

【裁判要旨】

在专利等同侵权判定中，对“功能”的评价，应当全面审视专利技术的实施领域与操作过程，结合相关产品或部件的工业设计用途，一方面要剔除非专利性功能，另一方面要注意将隐性专利功能与显性专利功能一同纳入功能评价体系；对“效果”的分析判断可采用“质量、效率、经济性三维评测法”，即系争技术特征对涉案专利整体技术方案及专利产品或对应功能及部件的产出质量、产出效率及经济性等任一维度具有实质性影响的所有因素，都应纳入效果评价范围。此外，从上述不同维度产生的技术效果有升有降的特殊情形并不影响技术效果是否基本相同的总体判断。

【相关法条】

《最高人民法院关于审理专利纠纷案件适用法律问题的若干规定》第十七条第二款　等同特征，是指与所记载的技术特征以基本相同的手段，实现基本相同的功能，达到基本相同的效果，并且本领域普通技术人员在被诉侵权行为发生时无需经过创造性劳动就能够联想到的特征。

【案件索引】

一审：上海知识产权法院（2015）沪知民初字第323号（2016年8月30日）

二审：上海市高级人民法院（2016）沪民终459号（2018年8月8日）

【基本案情】

原告（上诉人）美国3M公司诉称：3M公司是工业领域全球知名的“喷洒液体用的喷枪”发明的专利权人。被告（被上诉人）上海源嘉塑胶有限公司为上海一家从事塑料制品生产的企业。原告发现被告生产的一种用于喷枪的塑料内衬落入涉案专利的保护范围，遂以侵害发明专利权为由将该公司及其关联人诉至法院，请求判令被告停止侵权并赔偿经济损失及合理费用共计人民币500万元。

被告（被上诉人）上海源嘉公司辩称：其被控侵权产品的技术特征并不落入涉案专利的保护范围。涉案专利权利要求对系争杯型内衬的技术特征描述如下：所述“内衬形状”与“流体槽内壁”之间在外形上需要“形状一致”，且前者放入后者所实现的技术效果应为互相“紧密贴合”；而被控侵权产品在内衬上沿下方约1厘米处采用了内缩约0.5毫米的阶梯过渡设计（技术特征比对图附后）。本案主要争议焦点为该阶梯过渡设计与上述“形状一致、紧密贴合”的技术特征是否相同以及等同。

法院经审理查明：原告系名称为“喷洒液体用的喷枪”的发明专利权人，该项专利目前仍处于有效状态，任何单位或个人未经原告许可，不得实施其专利，即不得为生产经营目的制造、使用、许诺销售、销售、进口其专利产品。

原告专利权利要求1明确记载该专利的主题为一种喷洒液体用的喷枪，又根据专利说明书“本发明还涉及喷洒液体用的器械（例如，喷枪），尤其是这种器械的液体容器或贮罐”可知，原告专利发明涉及喷枪及喷枪的容器或贮罐，故原告涉案专利权的保护范围应当包括喷枪。而原告所称的使用环境特征是指权利要求中用来描述发明所使用的背景或者条件的技术特征，本案中，原告专利中的喷枪即为原告专利的发明内容，其并非涉案专利发明所使用的背景或条件，故喷枪并非是使用环境特征。

将被控侵权产品与原告专利权利要求8比对：（1）被控侵权产品的外杯对应于原告专利的流体槽，内杯对应于原告专利的内衬，被控侵权产品外杯、内杯的相应技术特征与原告专利“一流体槽”“一可卸且可被折叠的内衬”以及权利要求8限定部分记载的技术特征相同。（2）被控侵权产品本身不具有喷嘴，但喷枪具有喷嘴，故只有被控侵权产品与喷枪配合使用时，才具备原告专利“一分配来自该内衬里的流体的喷嘴”的技术特征。同时，被控侵权产品与喷枪配合使用时，具备原告专利“在该喷枪操作期间，当流体从该内衬里排出时该内衬就折叠起来”的技术特征。（3）被控侵权产品的内杯因内、外壁在靠近开口处各有一阶梯过渡，而被控侵权产品的外杯内壁是光滑的，故在向该内杯注入流体之前其形状与外杯内壁的形状不一致，从而导致内杯的大部分外壁与外杯内壁之间存在间隙，无法紧密贴合于外杯的内壁上，故就这一技术特征与原告专利“在向该内衬里注入流体之前它的形状与该槽的内壁的形状一致，它紧密贴合于该槽的内壁上”的技术特征不相同。

同理，虽然被控侵权产品的相应技术特征与原告专利权利要求9、10、11限定部分记载的技术特征相同，在被控侵权产品与喷枪配合使用时具备原告专利权利要求12限定部分记载的技术特征，但因原告专利权利要求9、10、11、12引用了权利要求8，故在被控侵权产品未落入原告专利权利要求8的保护范围的情况下，其自然亦未落入权利要求9、10、11、12的保护范围。

【裁判结果】

上海知识产权法院经审查认定，被控侵权产品的技术特征并不落入涉案发明专利保护范围，于2016年8月30日作出上海知识产权法院（2015）沪知民初字第323号民事判决：驳回3M公司的全部诉请。

二审中，上海市高级人民法院对案件争议焦点重新进行了梳理，将审理重点放在是否构成相同侵权、是否构成等同侵权、是否可适用禁止反悔原则等问题，最终认定被控侵权产品不落入涉案发明专利保护范围，并据此作出上海市高级人民法院（2016）沪民终459号民事判决：驳回上诉，维持原判。

【裁判理由】

法院生效裁判认为：关于被控侵权产品是否具有“形状一致、紧密贴合”的技术特征，该争议焦点可分为两个问题分别阐述，即被控侵权产品所采用的“阶梯过渡”技术特征与涉案专利“形状一致、紧密贴合”技术特征两者是否相同，以及两者是否等同。

（一）关于两者是否相同。根据涉案专利权利要求的字面意思理解，所述“内衬形状”与“流体槽内壁”之间在外形上需要“形状一致”，且前者放入后者所实现的技术效果应互相“紧密贴合”。按照通常理解，该“形状一致、紧密贴合”所对应的外部结构应在视觉效果上符合两个特点：一是两者形状上不存在明显差异以符合“一致性”要求，二是内衬放入流体槽后内衬与流体槽内壁之间不存在明显空隙以符合“紧密贴合”要求。根据涉案专利说明书及附图，可进一步印证上述对“形状一致、紧密贴合”技术特征的理解。具体而言，根据涉案专利说明书描述，“该内衬无褶、波纹”，而被控侵权产品的“阶梯过渡”设计产生了明显可见的一道褶或波纹；再根据说明书附图，可发现内衬的外壁应为一条从上至下的直线，且内衬放入流体槽后内衬与流体槽内壁之间并无间隙，而被控侵权产品的“阶梯过渡”设计导致前述纵向“直线”变为了“阶梯过渡”之处的非直线，以及内衬与流体槽内壁之间在“阶梯过渡”处以下部分的明显间隙。因此，结合说明书与附图，从字面意思理解，被控侵权产品所采用的“阶梯过渡”技术特征与涉案专利“形状一致、紧密贴合”技术特征两者并不相同。

（二）关于两者是否等同。根据《最高人民法院关于审理专利纠纷案件适用法律问题的若干规定》第十七条，等同特征是指与所记载的技术特征以基本相同的手段，实现基本相同的功能，达到基本相同的效果，并且本领域普通技术人员在被诉侵权行为发生时无需经过创造性劳动就能够联想到的特征。因此，构成等同特征需同时满足该条所规定的手段基本相同、功能基本相同、效果基本相同以及“无创造性劳动即可联想到”（以下简称“显而易见性”）等四个要件。本案中，对该四要件的分析具体阐述如下：

1. “阶梯过渡”设计是否具有基本相同的手段、功能及效果。如果仅从内衬与流体槽相互配合使用角度来看，由于“阶梯过渡”处内缩半径仅为0.5毫米左右，该内缩设计对于内衬放入流体槽的便利程度、相互之间的匹配程度、放置后盛满流体状态下的稳定性与可操作性、内衬容量、模具设计、制造成本等因素并无实质性影响，换言之，该“阶梯过渡”设计与“形状一致、紧密贴合”的技术特征两者在前述手段、功能及效果上并无实质性差异。但是，如果从内衬作为喷枪部件本身叠加存放这一功能角度来看，由于“阶梯过渡”处位于内衬上沿下方约1厘米水平切线上，该设计可使多个内衬叠加存放时相邻内衬之间相应存有约1厘米间隔，与涉案专利所述内衬叠加存放状态下相邻内衬之间的极小间隔相比较，该1厘米间隔进而可产生以下技术效果：一是操作者使用喷枪过程中在拿取内衬时可快速便捷地使用拇指与食指抽拉，二是操作者在确定所需内衬数量时可快速便捷地通过目测确定相应数量，三是由于前述约1厘米间隔所导致的单位体积内可存放内衬数量的大幅减少以及因此而可能产生的其他诸如运输、仓储成本增加等不利因素。上述三个技术效果中，虽然前两个技术效果为积极正面的，而后一个技术效果为消极负面的，但这种技术效果有升有降的情形并不影响“阶梯过渡”与“形状一致、紧密贴合”两者在技术效果上存有实质性差异的判断。此外，上述“叠加存放”虽与涉案专利权利要求所描述的技术特征没有直接对应关系，但结合说明书与附图以及被控侵权产品的实际情况，该“叠加存放”功能并未脱离涉案专利所述内衬的工业设计用途，应属内衬的固有功能，且该固有功能对于实践中操作者使用涉案专利所述喷枪的作业效率以及内衬在物流与存储等方面的经济性有实质性影响，故应纳入《最高人民法院关于审理专利纠纷案件适用法律问题的若干规定》第十七条规定的“功能”的评价范围。因此，综合以上两个角度而言，被控侵权产品所使用的“阶梯过渡”设计与涉案专利“形状一致、紧密贴合”的技术特征并不符合“效果基本相同”的要件。

2. “阶梯过渡”设计是否符合“显而易见性”要件。被控侵权产品“阶梯过渡”设计在工业设计中已较为常见，且出现时间较早，加之本身仅是内衬几何形状的简单变化，属于杯形塑料品制造领域“普通技术人员在被诉侵权行为发生时无需经过创造性劳动就能够联想到的特征”，故符合“显而易见性”要件。一审法院认为“被控侵权产品这一技术方案的变换，对于本领域普通技术人员而言，在阅读原告涉案专利权利要求和说明书后也是无法直接联想到的”，该观点缺乏事实依据，二审法院对其予以纠正。

综上两点，由于“效果基本相同”要件得不到满足，被控侵权产品所使用的“阶梯过渡”设计与涉案专利“形状一致、紧密贴合”的技术特征两者不构成等同。

【案例注解】

等同侵权判定是专利审判中的老大难问题。虽然专利法司法解释提供了“三基本”加“显而易见性”的公式化裁判思路，但因该条款中基本概念高度抽象，主观性强，在具体案件中如何适用，常有分歧，而分歧的深层次原因之一则在于对“三基本”所涉手段、功能、效果及之间内在逻辑关系的理解各有差异。本案对如何确定其中“功能”与“效果”这两大核心因素的评价体系进行了积极探索，对于司法实务中如何准确理解并适用等同原则具有一定参考价值。

一、对手段、功能与效果概念的理解

“三基本”所涉手段、功能与效果这三大基本要素，来源于美国法院司法

实践,[①] 而非成文法律,[②] 即通过何种路径、实现何种功能、产生何种结果。该三步法是从不同维度或侧面去理解专利权利要求与被控侵权技术特征之间各种细微差异的一种方法与步骤，对于分解细化问题、厘清思路虽具有一定积极意义，但究其本质，仅是将一个棘手的大问题拆解为三个并不容易解决甚至同样麻烦的小问题，而问题本身能否得到圆满解决则难下定论。[③] 有鉴于此，美国专利法理论界与实务界对等同侵权判定三步法均持有一定程度的怀疑与批判态度。[④]

但无论如何，三步法已被我国专利法司法解释吸收采纳，过多讨论其是否科学合理无助于解决实务问题。因此，面对等同侵权判定，司法者的首要任务是准确理解手段、功能及效果这三大要素的内在本质以及相互之间的逻辑关系，这是准确适用等同原则的基础和前提。本文结合3M公司诉上海源嘉塑胶有限公司等侵害发明专利权纠纷一案[⑤]试对这三大要素分别予以阐述。

（一）手段。相较于功能和效果，手段似乎更为静态、稳定与客观，其本质是权利要求所描述的某项技术特征（功能性技术特征不在本文讨论之内）所对应的外部表征，是三基本逻辑推理的起点。根据美国专利法相关规定，手段的具体表现形式可分为结构、物质及运行过程。[⑥] 以本案所涉机械类发明专利为例，在表现形式上，手段可包括几何结构、三维特征、连接关系、所处位置、相互比例、软硬程度、互动机制等方面；在用词上，手段在多数情况下可与方式、方法、方案、路径等概念通用；从理解角度看，手段就是抽象化的权利要求文字表述转化为具象化的即人脑所意识和感知的具体形态或状态，该理解过程与权利要求起草者的思维及书写过程互为镜像，或者说前者是后者的反向操作。因此，准确理解手段就是准确理解权利要求表述，而准确理解权利要求则离不开说明书与附图的辅助以及阅读者本人对相关领域的整体知识结构与

---

① The United States Supreme Court decision in Winans v. Denmead, 56 U. S. 330 (1853).

② U. S. Code, Title 35, Part III, Chapter 28, § 271, Infringement of patent.

③ Texas Instruments, Inc. v. U. S. Int'l Trade Comm'n, 805 F. 2d 1558, 1569 (Fed. Cir. 1986).

④ A Normative and Positive Analysis of the Scope of the Doctrine of Equivalents, by Kurt L. Glitzenstein, Harvard Journal of Law & Technology, Volume 7, Number 2, 1994; Principles of Patent Law, third edition, Chapter 8 Infringement, Page 906, by Donald S. Chisum, Craig Allen Nard, Herbert F. Schwartz, Pauline Newman, and F. Scott Kieff, published by New York Foundation Press, 2004.

⑤ 上海市高级人民法院（2016）沪民终459号民事判决书（2018年8月8日）。

⑥ 35 U. S. Code § 112, Specification, (f) Element in Claim for a Combination: An element in a claim for a combination may be expressed as a means or step for performing a specified function without the recital of structure, material, or acts in support thereof, and such claim shall be construed to cover the corresponding structure, material, or acts described in the specification and equivalents thereof.

信息储备。

本案中，涉案权利要求所述技术特征为内衬与流体槽“形状一致、紧密贴合”。要准确理解与该特征所对应的手段，仔细阅读说明书与附图是至关重要的一环。根据说明书与附图，形状一致所产生的几何或三维状态应该是内衬纵向杯壁上无褶皱、呈直线，而紧密贴合所对应的几何或三维状态则是内衬与流体槽相互匹配、相互接触。但被控侵权产品所采用的阶梯过渡所对应的几何特征则是一道向内的波褶以及因此而产生的内衬与流体槽之间的间隙。因此，从字面上理解，两者的差异是显而易见的，故两者无法构成相同技术特征。但从等同判定角度看，两者在手段上是否基本相同则是区别于字面判断的另一问题，需在不受字面差异干扰情况下单独进行评价。该评价应包括两个方面：一是被控侵权产品所采用的字面上的不同手段与权利要求所描述的技术手段，从技术角度而言是否基本相同或本质未变；二是如果基本相同，那么相应的非基本性差异是否显而易见，即本案中的阶梯过渡设计是否属于杯形塑料品制造领域“普通技术人员在被诉侵权行为发生时无需经过创造性劳动就能够联想到的特征”。[①] 对于问题一，结论应是两种手段基本相同，理由是被控侵权产品内缩0.5毫米的技术处理相对于内衬整体尺寸来说是个很微小的变化，且内衬与流体槽相互之间的套嵌结构也未发生实质性改变。对于问题二，一审法院认为阶梯过渡缺乏显而易见性。但二审法院在充分调研评议基础上，得出了不同意见。[②]

此处，值得一提的是，本案中显而易见性的逻辑切入点应紧跟技术手段的判断，而非三基本整体判断之后。因为，显而易见或者容易联想的对象应该是一种客观存在的技术方案或方法，即技术手段，而不应夹杂比手段更上位概念以及含有更多主观性评价因素的功能与效果。换言之，本案中，法院仅需考虑，对于杯型塑料制品的普通技术人员而言，阶梯过渡设计本身是否容易联想到，而不必考虑该设计对功能（如叠加存放）和效果（如抽拉与目测数量便利性及存储物流效率变化）的影响是否容易联想到。因为从事实角度看，该

---

① 《最高人民法院关于审理专利纠纷案件适用法律问题的若干规定》第十七条。

② 二审法院认为：被控侵权产品“阶梯过渡”设计在工业设计中已较为常见，且出现时间较早，加之本身仅是内衬几何形状的简单变化，属于杯形塑料品制造领域“普通技术人员在被诉侵权行为发生时无需经过创造性劳动就能够联想到的特征”，故符合“显而易见性”要件。一审法院认为“被控侵权产品这一技术方案的变换，对于本领域普通技术人员而言，在阅读原告涉案专利权利要求和说明书后也是无法直接联想到的”，该观点缺乏事实依据，二审法院对其予以纠正。

内衬设计者设计阶梯过度特征的目的可能并非为了实现前述功能、达到前述效果，而纯粹是为了避让涉案专利权利要求的保护范围。换言之，《最高人民法院关于审理专利纠纷案件适用法律问题的若干规定》第十七条项下普通技术人员所联想的对象是技术特征，即手段，而非该特征所承载或随之而产生的功能及效果。

（二）功能。从字面意思理解，功能意指事物或方法所发挥的有利作用。对应英文单词 Function 的《布莱克法律辞典》解释是“通过某种手段正确调节而产生的特定结果”。[①] 如果以“作用”来定义功能的话，实属同一层面的概念替换，即循环定义，故难以起到真正细化、解释、说明的作用；而英文法律辞典中“手段—调节—结果”的三段式定义也难以细致说明功能在专利等同侵权判定过程中的准确含义。此外，我国专利法司法解释并未对功能给予详细解释。美国司法实践中，联邦巡回法院在 Hill－rom Company，Inc. v. Kinetic Concepts，Inc. & Kci Therapeutic Services，Inc. 一案中对功能概念进行过讨论，认为对功能的解释不能局限于权利要求明确提及的那些内容，还应考虑某一技术用语所暗含的固有功能。[②] 而我国司法实务中，多数可能认为十七条项下的“功能”作为一法律术语其含义是底层的、基础的、明确并易于理解的，故无需进一步解释，但事实并非如此。从本文讨论案例来看，涉案“形状一致、紧密贴合”技术特征或手段所对应的“功能”并非那么显而易见，不言自明，恰恰相反，如何界定功能是该案中的核心问题，且易产生分歧。

如果深入法院论证部分的逻辑线条，可发现前述“形状一致、紧密贴合”可对应两项相互独立的功能：一是内衬与流体槽之间因形状一致而产生的相互套嵌功能，二是因内衬本身几何特点而产生的叠加存放功能。由于权利要求及说明书与附图对内衬与流体槽的相互套嵌进行了直接演示及说明，且“紧密贴合”技术特征这一文字表述也暗含了相互套嵌的物理结构关系，因此功能一更为显性，且与权利要求及说明书与附图有直接的对应关系。反观功能二，

---

① Black's Law Dictionary，2nd Ed. FUNCTION：Office；duty；fulfillment of a definite end or set of ends by the correct adjustment of means.

② Hill－rom Company，Inc.，Plaintiff－appellant，v. Kinetic Concepts，Inc. and Kci Therapeutic Services，Inc.，Defendants－cross Appellants，209 F. 3d 1337（Fed. Cir. 2000），“…Because the term“cushion，”as construed by the district court，carries with it certain functional features as a matter of the definition of the term，equivalence cannot be measured by reference only to the functions expressly set forth in claim 10，while ignoring the functional elements inherent in the term‘cushion’…”

涉案权利要求及说明书与附图对该项功能只字未提，也未提供任何暗示，因此该项功能与涉案权利要求缺乏前述对应性。此处产生了容易导致分歧的深层次问题，即缺乏该种对应性的功能能否纳入等同侵权判定的评价范围。该问题暂且不表，留待后文详述。

综上，对于机械类发明专利而言，本文结合案例试对功能作如下定义：功能意指通过某种技术手段的存在、运行、调节或作用，继而形成、导致或产生的可促进涉案专利技术方案实施的各种客观功效，无论该功效与权利要求及说明书和附图有无对应关系。

（三）效果。在美国法院审理的等同侵权判定有关案件中，与我国司法解释用词“效果”所对应的单词是“Result（结果）”。[①] 效果与结果的意思虽较为接近，但效果明显含有更多价值评判性质，其内涵更大，维度更广，主观性更强。从法律解释角度，所谓效果可理解为通过权利要求所描述的某种技术手段实现某种功能最终所达到的技术效果。因此，效果通常必须结合并锁定某种特定功能来认定，或者说必须与在先认定的功能一一对应，故效果是功能的上位概念，而功能则是效果的基础和前提，效果比功能更为抽象，功能则比效果更为具象。但另一方面，对于机械类工业品而言，任何一种设计上的变化（即手段的变化），无论是否会导致功能的变化，或多或少都会直接对生产成本和周期产生正面或负面影响。因此，不同的技术手段往往会产生不同的经济效果，而这种影响从逻辑上是完全可以跨越功能这个环节的，也就是说，某些情况下对效果的判断会独立于对功能的评价，或者说，效果的评判对象不再是功能，而直接是手段或技术特征本身。

结合本案来看，要分析涉案技术手段与被控侵权产品各自的技术效果，首先应紧紧围绕上述内衬与流体槽的“相互套嵌功能”和内衬本身的“叠加存放功能”，分别予以考量。关于功能一，根据二审法院判决，在评价对应技术效果时应考虑内衬放入流体槽的便利程度、相互之间的匹配程度、放置后盛满流体状态下的稳定性与可操作性、内衬容量等因素；而关于功能二的技术效果，法院则需考虑内衬抽取、数量测算及存储与物流等方面的便利性。此外，

① Winans v. Denmead，56 U. S. 330（1853）；Graver Tank & Manufacturing Co. v. Linde Air Products Co.，339 U. S. 605（1950）；Warner Jenkinson Co.，Inc. v. Hilton Davis Chemical Co.（95 – 728），520 U. S. 17（1997）；Honeywell International，Inc. v. Hamilton Sunstrand Corp.，No. 02 – 1005（Fed. Cir. June 2，2004）.

从上述生产成本与周期角度，法院还专门考虑到了内衬的模具设计与制造成本等因素。

综上，本文结合案例分析试对效果进行更为细化的定义，即效果意指从与涉案专利技术方案实施及专利产品生产经营有实质关联的各种角度，就系争技术特征对整体技术方案或对应功能的产出质效与内在经济性的影响，进行综合评价的结果。

二、关于功能与效果的评价体系

（一）关于功能的评价体系。还是以机械类专利为例进行分析，某一技术特征或手段所产生的功能可以是丰富多样的，故可理解为一个功能集群。在这个集群当中，哪些功能应置于等同侵权判定的评价范围之内，哪些必须予以排除，是判断功能是否基本相同的基础，而划分的前提当然是需对这些不同功能进行科学划分。

就第一层面划分而言，可视其与专利整体技术方案有无实质性关联，进而将集群分为与整体技术方案有关的功能（以下简称“专利性功能”）以及与此无关的功能（以下简称“非专利性功能”）两大类。从涉案专利技术领域角度分析，专利性功能通常应指向系争技术特征所对应产品或部件的工业设计用途，而非专利性功能则往往不属于该设计用途。以本案为例，系争技术特征为“形状一致、紧密贴合”的塑料内衬，所述内衬除了产生上述“相互套嵌”与“叠加存放”两大专利性功能之外，作为一杯型塑料内衬，还可当作喝饮料的杯子、盛放食物的器具、放置文具的笔筒、保护器物一端的保护套等等，其功能可谓不胜枚举。但这些功能与涉案发明专利即喷枪均无实质性关联，故不能纳入功能是否基本相同的评价范围。对此，无论从理论还是实务角度看，将非专利性功能排除在评价体系之外，均无任何分歧，但难点在于下文所述的第二层面划分。

就第二层面的划分而言，专利性功能可进一步细分，即以与权利要求及说明书和附图有无对应关系为尺度，可将专利性功能再细分为：（A）与权利要求及说明书和附图描述有直接对应关系的功能（以下简称“显性专利功能”）和（B）没有该对应性的功能（以下简称“隐性专利功能”），前者具有显著性、直接性，而后者相对隐秘、间接。本案中，二审法院对涉案专利所述内衬的功能据此进行了划分，即将其分为作为显性专利功能的套嵌功能与作为隐性专利功能的叠加存放功能，并明确指出该叠加存放功能并未脱离权利要求所述内衬的工业设计用途，且与涉案专利喷枪的作业过程具有实质性关联，故一视同仁地将其纳入了功能的评价范围。结合本案来看，隐性专利功能由于缺乏与专利文献本身的直接对应关系，故实务中极易忽视遗漏。应对办法无他，只能是全方位、系统性地对专利技术方案的实施环境与操作过程逐一进行地毯式、无死角、画面式还原，从而全面、细致、深入理解到各阶段、各环节、各细节，以防疏漏。

从专利法的立法本意、利益平衡原则以及专利法司法解释的制定背景来看，似乎均无理由将隐性专利功能排除在评价体系之外。再者，从法经济学角度看，专利作为一种经济要素，其内含的功能，无论显性隐性，只要与涉案专利技术方案的实施有关，都毫无疑问地事关该无形资产的内在经济或商业价值，且隐性显性对其市场价值并无实质性影响，因此更是有充分理由将隐性专利功能置于功能评价体系之内。当然，此处需要澄清的是，将隐性专利功能纳入评价体系，并不意味着可将被控侵权产品某一区别技术特征所产生的额外功能纳入评价范围，这是完全不同的两个问题。关于后者，已有相关案例可资参考，此处不再赘述。① 需要指出的是，本案中内衬叠加存放功能并非被控侵权产品所独有或额外具有的功能，涉案专利所述内衬同样具有此项功能，只是有无阶梯过渡设计导致两者在抽拉、数量测算及物流仓储等方面效果存有差异而已。

此处暂作一小结：对于涉案专利与被诉侵权产品某一对应技术特征所产生的诸多功能而言，首先应将非专利功能排除在评价体系之外，其次应在专利功能中仔细甄别出隐性专利功能，并将其与显性专利功能一同纳入等同侵权判定中的功能评价体系。

（二）关于效果的评价体系。纵观中外专利法有关法律条文，成文法目前

---

① Miles Laboratories, Inc. & Triangle Biomedical Equipment, Inc. v. Shandon Inc. &Shandon Southern Products Limited, 997 F. 2d 870 (Fed. Cir. 1993) "…The limitations and functions of the invention in the claims, not the elements or functions of the accused device, establish the reference point for the doctrine of equivalents. Insta – Foam, 906 F. 2d at 702. Infringement under the doctrine does not vanish merely because the accused device performs functions in addition to those performed by the claimed device. Id. Regardless of separation into modules, Shandon's system is still a "completely automatic system for allowing light microscopy tissue to be processed under a completely automatic sequence in an entirely closed system and without requiring substantial movement of the specimens." See Miles I, slip op. at 3 – 4. Thus, the HYPERCENTERs achieved substantially the same result as the '073 patent…"

并未就等同侵权判定过程中如何评价技术效果提供任何具体方法、步骤或思路，而司法案例中关于此问题也鲜有提及，更缺乏系统性研究。故本文试图结合案例分析就此问题作一探索。

评价一技术方案的优劣，无论该技术方案如何庞杂或精巧，也无论其最终目的如何、适用于哪一行业，归根结底，该评价所持的价值体系都应当与该技术方案的市场价值相契合。唯有如此，才能透过复杂现象直通本质。换言之，从相关行业内合理第三人角度来看，其在相同交易条件下，面对诉中两套技术方案，在必选其一的购买决策过程中所考虑的所有合理因素都应纳入效果的评价范围。此处所言合理因素当然应排除与技术方案本身无关的因素，如关联交易、利益冲突以及其因个人喜好产生的审美因素等。遵循这一思路，根据笔者所积累的司法经验与感悟，有关效果的评价体系至少应包括以下三方面：一是涉案系争技术特征对整体专利技术方案或对应具体功能产出质量的影响（质量维度），二是对其产出效率的影响（效率维度），三是对其经济性的影响（经济维度）。用通俗语言来说，便是两者相较，彼方案是否比此方案更好、更快、更省钱，或者更差、更慢、更费钱。

以本案为例，二审判决中所提及的内衬放入流体槽的便利程度、相互之间的匹配程度、放置后盛满流体状态下的稳定性与可操作性等因素均是涉及喷枪技术方案产出质量的因素，故可归入质量维度的范畴；而内衬容量、内衬叠加存放时抽拉与数量测算的便利性等则是与喷枪技术方案实施的效率有关，故可归入效率维度的范畴；至于模具设计、制造成本以及运输仓储成本等因素，则是独立于喷枪技术方案本身产出质量与效率的经济维度。关于上述三大维度，还可进一步细化评述如下。

1. 质量维度。该维度应指系争技术特征对整体技术方案或该项特征所对应功能通过实施或运行所产出结果的评价维度，包括品质、稳定性、优良率、耐用性、单位能耗、环保性、操作舒适度与便捷性等一系列可影响该技术方案市场定价的因素。因此，质量维度是三大维度中因素最多、情况最复杂、判断难度最高的维度，需在个案中反复斟酌，仔细思量。

2. 效率维度。该维度应指系争技术特征对于实施涉案专利技术方案所耗费时间的评价维度。换言之，效率维度评价需要考量的是，对于相关行业内一普通操作者来说，就相同产出数量而言，采用被控技术特征是否比使用相对应的专利技术特征更快或更慢。当然，这种时间上的差异应当是显著的，否则仍应认定为第十七条项下的“基本相同”。与质量维度相比，效率维度的核心因素只有时间或快慢，锁定了技术方案或相关功能实施的前前后后、方方面面与细枝末节，效率维度评价便迎刃而解，故判断的难度系数相对较低。

3. 经济维度。该维度具有兜底性质，因为前述质量与效率因素毫无疑问同样具有直接影响市场定价的经济属性，故此处所谓经济维度的评价对象应特指系争技术特征对那些所有独立于上述质量因素与效率因素、与涉案技术方案实施并无物理上的直接关联、但对技术方案本身的市场价值仍具有实质性影响的其他所有因素，故可称之为统筹质量与效率因素之外其他经济性因素的概括性范畴。对于机械类专利而言，专利产品的生产周期、生产工艺、流程、模具、原材料、加工成本、质量检验及仓储物流等都是可纳入经济维度考量的具体方面。

（三）对技术效果有升有降的司法评价。由于采取了质量、效率及经济性等三大不同维度的评价体系，评价结果出现有升有降的情形并不意外，本案就属一例。对于该情形，应作何种司法评价，值得探讨。本案中，阶梯过渡设计产生的三种技术效果中，其中内衬抽拉与目测数量的便利性属于积极正面的技术效果提升，而内衬仓储物流经济性下降则属消极负面的技术效果下降。但二审法院并未回避该问题，而是直接作出了“该技术效果有升有降的情形并不影响‘阶梯过渡’与‘形状一致、紧密贴合’两者在技术效果上存有实质性差异”的判断。从司法解释第十七条的字面意思以及专利等同侵权判定理论的实践来看，法院需关注的核心问题应始终聚焦于某一特定技术特征对应的手段、功能及效果是否基本相同，而非对其进行综合评分与排序。因此，只要比对的两种技术效果不同，无论是纯粹的优化，还是单一的改劣，抑或是优化与改劣并存，均属“技术效果不同”的具体表现形式，故技术效果有升有降不应成为干扰法院判断的因素。

结　语

作为美国司法实践的成果，等同理论需根据专利司法保护实践的发展与时俱进。① 另一方面，不同法域也会根据自身情况各自发展出不同的判断标准与

① The Judicial Doctrine of Equivalents, by Darcy August Paul, Harvard Journal of Law & Technology, Volume 17, Number 1, 2003.

体系。[①] 本文所提出的"显性专利功能"与"隐性专利功能"划分理论以及对技术效果的"质量、效率、经济性三维评测法"来自于实务中根据个案对等同侵权判定具体适用的总结提炼，是否科学合理以及具有普适性，都有待于今后司法实践的进一步检验、调整和优化。本文权当抛砖引玉，希望能引起学界与实务界对该问题的进一步讨论研究。

（**一审法院合议庭成员** 徐燕华 杨馥宇 高卫萍
二审法院合议庭成员 马剑峰 徐卓斌 孔立明
编写人 上海市高级人民法院 孔立明
责任编辑 宋建宝
审稿人 李 剑）

① The Doctrine of Equivalents in Various Patent Regimes, by Nicholas Pumfrey, Martin J. Adelman, Shamnad Basheer, Raj S. Dave, Peter Meier – Beck, Yukio Nagasawa, Maximilian Rospatt, and Martin Sulsky, Yale Journal of Law and Technology, Volume 11, Jan. 1, 2009.

谢鑫与深圳市懒人在线科技有限公司、杭州创策科技有限公司等侵害作品信息网络传播权纠纷案

——制作、传播有声读物及其上游许可行为的著作权法定性

关键词：知识产权　有声读物　录音制品　信息网络传播

【裁判要旨】

1. 严格对照文字作品原文朗读形成的有声读物，没有改变文字作品的独创性表达，不构成改编作品，只是文字作品的复制件。

2. 未经许可而制作、通过信息网络交互式提供有声读物，构成对文字作品复制权和信息网络传播权的侵害；上游“授权方”不享有权利而授权他人实施受专有权利控制的行为，且行为实际发生的，所有上游授权方均构成侵权，承担连带责任。

【相关法条】

《中华人民共和国著作权法》第十条　著作权包括下列人身权和财产权：

（一）发表权，即决定作品是否公之于众的权利；

（二）署名权，即表明作者身份，在作品上署名的权利；

（三）修改权，即修改或者授权他人修改作品的权利；

（四）保护作品完整权，即保护作品不受歪曲、篡改的权利；

（五）复制权，即以印刷、复印、拓印、录音、录像、翻录、翻拍等方式将作品制作一份或者多份的权利；

（六）发行权，即以出售或者赠与方式向公众提供作品的原件或者复制件

的权利；

（七）出租权，即有偿许可他人临时使用电影作品和以类似摄制电影的方法创作的作品、计算机软件的权利，计算机软件不是出租的主要标的的除外；

（八）展览权，即公开陈列美术作品、摄影作品的原件或者复制件的权利；

（九）表演权，即公开表演作品，以及用各种手段公开播送作品的表演的权利；

（十）放映权，即通过放映机、幻灯机等技术设备公开再现美术、摄影、电影和以类似摄制电影的方法创作的作品等的权利；

（十一）广播权，即以无线方式公开广播或者传播作品，以有线传播或者转播的方式向公众传播广播的作品，以及通过扩音器或者其他传送符号、声音、图像的类似工具向公众传播广播的作品的权利；

（十二）信息网络传播权，即以有线或者无线方式向公众提供作品，使公众可以在其个人选定的时间和地点获得作品的权利；

（十三）摄制权，即以摄制电影或者以类似摄制电影的方法将作品固定在载体上的权利；

（十四）改编权，即改变作品，创作出具有独创性的新作品的权利；

（十五）翻译权，即将作品从一种语言文字转换成另一种语言文字的权利；

（十六）汇编权，即将作品或者作品的片段通过选择或者编排，汇集成新作品的权利；

（十七）应当由著作权人享有的其他权利。

著作权人可以许可他人行使前款第（五）项至第（十七）项规定的权利，并依照约定或者本法有关规定获得报酬。

著作权人可以全部或者部分转让本条第一款第（五）项至第（十七）项规定的权利，并依照约定或者本法有关规定获得报酬。

第二十七条 许可使用合同和转让合同中著作权人未明确许可、转让的权利，未经著作权人同意，另一方当事人不得行使。

第四十二条第一款 录音录像制作者对其制作的录音录像制品，享有许可他人复制、发行、出租、通过信息网络向公众传播并获得报酬的权利；权利的保护期为五十年，截止于该制品首次制作完成后第五十年的12月31日。

《中华人民共和国侵权责任法》第九条 教唆、帮助他人实施侵权行为的，应当与行为人承担连带责任。

教唆、帮助无民事行为能力人、限制民事行为能力人实施侵权行为的，应当承担侵权责任；该无民事行为能力人、限制民事行为能力人的监护人未尽到监护责任的，应当承担相应的责任。

【案件索引】

一审：浙江省杭州互联网法院（杭州铁路运输法院）（2017）浙8601民初354号（2017年6月19日）

二审：浙江省杭州市中级人民法院（2017）浙01民终5386号（2017年9月25日）

【基本案情】

原告（上诉人）谢鑫诉称：其享有《72变小女生》文字作品（以下简称涉案作品）著作权，后发现深圳市懒人在线科技有限公司（以下简称懒人公司）在其经营的“懒人听书”网，通过信息网络向公众提供涉案作品的有声读物。经沟通，懒人公司称其已经取得授权。谢鑫从懒人公司提交的文件中发现懒人公司是经过杭州创策科技有限公司（以下简称创策公司）、杭州思变科技有限公司（以下简称思变公司）、北京朝花夕拾文化发展有限公司（以下简称朝花夕拾公司）的层层授权后提供听书服务的。谢鑫遂以四公司为共同被告提起诉讼，认为四被告构成对其作品信息网络传播权的共同侵权，要求停止侵权，连带赔偿损失。

被告（被上诉人）懒人公司辩称：懒人公司系经朝花夕拾公司授权后使用涉案作品，已经尽到审查义务，在收到律师函后也已经停止了侵权行为。即使侵权成立，懒人公司也仅应承担较小责任。

被告（被上诉人）创策公司答辩称：其与谢鑫之间存在授权协议，可以对涉案作品进行改编，制作电子出版物等，并可转授权。因而创策公司有权许可他人制作有声读物和使用，不构成侵权。

被告（被上诉人）思变公司答辩称：思变公司与创策公司之间存在许可协议，制作有声读物是在授权范围之内，因而也不构成侵权。且思变公司已经对创策公司的授权文件进行了审核，当中明确写明有“有声读物改编权”的内容。

被告（被上诉人）朝花夕拾公司答辩称：朝花夕拾公司与思变公司之间

存在授权协议，思变公司将有声读物制作完成后许可给朝花夕拾公司，并可转授权。朝花夕拾公司对上游授权链条已经按惯例审查了扫描件，尽到注意义务。不应再承担侵权责任。

法院经审理查明：谢鑫享有涉案作品著作权，曾于2013年将涉案作品的“信息网络传播权及其转授权、以及制作、复制和销售电子出版物的权利”授权创策公司。后谢鑫又与创策公司签订《数字出版协议》，约定创策公司（乙方）享有将涉案作品“通过以下非纸质方式使用的独家权利：（1）将作品制作成电子图书通过通信网络和互联网等信息网络进行复制、出版、发行、传播和销售；（2）将作品制作成电子图书以电子出版物方式出版、发行、传播和销售，包括但不限于刻录光盘、预装在电子阅读器等可读取作品的设备中；（3）专有信息网络传播权及其转授权；……乙方有权对授权内容进行汇编和改编……乙方有权将上述权利转授给第三方以实现协议目的”。谢鑫还向创策公司出具了授权书，授予创策公司“制作、复制和销售电子出版物的权利”。

2014年，创策公司向思变公司出具授权书，明确写明授权思变公司将涉案作品制成有声读物，并自行或再许可他方行使音频格式作品的信息网络传播权。2015年，思变公司授权朝花夕拾公司将涉案作品的信息网络传播权转授权给懒人公司在其“懒人听书”平台上使用。同年，懒人公司与朝花夕拾公司签订合同，约定朝花夕拾公司将涉案作品有声读物许可懒人公司在其平台上使用。

案件审理过程中，谢鑫确认被控侵权行为已经停止。思变公司确认涉案有声读物系由其制作，在制作过程中未改变原作文字内容。思变公司与朝花夕拾公司均确认在向下游授权时对上游授权文件的审查系通过审查扫描件的形式进行。创策公司主张其从谢鑫处所取得“改编权”授权包含将涉案作品制作成音频制品的权利。

【裁判结果】

浙江省杭州互联网法院（杭州铁路运输法院）于2017年6月19日作出（2017）浙8601民初354号判决，认定侵权成立，判令：一、懒人公司、创策公司、思变公司、朝花夕拾公司于判决生效之日起十日内共同赔偿谢鑫经济损失及为制止侵权行为所支付的合理开支共计人民币6100元；二、驳回原告谢鑫的其他诉讼请求。

宣判后，谢鑫提起上诉，浙江省杭州市中级人民法院经审理于2017年9

月25日作出（2017）浙01民终5386号民事判决：驳回上诉，维持原判。

【裁判理由】

法院生效裁判认为：本案争议焦点在于：一、四被告所实施被控侵权行为的性质；二、四被告实施行为是否在其授权范围之内；三、若侵权成立，四被告是否应当承担连带责任。

关于争议焦点一，本案中被诉直接侵权的行为涉及两个环节：一是将文字作品制成有声读物，二是在线提供有声读物。关于制作有声读物行为的定性，创策公司抗辩称该行为属于改编。法院认为，作品均以形成外在的独创性表达为其前提要件，对作品的改编应以改变作品之表达，且该改变具有独创性为前提。对于文字作品而言，文字表述是其作品的最为浅层的表达所在，改编文字作品至少应以文字内容发生改变为前提。本案中，首先，涉案作品在被制成有声读物时，被改变的仅仅是形式，其文字内容并未被改变，不存在演绎行为。其次，对涉案作品进行朗读不会形成改编作品。在著作权法中，朗读行为不属于创作行为，朗读本身不会为作品添加新的独创性成分。固然，对同一作品，不同的朗读者在朗读时会对音调、语速作出不同的选择，甚至于会配以富有个性的背景音乐或音效，最终传递出的声音可能存在差别，给听众带来不同的感受。但因这种选择与安排并未改变作品的文字内容，即未改变作品之表达，故不属于对作品的演绎，而仍属于对作品进行表演的范畴。因而，涉案有声读物实为朗读涉案作品并进行录音后形成的录音制品，是对涉案作品的复制，而不属于对涉案作品进行演绎之后形成的新作品。

据此，思变公司的行为属于对涉案作品的复制。懒人公司的行为属于对涉案作品的信息网络传播行为。创策公司、思变公司、朝花夕拾公司还分别实施了相应的授权许可行为，在客观上属于提供帮助的行为。

关于争议焦点二，首先，如前所述，因制作有声读物不属对文字作品的改编，故四被告不能以所取得改编权之授权作为合法性基础。

其次，因谢鑫还将涉案作品信息网络传播权授予了创策公司并允许转授权，还需要审查被控侵权的信息网络传播行为是否具有合法性。法院认为，该争点的关键在于确定谢鑫与创策公司间授权合意之具体内容，即谢鑫是否存在将该权利授权给创策公司之意思表示。考虑到如下事实：其一，谢鑫签署的授权协议名称为“数字出版协议”，已属对作品利用形式进行了概括性明确；其二，协议第一条便明确约定对涉案作品的利用形式为制成电子图书进行非纸质方式利用；其三，谢鑫向创策公司所出具的授权书中亦仅写明“制作、复制和销售电子出版物的权利”，未涉及制成录音制品进行信息网络传播的内容。综合上下文内容，从有利于实现著作权法关于保护作者著作权这一立法目的的角度出发，应当将双方授权合意解释为：谢鑫允许创策公司对涉案作品进行信息网络传播行为有其明确的前提条件——限于对以电子图书或电子出版物形式存在的涉案作品复制件进行数字出版的行为。在不符合这一前提条件时，应当认定无授权。本案被控侵权利用形式为有声读物，结合授权协议签订时的现实，不应当认定有声读物属双方合意中的电子图书或电子出版物。因而，被控侵权的信息网络传播行为不在谢鑫的授权范围之内，构成侵权。

关于争议焦点三，懒人公司因实施了直接侵权涉案作品信息网络传播权的行为，需要承担相应侵权责任。

对于朝花夕拾公司而言，其一，客观上，朝花夕拾公司在授权懒人公司实施涉案信息网络传播行为时，自身并未取得此项授权。其二，朝花夕拾公司主张因思变公司向其授权及上游授权文件中写明包含此项权利，故其不存在过错。法院认为，朝花夕拾公司在进行转授权时，理应对自身是否取得该项授权审查到位，确保上游授权链条完整无瑕疵。但朝花夕拾公司除查看了作为图片形式存在的授权文件扫描件外，既未对上游授权文件原件进行审查，亦未向作者及上游授权方核实授权情况，未善尽审查义务，主观上存在过错。其三，朝花夕拾公司将自身并未取得授权之权利向懒人公司进行授权；而懒人公司基于该项所谓授权确实实施了前述直接侵权行为，即朝花夕拾公司之授权与懒人公司之直接侵权行为之间存在因果关系。因而，朝花夕拾公司之转授权行为构成对懒人公司直接侵权行为的帮助，属于《侵权责任法》第九条规制的对象，理应对懒人公司应承担之赔偿责任负连带责任。同理，思变公司的授权行为亦属侵权责任法第九条规制的对象，需与懒人公司承担连带责任。

对于创策公司而言，首先，创策公司并未取得对涉案作品之录音制品进行信息网络传播行为之授权，且其作为《数字出版协议》合同主体之一，直接从涉案作品作者处取得授权，是涉案授权链条第一环节的被授权方，应当明知依约所取得授权之作品与权利范围。但创策公司却在与思变公司签署的《授权使用协议》中明确约定授予思变公司将涉案作品改编并录制成有声读物、进行信息网络传播之权利，将自身未取得之权利授予他方行使，主观上存在明显过错。其次，基于创策公司的授权，思变公司、朝花夕拾公司进行了层层转授权，并最终使得懒人公司误认其取得授权而实施了直接侵权行为，故创策公司之行为与懒人公司的直接侵权行为之间亦存在因果关系。因而，创策公司同样构成对懒人公司直接侵权行为的帮助，需依据侵权责任法第九条承担连带责任。

综上，生效裁判判令本案四被告就涉案信息网络传播权侵权行为承担连带赔偿责任。

【案例注解】

本案首先涉及的是“听书”“有声读物”这种新类型客体的著作权法定性问题。作为一种网红文化消费方式，“有声读物”具有巨大的产业价值。但在法律上，有关有声读物是否构成演绎作品，制作、在线提供有声读物应当取得著作权人怎样授权等诸多问题，产业界、学术界、司法界存在不同认识，没有权威而统一的意见。这种局面可能会使得业界或畏步不前，或以身试险，对行业合法、有序发展极为不利。行业的发展迫切需要一份权威的裁判意见。

本案还涉及另外两个更为常见的、在整个知识产权侵权领域均有涉及的争议问题：历久弥新的合同解释问题、立法空白的“许可侵权”问题（即知识产权权利人之外的人“许可”他人行使知识产权权利的行为应当如何定性问题）。

一、有声读物是否是文字作品的改编作品

有观点认为：制作有声读物属于对文字作品的改编，有声读物属于文字作品的演绎作品。该观点似乎有其道理：一段制作精良的有声读物，其朗读者声音动听而富有磁性，又有与作品风格一致的背景音乐，一些场景甚至配有相应的音效。作品已经从文字变成声音，听众（读者）感受到的是完全不同的体验。且制作者已经付出了大量的劳动，对朗读的音调、所配音乐与音效进行了选择与安排，不认定为新作品似乎于理难容。但以著作权基本法理究之，该观点难以成立。

在著作权法上，与改编相对的概念是复制。有关复制与改编（演绎的一

种）的区分，各国有不同立法例，[①] 学界有不同观点，实务有不同操作。[②] 从学界观点来看，以郑成思教授为代表的观点认为“复制行为与演绎行为的区分就在于，是否在保留原作品基本表达的基础上增加了新的独创性表达”。[③] 亦有观点认为“作品中受保护的表达具有层次性，包括表达的最终呈现形式和作品中受保护的独创性构成元素；前者是复制权的‘领地’，后者是演绎权的‘国土’”。[④] 美国学者有“派生市场论”，若被控侵权作品损及原作品版权人合理制作演绎作品的市场（新市场）空间，则被定性为侵害演绎权；若仅损及原作品自身的市场（未产生新市场），则仅侵害复制权。[⑤]

不管采用怎样的标准，判定一行为是否构成对作品的改编，第一步便是要确定该行为有无改变原作品的独创性表达；在确定存在改变的前提下，再判定该改变是否具有新的独创性，从而最终确定是否构成改编。

对于有声读物而言，判定其是否构成对文字作品的改编，同样需要首先确定制作有声读物是否改变了文字作品的独创性表达。而文字作品的独创性表达体现在从最基本的文字表述到故事情节、人物关系等深层次内容的诸多方面。改变文字作品的独创性表达，首先应当体现为文字表述的改变，若文字表述尚然未变，遑论故事情节、人物关系等的改变。

一般而言，有声读物的制作需经历如下 3 个步骤：朗读 - 录音 - 后期制作（添加音效、配乐等），最终成品是由原文朗读 + 音乐 + 音效（音乐与音效并非必要元素，多有有声读物仅有原文朗读）。如果有声读物最终成品构成原作品的演绎作品，则必然是在前述 3 个步骤中为原作增加了足够的独创性，逐一检视之。

其一，就朗读而言。我国著作权法未直接规定朗读行为归何种权利控制，但根据《伯尔尼公约》第十一条之三有关“文学作品的作者享有下列专有权

---

① 例如，美国对复制权和改编权进行了分别规定，见《美国版权法》第 106 条。法国没有直接规定改编权，而是通过广义的复制权来界定侵权，见《法国知识产权法典》L122 - 1，L122 - 2。而《伯尔尼公约》最早规定的演绎权利——翻译权，是被认作属于复制的一种形式加以保护，见 Sam Richetson & Jane C. Ginsburg，International Copyright and Neighbouring Rights：The Berne Convention and Beyond（second edition），at 634（2006）.

② 例如，同是涉及广东原创动力文化传播有限公司动漫形象变动后的使用，不同法院存在不同定性。参见广东省深圳市宝安区人民法院（2013）深宝法知民初字第 1047 号、浙江省义乌市人民法院（2014）金义知民初字第 927 号民事判决书。

③ 郑成思：《版权法（上）》，中国人民大学出版社 2009 年版，第 182 页。

④ 梁志文：《论演绎权的保护范围》，载《中国法学》2015 年第 5 期。

⑤ 见 Michael Abramowicz，A Theory of the Derivative Right and Related Doctrines，90 Minnesota L. Rev. 317，335（2005）.

利：（1）授权公开朗诵其作品……”的规定，我国负有授予文字作品作者控制他人公开朗诵其作品之权能的义务；而《视听表演北京条约》则在第二条中规定“‘表演者’系指……对文学或艺术作品或民间文学艺术表达进行表演、歌唱、演说、朗诵、演奏、表现或以其他方式进行表演的其他人员”，明确了对作品进行朗诵的人员属于表演者，也从侧面反映了朗诵属于表演行为。此外，国家版权局在《关于发布著作权法实施条例第五条中“表演”的具体应用问题的解释的通知》（国权〔1999〕43号），北京市高级人民法院在《关于审理著作权纠纷案件若干问题的解答》（京高法发字〔1995〕192号）中也均明确朗诵属于对作品的表演，而将朗诵界定为表演的一种也是我国学界的一般认知。需要指出的是，我国著作权法中所规定的表演权的控制对象为公开表演，因而在私人空间中朗诵文字作品虽属表演，但因不具有公开性，故并不受表演权的控制。

当然，表演者也有其个性。对同一作品，不同的朗读者在朗读时会对音调、语速作出不同的选择，传递出不同的感情。但因这种选择与安排并未改变作品的文字内容，未改变文字作品之表达，故不属于对作品的演绎，而仍属于对作品进行表演的范畴。正如不同的歌手演唱同一首歌曲会产生不同效果，但歌手仍只是表演音乐作品而未创作新的改编作品一样，这是创作与表演的基本分野。如果认为表演行为也可以创作新作品的话，就混淆了著作权与邻接权之间的界线。

其二，就录音行为而言，显然不涉及创作，不涉及对文字作品独创性表达的改变，不涉及独创性的添加。录音后形成录音制品，录音制品属于对原作品的复制，显然也不属于改编作品。

其三，关于后期制作（添加音效、配乐等）。如前所述，改编作品以改变原作品的表达，且该改变具有独创性为前提。一般而言，改编作品中，改编行为添加的新独创性成分应与原作品独创性成分融为一体。原封不动地保留原作品的表达，在此基础上添加了新的、可随时分离的、本身具有独创性或不具有独创性的元素，则不可以构成改编作品。例如，文字作品完成后，他人自行配上若干插图，由此形成的插图本显然不属于原文字作品的改编作品，而应该由文字作者与绘图者分别就文字作品与美术作品享有著作权。为文字作品的录音配乐具有相同的性质，同样不能产生改编作品。

可见，无论是朗读、录音还是后期制作，均未改变文字作品的表达，也就无从讨论“改变”是否达到了足够的独创性标准，故有声读物不符合改编作品的要件。事实上，将文字作品制成有声读物仅仅改变了作品的表现形式或曰载体，仍属于对作品的复制。

二、关于著作权授权合同的解释

本案中原被告之间并非从来不相往来的权利人与侵权人，而是存在一定著作权授权关系，授权链条是：作者谢鑫－创策公司－思变公司－朝花夕拾公司－懒人公司。作者向创策公司出具的授权协议中写明授予“制作、复制和销售电子出版物的权利”以及“信息网络传播权”。被告抗辩称此处的“电子出版物”包含有声读物，同时，依据信息网络传播权的授权其可以在线传播有声读物，但原告坚决否认双方授权合意中包含有声读物。双方就合同约定的授权范围发生争议，具体而言是对“电子出版物”的内涵发生争议。由于“电子出版物”并非我国著作权法中使用的概念，内涵和外延尚未法定化，在此需要对合同进行解释。

“合同乃当事人之间的法律”，对合同的解释在很大程度上可以借鉴法律的解释方法。首先，从合同签订背景来看，涉案授权书签订时有声读物尚未流行，难以认定双方已经就此进行过要约与承诺，将此纳入授权合意之中。其次，自创策公司向后的各被告提交的作者授权书已被篡改（各被告在获取上游授权时均要求提供作者出具的第一道授权书，均获得了授权书的电子扫描件），其电子件上被人为通过技术手段添加了“制作有声读物”的内容，由此可以佐证在被授权方看来，制作有声读物并不在授权范围之内，否则无需篡改。再次，著作权法以保护作者权益，激励创作为立法目的，在合同理解发生争议时，应当从有利于作者的角度进行解释。基于上述理由，应当认定制作有声读物并不在授权范围之内，被告的制作行为构成侵权。

或有观点认为：授权书中已经明确授予信息网络传播权，鉴于一部作品仅有一个信息网络传播权，在作者已经将该权利授予被告的前提下，不得再以该权利主张侵权。对此，需要指出的是，合同中有关信息网络传播权的授权有其明确的前提条件——限于对以电子图书等形式存在的涉案作品复制件进行数字出版的行为。正如授权时限定使用的地域范围、限定使用的特定方式（例如约定仅可通过 IPTV 点播）的情形一般，超出授权的限定条件时，被授权方的行为构成违约与侵权的竞合，著作权人当然可以寻求侵权的救济。

三、“无权而授权”行为的定性

“授权方”缺乏有效权利、超越自身权利范围，或在权利到期后仍授权他人行使权利，“被授权方”取得“权利”后实施了受权利控制的行为，这种

“无权而授权”的情形在实践中较为多发。对此，“被授权方”因实施了受专有权利控制的行为，又缺乏有效授权，当属侵权无疑；但“授权方”的授权行为如何定性，目前存在争议。

在英国、加拿大、澳大利亚等国的立法和判例中，“许可侵权”被明确作为一种侵权类型。例如《英国版权法》第16条规定：未经版权人同意，许可（authorize）他人实施受版权专有权利限制的行为者构成侵权。由于许可者自身并未直接实施侵害专有权利的行为，因此其许可行为属于一种间接侵权。①

我国《侵权责任法》及知识产权三大部门法并未明确规定“许可侵权”；《计算机软件保护条例》中将“许可行使著作权人的软件著作权”的行为列为侵权行为，② 但这种直接的列举无以明确其法理基础，亦无法明确当属直接侵权抑或间接侵权。鉴于《计算机软件保护条例》仅可适用于计算机软件这一特定类型的作品，关于其他类型作品，乃至其他类知识产权的“无权而授权”行为是否构成侵权仍然需要从《侵权责任法》上寻找法律依据。

我国《侵权责任法》在第八条有关共同侵权的规定之后，又在第九条对帮助和教唆侵权进行了规定，确定的责任均为连带责任。就“无权而授权”情形而言，符合帮助侵权的要件：首先，从行为来看，“授权方”的授权行为为侵权行为提供了实质性的帮助。其次，“授权方”对自身缺乏有效权利的状态属于明知或应知，但其仍向下游发出授权，在主观上难谓善意，至少存在过失状态。“主观状态+客观帮助行为”均已具备，认定其构成帮助侵权于法有据。据此，本案最终认定信息网络传播行为的直接实施方与其各上游授权方对全部侵权承担连带责任。

（**一审法院合议庭成员**　王江桥　沙　丽　张书青
二审法院合议庭成员　李　奕　申正权　潘才敏
编写人　浙江省杭州互联网法院　张书青
责任编辑　宋建宝
审稿人　林广海）

---

① 王迁、王凌红：《知识产权间接侵权研究》，中国人民大学出版社2008年版，第11页。

② 《计算机软件保护条例》第二十四条规定：“除《中华人民共和国著作权法》、本条例或者其他法律、行政法规另有规定外，未经软件著作权人许可，有下列侵权行为的，应当根据情况，承担停止侵害、消除影响、赔礼道歉、赔偿损失等民事责任……”其中第五项为：“转让或者许可他人行使著作权人的软件著作权的。”

行政及国家赔偿

郑州市方圆创世业主委员会诉郑州市管城回族区住房保障服务中心不予变更备案一案

——不予变更备案行为属于行政诉讼受案范围

关键词：行政　业主委员会　变更备案　受案范围

【裁判要旨】

一、备案行为是备案机关对业主委员会合法成立、具备主体资格等一系列事实的确认，对外产生法律效力。备案的结果将对业主、业主委员会和其他利害关系人的权利义务产生实际影响，故本案被告作出的不予变更备案回复意见，属于行政诉讼的受案范围。

二、被告对作出的行政行为负有举证责任，行政行为主要证据不足的，人民法院判决撤销或者部分撤销，并可以判决被告重新作出行政行为。

【相关法条】

《物业管理条例》第十六条第一款　业主委员会应当自选举产生之日起30日内，向物业所在地的区、县人民政府房地产行政主管部门和街道办事处、乡镇人民政府备案。

第十九条第二款　业主大会、业主委员会作出的决定违反法律、法规的，物业所在地的区、县人民政府房地产行政主管部门或者街道办事处、乡镇人民政府，应当责令限期改正或者撤销其决定，并通告全体业主。

《中华人民共和国行政诉讼法》第七十条 行政行为有下列情形之一的，人民法院判决撤销或者部分撤销，并可以判决被告重新作出行政行为：

（一）主要证据不足的；

（二）适用法律、法规错误的；

（三）违反法定程序的；

（四）超越职权的；

（五）滥用职权的；

（六）明显不当的。

【案件索引】

一审：河南省中牟县人民法院（2016）豫0122行初102号（2016年9月30日）

二审：河南省郑州市中级人民法院（2016）豫01行终954号（2016年11月30日）

【基本案情】

原告（被上诉人）郑州市方圆创世业主委员会诉称：方圆创世小区系分期开发的小区，其五期的入住率已经达到了增补委员的条件。2016年3月5日，方圆创世小区就增补业委会委员及其他事项召开业主大会并形成决议，决议决定增选2名业主委员进入方圆创世小区业主委员会。业委会严格依据《郑州市物业管理条例》《郑州市业主大会和业主委员会指导规则》《郑州市方圆创世小区业主大会议事规则》等相关规定，组织召开了小区2016年度的业主大会，并于2016年6月1日形成了业主大会决议。原告依据《业主大会和业主委员会指导规则》第34条规定："业主委员会任期内，备案内容发生变更的，业主委员会应当自变更之日起30日内将变更内容书面报告备案部门。"将变更材料分别送交给陇海马路街道办事处和被告处，陇海马路街道办事处于2016年6月28日针对备案申请材料向原告出具了《备案材料审查意见》，被告于2016年7月12日向原告出具了一份《关于方圆创世小区"五期"增选业委会委员会议报告材料的回复意见》，并表示这份意见系其作出的不同意变更备案的书面通知。被告未依据《业主大会和业主委员会指导规则》第53条之规定履行自己监督指导的法定职责，同时又以原告在召开业主大会时被告及相关部门未在现场监督指导为由来拒绝原告备案申请的行为，不仅是对小区业主通过开展民主自治活动所形成的民主意志的否定，更是严重影响了原告小区各项决议推进的进程。原告请求法院判决：（1）撤销被告不予备案的回复通知并依法对增补业委会委员的变更事项予以备案；（2）本案诉讼费用由被告承担。

被告（上诉人）郑州市管城回族区住房保障服务中心辩称：一、原告的起诉应予驳回。《最高人民法院关于适用〈中华人民共和国行政诉讼法〉若干问题的解释》第三条第一款第八项规定："行政行为对其合法权益明显不产生实际影响的，已经立案的，应当裁定驳回起诉。"本案中，被告对原告增选业委会委员的变更备案行为，仅是一种告知行为，既非行政登记也非行政许可。根据《物权法》《物业管理条例》等法律法规的规定，业主委员会成立的决定权属于业主大会，业主通过业主大会行使选举或罢免业主委员会委员及变更业主委员会的权利，故业主委员会委员资格来源于业主大会的选举和授权，并非源自行政机关的备案或批准。被告的变更备案行为并未对原告的权利与义务产生法律上的影响，故本案原告的起诉应予以驳回。二、原告的选举程序不合法。本案中，被告收到原告"五期"增选业委会委员的报告材料后，查阅有关材料并调查了解，发现原告在选举程序中存在问题，原告未严格按照选举时间的节点执行，原告的选举投票时间节点为2016年4月18日至5月8日21时，但是原告擅自延长至5月28日19时，该选举程序存在随意性，并不符合规定条件。三、原告选举未接受有效指导、监督。《郑州市物业管理条例》第七条规定，街道办事处、乡（镇）人民政府负责协调本辖区内物业管理与社区建设之间的关系，协助房地产管理部门做好本辖区内物业管理的监督管理工作。居民委员会应当对业主大会、业主委员会的活动进行指导与监督，并依法调解本辖区内的物业管理纠纷。《郑州市人民政府关于郑州市物业管理纳入社区建设工作的意见》郑政〔2011〕8号第四项第（二）条科学指导业主大会建设，提升业主自主管理水平。业主大会制度是业主自主管理的有效途径，是维护业主权益的基本形式。业主大会工作核心在自我建设，重点在指导监督，必须作为一项经常性工作常抓不懈。县（市、区）房管部门主要负责业主大会工作的业务指导，街道（乡镇）负责业主大会工作的具体协调、日常指导和监督。要把握首次筹备、换届改选、运行监督三个重要环节，引导业主正确行使民主权力，指导业主大会、业主委员会依法设立、科学运作。但在本案中，原告组织的选举正式选票上除增选业委会委员外还涉及小区管理等重要问题，因该议题关系到全体业主利益，业委会应在辖区办事处、社区的指导、监督下进行，但经调查了解原告并未履行上述程序要求。综上所述，本案的备案行为并未对原告的权利与义务产生法律上的影响，被告对原告提交的备案登记材料进行审查，发现该材料不符合规定，且有涉及小区管理关乎小区全体利益等重大事项，故作出不予变更的回复。被告认为关于增补两名委员的回复没有对原告的实际权利产生影响，应该驳回起诉；如果该理由没有被采纳，本案应该进入实体审理的话，被告认为应该驳回诉讼请求。

法院经审理查明：郑州市方圆创世小区系分期开发的小区，2016 年 3 月 5 日原告会议决议增选五期业主委员会委员。2016 年 3 月 18 日对 3 名候选人名单进行公示。2016 年 4 月 1 日原告决定召开方圆创世小区 2016 年第一次业主大会，于 2016 年 4 月 18 日至 2016 年 5 月 8 日在本物业区域内以书面征求意见方式召开，大会三项议题之一为投票增选五期业主委员会委员。2016 年 5 月 6 日原告决定大会延期至 5 月 28 日 19 点整。2016 年 6 月 5 日原告对业主大会增选 2 名业委会委员的结果进行了公示。会议进行过程中，原告向陇海马路街道办事处和陇新社区发出了监督指导申请。后原告将业主委员会备案变更材料分别送交给陇海马路街道办事处和被告处。

2016 年 6 月 28 日陇海马路街道办事处对备案申请材料向原告出具了《备案材料审查意见》。2016 年 7 月 12 日被告向原告出具了一份《关于方圆创世小区“五期”增选业委会委员会议报告材料的回复意见》，主要内容为：收到方圆创世小区业委会“五期”增选业委会委员选举会议报告材料后，通过认真查阅材料并进行调查。现就报告材料回复意见如下：一、报告材料中选举程序存在问题：未严格按照增选工作方案中选举时间节点执行，方案中本次选举投票时间自 2016 年 4 月 18 日至 5 月 8 日 21 时，业委会延长至 5 月 28 日 19 时，存在随意性。二、经调查了解，此次业主大会采取征求业主意见形式进行，未在所在辖区办事处、社区有效指导、监督下进行。因正式选票上有除增选业委会委员以外其他议题，涉及小区管理等重要问题，关乎全体业主利益，依据《郑州市物业管理条例》、“物业管理纳入社区建设”文件要求，建议此次业主大会应在所在辖区办事处、社区有效指导、监督下，严格按照程序重新进行。被告称该回复系不予变更备案的回复。原告不服，诉至本院。

【裁判结果】

河南省中牟县人民法院于2016年9月30日作出（2016）豫0122行初102号行政判决：撤销被告郑州市管城回族区住房保障服务中心于2016年7月12日对原告郑州市方圆创世业主委员会作出的不予变更备案回复意见，并判决被告于判决生效之日起3个工作日内对原告郑州市方圆创世业主委员会的变更备案申请重新作出行政行为。

宣判后，被告郑州市管城回族区住房保障服务中心提出上诉。郑州市中级人民法院于2016年11月30日作出（2016）豫01行终954号行政判决：驳回上诉，维持原判。该判决已发生法律效力。

【裁判理由】

法院生效裁判认为：《物业管理条例》第十六条第一款规定，业主委员会应当自选举产生之日起30日内，向物业所在地的区、县人民政府房地产行政主管部门和街道办事处、乡镇人民政府备案。《郑州市业主大会和业主委员会指导规则（试行）》第二十五条规定，业主委员会应当自选举产生之日起30日内持相关资料到物业所在地的县（市）、区房地产管理部门备案。备案内容发生变更的，业主委员会应当自变更之日起15日内将变更情况向县（市）、区房地产管理部门备案。县（市）、区房地产管理部门应当在备案后15日内将备案情况通报物业所在地街道办事处、公安派出所、社区居民委员会和物业服务公司。第二十六条规定，业主委员会应当持县（市）、区房地产管理部门的备案证明依法刻制业主委员会印章，并报县（市）、区房地产管理部门备案。根据上述规定，本案被告作为区房地产管理部门，负有对辖区内依法成立的业主委员会及其变更情况进行审核备案的法定职责。备案行为是备案机关对业主委员会合法成立、具备主体资格等一系列事实的确认，对外产生法律效力。备案的结果将对业主、业主委员会和其他利害关系人的权利义务产生实际影响。因此，被告作出的不予变更备案回复意见，属于行政诉讼的受案范围。被告辩称其行为对原告的权利义务不产生影响，应当驳回起诉，理由不当，依法不予支持。

《物业管理条例》第十九条第二款规定，业主大会、业主委员会作出的决定违反法律、法规的，物业所在地的区、县人民政府房地产行政主管部门或者街道办事处、乡镇人民政府，应当责令限期改正或者撤销其决定，并通告全体业主。《业主大会和业主委员会指导规则》第五十九条、《郑州市业主大会和业主委员会指导规则（试行)》第三十八条亦有相同的规定。根据上述规定，物业所在地的区、县人民政府房地产行政主管部门或者街道办事处、乡镇人民政府对业主大会、业主委员会作出的决定的合法性进行审查，履行行政管理职责。本案中，原告组织召开业主大会，业主大会决定增选2名业委会委员，原告持增选业委会委员会议报告材料向被告申请变更备案。被告审核后，以业主大会存在延期、未在有效监督指导下进行和选票上存在其他议题为由，作出不予变更备案的回复意见。被告应当核查选举程序和结果是否违反法律法规的强制性规定，而被告不予变更备案的理由缺乏相应的法律依据。故此，被告作出的不予变更备案的回复意见，属于行政行为主要证据不足的情形，依法应予撤销。被告应当对原告的变更备案申请重新作出行政行为。

【案例注解】

随着城市化的发展，越来越多的小区成立了业主委员会，业主自治成为维护公共居住环境、保障业主利益、监督物业管理的基层治理模式。2003年我国颁布了《物业管理条例》，初步确立了以业主大会为核心的业主自治机制。业主可以通过业主委员会和业主大会来行使自治权。业主委员会所做的相关决议、制定的相关规则都需要向行政机关备案，其目的是让政府通过知晓业主委员会相关活动状况，来协助、指导、监督业主委员会进行自我管理。根据该条例，业主委员会选举产生后，应当向相关部门进行备案。本案系因原告郑州市方圆创世业主委员会不服被告郑州市管城回族区住房保障服务中心作出的不予变更备案回复意见而提起的行政诉讼。

本案的争议焦点主要为以下两项：一、被告作出的不予变更备案的意见是否属于行政诉讼受案范围。根据《物业管理条例》第十六条第一款规定，业主委员会应当自选举产生之日起30日内，向物业所在地的区、县人民政府房地产行政主管部门和街道办事处、乡、镇人民政府备案。本案被告作为区房地产管理部门，负有对辖区内依法成立的业主委员会及其变更情况进行审核备案的法定职责。备案行为是备案机关对业主委员会合法成立、具备主体资格等一系列事实的确认，对外产生法律效力。备案的结果将对业主、业主委员会和其他利害关系人的权利义务产生实际影响。因此，被告作出的不予变更备案回复意见，对原告的权利义务产生影响，属于行政诉讼的受案范围。

二、被告作出的不予变更备案的回复意见是否合法。《行政诉讼法》第三十四条规定，被告对作出的行政行为负有举证责任，应当提供作出该行政行为的证据和所依据的规范性文件。根据《物业管理条例》第十九条第二款、《业主大会和业主委员会指导规则》第五十九条、《郑州市业主大会和业主委员会指导规则（试行）》第三十八条之规定，物业所在地的区、县人民政府房地产行政主管部门或者街道办事处、乡镇人民政府对业主大会、业主委员会作出的决定的合法性进行审查，履行行政管理职责。本案中，被告不予变更备案的理由主要有两点：（1）业主大会未严格按照增选工作方案中选举时间节点执行，延长投票时间，选举程序存在随意性；（2）选票上除增选业委会委员以外存在其他议题，涉及小区管理等重要问题，但是未在所在辖区办事处、社区有效指导、监督下进行，应按程序重新进行。

关于业主大会选举时间节点延长的问题。原告虽然就业主大会选举时间节点进行了延长，但原告已将延期情况在小区进行了公示公告，还将公告向其所在辖区的陇海马路街道办事处、陇新社区进行了送达，延期行为未违反相关法律法规的禁止性规定，亦未损害业主的合法权益，故被告该项不予变更备案的主张不能成立。关于业主大会及投票未在社区、办事处及被告指导、监督下进行的问题。本案中，业主大会表决事项除增选业委会委员外，还有授权增选后的业主委员会组织公开招标选聘物业公司以及授权业主委员会通过法律途径要求天伦物业公司公布公共收益账目和维修资金使用情况两项议题。但本案原告仅就增选委员这一事项向被告申请备案，且原告提交的证据证明了在业主大会召开前原告曾向上述部门提出监督指导申请，已履行了相应的义务，上述部门无正当理由却未依法到场履行监督、指导职责。在此情况下，被告以本次业主大会未在相关部门指导、监督下进行为由主张不予备案，其主张不能成立。

原告持增选业委会委员会议报告材料向被告申请变更备案，被告应当核查选举程序和结果是否违反法律法规的强制性规定，而被告不予变更备案的理由缺乏相应的法律依据。因此，被告作出的不予变更备案的回复意见，属于行政行为主要证据不足的情形，依照《行政诉讼法》第七十条第一项之规定，依法应予撤销，被告应当对原告的变更备案申请重新作出行政行为。

通过对以上两项争议焦点的回应，本案首先确认了被告作出的不予变更备案回复意见属于行政诉讼受案范围，继而对被诉行政行为的合法性进行了审查，有利于促进行政机关的依法行政，对于类似案件的审理，亦有一定借鉴意义。

（**一审法院合议庭成员** 李印召 刘松喜 蔡 彬
二审法院合议庭成员 李 岩 崔绍伟 苏 杭
编写人 河南省郑州市中级人民法院 武文凯
河南省中牟县人民法院 尹思嘉
责任编辑 韩德强
审稿人 王振宇）

北京如林建筑劳务分包有限公司诉北京市平谷区社会保险事业管理中心劳动社会保障行政给付案

——类推适用民法规范作为行政法上给付请求权基础

关键词：行政　一般给付判决　行政法上给付请求权　类推　无因管理

【裁判要旨】

在审查一般给付判决的适用条件方面，在不具有行政法规范作为依据的情况下，为公正、及时审理行政案件，保护公民、法人和其他组织的合法权益，可以类推适用与行政法规定及原则、目的相容的民法规范，作为当事人享有行政法上给付请求权之规范基础。

【相关法条】

《中华人民共和国行政诉讼法》第七十三条　人民法院经过审理，查明被告依法负有给付义务的，判决被告履行给付义务。

《最高人民法院关于适用〈中华人民共和国行政诉讼法〉的解释》第九十二条　原告申请被告依法履行支付抚恤金、最低生活保障待遇或者社会保险待遇等给付义务的理由成立，被告依法负有给付义务而拒绝或者拖延履行义务的，人民法院可以根据行政诉讼法第七十三条的规定，判决被告在一定期限内履行相应的给付义务。

【案件索引】

一审：北京市平谷区人民法院（2017）京0117行初301号（2017年12

月 28 日）

二审：北京市第三中级人民法院（2018）京 03 行终 216 号（2018 年 3 月 30 日）

【基本案情】

原告（被上诉人）北京如林建筑劳务分包有限公司诉称：陈刚自 2009 年 3 月入职原告，原告为其交纳了社会保险。陈刚去世后，原告带领陈刚遗属找到被告要求支付丧葬补助费、供养直系亲属救济费，被告拒绝给付。陈刚遗属因此提起仲裁和民事诉讼，法院判决原告先行支付上述费用。原告已经按照判决确定的数额将丧葬补助金及供养直系亲属救济费支付给陈刚遗属，现请求法院判决被告支付原告上述费用，共计 22010 元。

被告（上诉人）北京市平谷区社会保险事业管理中心辩称：在现阶段北京市尚未出台在职非因公死亡丧葬补助金及抚恤金的支付标准、未出台明确的操作细则、系统中没有对应给付项目的情况下，被告在现实中无法进行操作，无法进行给付。请求法院驳回原告诉讼请求。

法院经审理查明：陈刚于 2009 年 3 月入职北京如林建筑劳务分包有限公司（以下简称如林公司），如林公司为陈刚缴纳了社会保险。2016 年 9 月 23 日，陈刚因病死亡。2016 年 11 月 24 日，陈刚遗属向北京市平谷区劳动人事争议仲裁委员会申请仲裁，请求如林公司支付丧葬费及供养直系亲属救济费，仲裁委裁决如林公司支付丧葬补助费 5000 元、供养直系亲属救济费 22680 元。如林公司不服，向一审法院提起民事诉讼，一审法院作出（2017）京 0117 民初 760 号民事判决书（以下简称 760 号民事判决），判决如林公司支付丧葬补助费 5000 元、供养直系亲属救济费 17010 元。2017 年 6 月 6 日，如林公司将上述款项支付给陈刚遗属。后如林公司向北京市平谷区社会保险事业管理中心（以下简称平谷社保中心）申请支付，平谷社保中心以北京市尚未出台相关细则为由，拒绝给付。

另查，根据《劳动保险条例》（1951 年 2 月 26 日发布，1953 年 1 月 2 日修正）第十四条乙项的规定，工人与职员因病或非因公负伤死亡时，由劳动保险基金项下付给丧葬补助费及供养直系亲属救济费。根据《社会保险法》实施前北京市的丧葬补助费及供养直系亲属救济费相关规定，我市实行丧葬补助费包干使用办法，不分职务等级，将职工丧葬费的开支标准一律调整为 5000 元，企业在职职工丧葬补助费按规定据实在成本（费用）中列支；企业职工和退休人员因病或非因工死亡后，仍按照《劳动保险条例》的有关规定，根据供养直系亲属的人数分别给相当于死者本人工资6个月、9个月、12个月的救济费，“死者本人工资”指按死亡时全市最低工资为标准。760号民事判决认为，相较于上述规定，因《社会保险法》的效力等级高，故应当适用《社会保险法》的相关规定，但经向社会保险管理部门询问，目前关于丧葬补助费和供养直系亲属救济费的申领细则尚未颁布实施，社会保险基金目前不予支付该项费用，且一般由劳动者所在单位办理申领手续，因此，应由用人单位先行支付该项费用为宜，故判决如林公司支付丧葬补助费及供养直系亲属救济费。

【裁判结果】

北京市平谷区人民法院于2017年12月28日作出北京市平谷区人民法院（2017）京0117行初301号行政判决：责令平谷社保中心于判决生效后六十日内向如林公司给付丧葬补助费5000元、供养直系亲属救济费17010元。

宣判后，平谷社保中心不服原审判决，提起上诉。北京市第三中级人民法院于2018年3月30日作出北京市第三中级人民法院（2018）京03行终216号判决：驳回上诉，维持一审判决。

【裁判理由】

法院生效判决认为：结合本案双方的诉辩意见及二审法院庭审调查情况，本案焦点问题有三：

一、关于本案是否应当裁定驳回如林公司的起诉

根据《最高人民法院关于适用〈中华人民共和国行政诉讼法〉的解释》第九十三条的规定，原告请求被告依法履行支付抚恤金、最低生活保障待遇或者社会保险待遇等给付义务，原告未先向行政机关提出申请的，人民法院裁定驳回起诉。人民法院经审理认为原告所请求履行的给付义务明显不属于行政机关权限范围的，可以裁定驳回起诉。本案中，平谷社保中心作为平谷区社会保险经办机构，负责其辖区内社会保险待遇支付工作。平谷社保中心认可如林公司曾向其咨询给付丧葬补助金等事宜，但以如林公司未提交书面材料为由主张其未提出正式申请。然而，现有法律、法规并未规定申领丧葬补助金和抚恤金

应当提交申请书，本案根据双方当事人的一致陈述，如林公司曾到平谷社保中心办事窗口提出给付要求，平谷社保中心答复因北京市尚未出台相关细则故而无法给付，现平谷社保中心仅以如林公司未提交书面申请材料为由主张其起诉不符合法定条件，二审法院不予支持。

二、关于平谷社保中心拒绝履行给付义务的理由是否成立

2011 年《社会保险法》实施后，对于社会保险方面的法规、规章和规范性文件，与《社会保险法》不一致的，原则上应当适用《社会保险法》的规定。根据《社会保险法》第十七条的规定，参加基本养老保险的个人，因病或者非因工死亡的，其遗属可以领取丧葬补助金和抚恤金，所需资金从基本养老保险基金中支付。平谷社保中心作为平谷区社会保险经办机构，负责辖区内社会保险基金征缴、支付等工作，应当依法保障符合上述规定人员获取丧葬补助金及抚恤金的权利。国务院社会保险行政部门、其他有关部门、地方人民政府社会保险行政部门可以根据《社会保险法》确定的原则和授权制定相关配套规定，用以指导法律执行，但平谷社保中心不得以未出台实施细则为由拒绝履行法定义务，二审法院对其上述主张不予支持。

三、关于本案是否应当判决平谷社保中心履行给付义务

本案中，平谷社保中心本应依照《社会保险法》第十七条之规定直接向陈刚之遗属支付丧葬补助金和抚恤金，法院在 760 号民事案件审理过程中亦曾向社会保险管理部门询问。在平谷社保中心未能履行给付义务的情况下，法院判决如林公司先行垫付丧葬补助费及供养直系亲属救济费，如林公司亦已履行生效判决确定的义务。现如林公司据此申请平谷社保中心给付其上述费用，根据《行政诉讼法》第七十三条及《最高人民法院关于适用〈中华人民共和国行政诉讼法〉的解释》第九十二条之规定，二审法院予以支持。因《社会保险法》及配套法规尚未对丧葬补助金和抚恤金之数额作出具体规定，760 号民事判决参考原有规定确定丧葬补助费及供养直系亲属救济费的数额，二审法院对此不持异议。综上，一审法院判决平谷社保中心履行给付义务并无不当，二审法院予以维持。平谷社保中心的上诉主张缺乏事实及法律依据，二审法院不予支持。

【案例注解】

一、一般给付判决与行政法上给付请求权基础

（一）一般给付判决之适用条件

行政诉讼与民事诉讼之诉的种类演进过程迥异。民事诉讼方面，最初法院只承认给付之诉，后来才有了确认之诉和形成之诉。行政诉讼则与之截然相反，撤销之诉（相当于形成之诉）是最为传统及最具影响的诉讼类型，在我国也是如此，2014 年修改之前的《行政诉讼法》中撤销诉讼占据核心位置。在福利国家理念及给付行政等因素影响之下，“撤销诉讼中心”渐趋消解，行政诉讼类型多样化，确认之诉和给付之诉功能得到发展。《行政诉讼法》第七十三条所规定的一般给付判决（狭义上的给付判决）与第七十二条之课予义务判决共同对应于广义上的行政给付之诉，前者是此次修法增设的判决类型。在此需要对一般给付判决的内涵予以明确：其一，课予义务判决和一般给付判决在含义和适用上存在明确的区分。行政给付之诉是请求法院判令行政主体履行法律义务的诉讼，这里的义务如果指向作出特定的行政行为，那么就属于课予义务判决的范畴，如果指向金钱、物品等非行政行为，即可归入一般给付判决，从某种意义上说，课予义务判决是给付判决的特殊形式；其二，虽然基于《行政诉讼法》受案范围的明确规定，当前一般给付判决的适用对象主要为抚恤金、最低生活保障待遇、社会保险待遇等，然而，在服务行政乃至平权行政的发展带动之下，可以预见一般给付判决在适用领域方面将会呈现扩张趋势，以保障公民、组织实质性利益作为归宿而更趋接近民事给付诉讼，从这个意义上说，一般给付诉讼是未来行政诉讼制度的增长极之一；其三，结合司法解释的规定，可以将一般给付判决的适用条件分解为如下三项——一是原告申请被告依法履行支付抚恤金、最低生活保障待遇或者社会保险待遇等给付义务的理由成立，二是被告依法负有给付义务而拒绝或者拖延履行给付义务且无正当理由，三是法院可以判决被告在一定期限内履行相应的给付义务。[①] 上述三个要件之中，关于第一个要件是否成就的分析在实际案件处理中经常是最为复杂且具决定意义的，在其背后蕴藏的是行政法上给付请求权之理论体系。

---

① 江必新、梁凤云：《行政诉讼法理论与实务》，法律出版社 2016 年版，第 1643～1644 页。

（二）行政法上给付请求权：概念与规范基础

请求权概念是民法上最为重要的概念之一，以此作为基点发展而来的“请求权基础分析方法”，亦对民法实例研究及实务工作颇具影响力。权利人通过向相对人行使请求权满足其权利要求，这种权利形态并非仅存在于民法领域，以德国学者为代表，请求权被引入公权利话语体系中。所谓公法请求权是“基于基础性公法权利，请求特定主体为或不为一定行为的权利”，例如，当作为基础性公法权利的自由和财产权受到行政主体侵害时，该权利主体即享有干扰防御请求权，并可基于此提起撤销之诉；又如，公民基于从国家分享和获得利益的受益权而享有给付请求权，亦可依此提起课予义务之诉或一般给付之诉。[①] 由此看来，公法请求权系以特定公法权利作为基础，而它又是诉权的基础，例如提起一般给付诉讼的基础是原告具有特定的给付请求权，故确认公民、组织是否享有相应给付请求权为决定应否作出一般给付判决提供了新的视角。在民法上，“请求权规范基础（简称请求权基础）”系指“可供支持一方当事人向他方当事人有所主张的法律规范”。[②] 类似的，可作为行政法上给付请求权之规范基础的首先是行政法规范的直接规定，其次是行政协议义务。那么，在不具备行政法规定的情况下，能否类推适用民法之规定呢？

二、类推适用民法规范作为行政法上给付请求权基础之适用规则

（一）法理辨析

所谓类推适用是针对法律未予规定的事项，适用相类似之规定的法律方法：其一，关于类推适用的逻辑结构。有学者曾对类推适用的定义作过如下经典表述：将法律针对某构成要件（A）或多数彼此相类的构成要件而赋予之规则，转用于法律所未规定而与前述构成要件相类的构成要件（B）。[③] 相较于演绎推理从一般到特殊，而归纳推理从特殊到一般，类推的逻辑结构是“从特殊到特殊”，此种逻辑关系得以成立的基础是二者之间的“相似性”，而判断是否具有相似性则需要根据个案情形，从“法律漏洞的产生原因、法律规定的文义、规范目的”[④] 等方面进行价值评价。考虑到这种价值评价可能带来的问题，在制定法国家一般认为，作为一种法律适用方法的类推适用主要用于填

---

① 徐以祥：《行政法上请求权的理论构造》，载《法学研究》2010年第6期。

② 王泽鉴：《法律思维与民法实例：请求权基础理论体系》，中国政法大学出版社2001年版，第50页。

③ ［德］卡尔·拉伦茨：《法学方法论》，陈爱娥译，商务印书馆2003年版，第258页。

④ 《法律规范冲突的选择适用与漏洞填补》，人民法院出版社2004年版，第420页。

补法律漏洞，因为对法律已经作出规定的事项需要的只是演绎推理和法律解释。其二，关于类推的适用领域。基于“禁止拒绝裁判”的要求，类推适用在民法领域成为必不可少的方法，而刑法领域则因“法无明文规定不为罪”而禁止类推。在行政法领域，一方面依法行政的基本原则势必挤压可能适用类推之空间，另一方面又由于法律漏洞的客观存在以及漏洞领域保护相对人合法权益、及时解决行政争议之实际需要，基于行政合理性原则，应可有条件的类推适用民法、民诉法相关规定。特别是在给付行政领域，行政主体为实现社会公共福利之目标，更多采取了类似私法行为模式，平权性政府、私人参与行政执法等新的元素萌发，由此给行政法律关系带来诸多变化。判断公民、组织是否享有给付请求权如果欠缺行政法规范基础，应可在不违反行政法的前提下类推适用民法规范，为当事人合法之权益提供切实且公平之保障。

（二）适用条件

根据在行政法领域类推适用民法规范的一般原理，将之作为行政法上给付请求权基础的适用条件有三：首先是存在法律漏洞。有学者认为，行政法领域的类推适用，应该秉持公法优先、兼顾私法的准则，具体而言，只有在行政法中没有直接规定及相关间接规定的情况下，才可以援引私法中的规定，但该私法规定必须能够与行政法相容。① 民法与行政法作为不同的法律部门，在权利主体地位、价值取向和法律原则等方面均存在差异，故对行政法上的事实和关系，即使是法律未作明确规定，也应当优先类推适用行政法其他规定，只有在行政法领域找不到相类似规定的情况下，才可以考虑类推适用民法规范。其二是存在相类似之民法规范。类推适用要解决的关键问题是寻找与待决事项具有“相似性”的法律规范，对此，有观点对学界存在的构成要件类似说、实质一致说等进行了综合，认为“行政争议的案件事实能否适用民法规范，就要看它是否符合民法规范的构成要件，……只有在两者能够具有实质的相似性时，才可以比照适用”。② 至于如何认定实质相似性的问题，还是需要借助前文所提及的要件分析、规范目的、法益分析等多种手段，根据个案情节来权衡、判断。其三是不违反行政法。这里所说的不违反行政法，应根据个案情势分析认定，既包括不违反行政法、行政诉讼法的具体规则，亦包括不背离行政法律原则，特别是法律保留和法律优先原则。首要判断的是对待决事项类推适用民法规范是否违背行政法一般原则及具体行政法部门之立法目的；类推适用民法规

① 刘志刚：《论行政法视野中的类推制度》，载《现代法学》2008年第6期。

② 王贵松：《民法规范在行政法中的适用》，载《法学家》2012年第4期。

范作为行政法上给付请求权基础意味着当事人可以请求行政机关为特定给付，如果相应结果与行政法强制性规定相冲突，此时也不能类推适用民法规范。

实际上，在我国行政审判实践中早已有类推适用民法规范以保护相对人利益之先例。[①] 就用作请求权基础而言，在德国，通行观点认为存在公法无因管理，且适法的公法无因管理的履行适用民法相应规定；[②] 我国台湾地区亦认为公法上有无因管理，除法律有特别规定外，类推适用民法上无因管理之规定，[③] 基于此种法律关系，当事人可主张公法上无因管理请求权。

三、公法上无因管理请求权

（一）概念、要件及效力

“无因管理”在许多国家的民法中都被视为债的产生依据之一。民法上的无因管理是指没有法定的或约定的义务，为避免他人利益受损失，自愿管理他人事务或为他人提供服务的行为。[④] 无因管理制度的建立和发展与互助利他的价值导向、公平平衡的法律原则密不可分，而上述价值与原则并非仅限于民法领域。一些国家和地区的行政法理论与裁判中也存在公法上无因管理制度，通说认为，公法上无因管理是指未受委任，并无义务，而为他人管理公法之事务，[⑤] 且一般认为公法上无因管理可以类推适用民法相关规定。

关于公法上无因管理的构成要件，可以类比民法上无因管理进行分析：

1. 客观上管理他人负责之公法事务。不论民法上还是公法上无因管理都必须是管理他人事务，区别在于公法上无因管理所管理之事务限于“公法之事务”。[⑥]实践中公法上无因管理行为的姿态是多样化的，比较常见且争议较小的是此行政主体为彼行政主体管理事务，以及公民、组织为行政主体管理事务两种情形，此两种情形都要求管理人为本人管理依法属于其行政职权之事务。认定是否属于适法的公法上无因管理需要正确处理依法行政与保护公益之关系，诚如民法上无因管理不得涉及非法事务和被管理人的专属事务等，基于依法行政的基本原则，行政主体作出行政行为尚且要受到法定职权及程序之规

① 参见最高人民法院公报案例“杨庆峰诉无锡市劳动和社会保障局工伤认定行政纠纷案”，该案在判断工伤认定申请时效起算时间时参照了《民法通则》关于诉讼时效起算时间的规定。

② ［德］哈特穆特·毛雷尔：《行政法学总论》，高家伟译，法律出版社2000年版，第747页。

③ 林锡尧：《行政法要义》，台湾地区元照出版有限公司2016年版，第143页。

④ 王利明等：《民法学》，法律出版社2005年版，第505页。

⑤⑥ 陈敏：《行政法总论》，台湾地区神州图书出版有限公司2003年版，第1172页。

制，管理人可以进行公法上无因管理的事务范围当然要受到更加严格的限制，诸如负担行政行为、要式行政行为、行政不作为等一般不应纳入该范围，而在公益性质较强的行政领域更易成立公法上无因管理。民法上对于在管理自己事务的同时一并管理他人事物的情形一般亦认为构成无因管理，同样的，行政主体在履行自己职责的同时，或公民、组织在维护自己利益的同时兼而管理其他主体之公法事务，也可享有公法上无因管理请求权。

2. 主观上为公共利益而管理。德国民法上，管理行为在符合"业主"的客观的或者推测的意思，或者履行以公共利益为目的的义务时，无因管理即具有适法性，① 上述规定为德国公法无因管理比照民法规定奠定了基础。首先，公法上无因管理通常要具备事实上的为公共利益而进行管理的意思。民法上无因管理是一种事实行为，其管理意思为事实上的意思，故不要求像法律行为那样，把产生某种权利义务后果的目的表示出来，管理人的行为一旦作出，意思已经体现在事实中。② 同理，公法上无因管理也不以意思表示为必要，其管理意思也是事实上的意思。其二，所谓为公共利益而管理并不排斥管理人在管理事务时为他人谋利益。在民主法治国家、社会国家和环境国家，公共行政的目的是维护和促进公共利益或大众福祉，③ 有时候保护个别人利益也可以视作维护公共利益的一种具体形式。因此，只要是管理事务属于公共行政范畴，而非纯为自己事务，一般即可认为在事实上系为公共利益而管理，而不拘客观上具体的受益人系社会共同体抑或个别成员。其三，关于管理事务是否应利于本人，且不违反本人明示或可推知的意思，是一个颇具争议的问题。现在一般认为，管理人虽违反本人的意思，但其管理的事务系为本人尽公益或法定义务，或本人的意思违背违反法律或社会公共利益的，亦可成立无因管理。④ 从这个意义上说，管理人只要确为公共利益而为管理，即便作为本人的行政机关主张该管理行为违反其意思，亦不能仅以此为由否定成立公法上无因管理。

3. 法律上虽无管理义务但属情况紧急。首先，如果说民法上无因管理的必要条件之一系无法律规定或者约定的管理义务，那么构成公法上无因管理则应不具有法律规定、约定或者行政机关委托的义务。行政机关和其他组织履行

---

① ［德］哈特穆特·毛雷尔：《行政法学总论》，高家伟译，法律出版社2000年版，第747页。

② 江平主编：《民法学》，中国政法大学出版社2011年版，第560页。

③ ［德］汉斯·J·沃尔夫等：《行政法（第一卷）》，高家伟译，商务印书馆2002年版，第323页。

④ 叶知年：《无因管理制度研究》，法律出版社2015年版，第74页。

法律、法规、规章授予的职责或行政协议义务，自然不构成无因管理；有些组织受行政机关委托行使一定行政职能，亦不构成无因管理，且由该行政机关对外承担法律责任。然后，如果说民法无因管理的目的在适当界限禁止干预他人事务和奖励互助行为之间的一种利益衡量，[①] 那么确立公法上无因管理制度则要协调好职权法定与非职权主体维护公益行为之间的关系。前文已经论及可为公法上无因管理的事务范围要受到严格限制，而更为重要的是基于合法性原则的约束，“只有在情况紧急并且在纯主权领域没有法律限制的情况下”，才能实施无因管理。[②] 所谓“情况紧急”应指来不及由有权机关管理，如不及时进行管理将给国家利益、公共利益或者他人合法权益造成不可弥补之损失以及与此同质之情形。设定此要件目的是为避免对依法行政之无必要减损，即此时公法上无因管理才能获得足够的法律正当性基础，原本严格的法定职权及程序部分让渡于公共利益之价值，否则任由不具有行政职权的主体以公益为名恣意管理公共事务，将可能严重毁坏法治国家、法治政府之根基。“情况紧急”并未民法上无因管理所固有，其在理解和适用时不可过于机械，不应用以排除法律上应予补偿之行为与权益。[③]

公法上无因管理一经成立，其法律效果为在管理人和本人之间产生一定的权利义务关系，最为主要的是管理人取得费用偿还请求权。[④] 费用偿还请求权是指管理人有权请求受益人偿还其为管理事务所支出的必要费用，如何判断该支出有无必要，可以根据比例原则、成本效益原则，将支出情况与管理之预期利益、所得利益进行比较，亦可考虑管理方法之合理性等因素。管理人主张费用偿还请求权可以通过提起行政给付之诉的方式。域外公法上无因管理制度还赋予本人“损害赔偿请求权”，[⑤]但在我国行政诉讼中确认该项请求权尚存在理论与制度之藩篱。

（二）我国应当确认公法上无因管理

我国无因管理制度是在1986年《民法通则》中得以确立，长期以来此概念主要限于民法领域，有关“公法上无因管理”只在行政法学研究中偶有涉

---

① 王泽鉴：《债法原理1（基本理论：债的发生）》，中国政法大学出版社2001年版，第325~361页。

② ［德］哈特穆特·毛雷尔：《行政法学总论》，高家伟译，法律出版社2000年版，第747~748页。

③ 亦有主张不以紧急情况为限，于保护个人身体、健康等法益或其他情形，亦可构成，此应视个案具体情况而定。参见林锡尧：《行政法要义》，台湾地区元照出版有限公司2016年版，第144页。

④⑤ 林锡尧：《行政法要义》，台湾地区元照出版有限公司2016年版，第145页。

及。作为无因管理之特殊类型的见义勇为制度在我国地方立法中已经有所体现，[①] 但现有规定主要是从行政奖励和社会保障的角度，并未能确认公法上之无因管理。在我国确认公法上无因管理的意义在于：一是维护公共利益之需要。"行政法的基本目标就是公共利益的最大化，加上其相对合理的个体之间的分配。"[②] 公共利益目标上的一致性是民法上无因管理制度与行政法相容的立基点。尽管政府在维护公共利益方面具有不可替代的作用，但亦不能免除公民、组织在这方面须承担的责任和义务，在前者力所不能及之处还应鼓励和保障后者积极服务公共事务，比如在紧急情况下为公益挺身而出，避免损失。要为此类"义举"提供保障，就需要从法律角度理顺相关权利义务关系，公民、组织为公益实施管理之后可以请求偿还费用，这并非是向国家索要奖励，而是基于公法上无因管理理所当然取得的向特定部门的请求权；二是公平法律原则之要求。公平原则不仅是民法基本原则，其在行政法特别是给付行政领域亦具有统领与指导作用，且与利益平衡、信赖保护等原则之间存在内在关联。依据公平原则，既要为在紧急情况下为公共事务作出牺牲的行为提供法律保护，又要对此设立明确的规则和条件，以公法上无因管理制度来引导社会公众实施正当的管理行为，获得合理的权益救济；三是行政法治理念及行政审判功能发展趋势下之当然选择。基于行政法治由传统"高权行政"模式向"平权"化发展，行政法治要素越来越紧密的与社会体系及社会过程相结合，社会主体分担政府职能之作用突显，参与行政决策及管理过程亦更为频密；另一方面，行政诉讼"也可以站在国家治理的宏观层面来思考，发挥对政府治理的引导作用，以支撑、保障国家治理的转型与公法秩序的稳定"。[③] 在此趋势之下，可依托行政诉讼给付判决之丰富内涵，类推适用民法上无因管理规定，以司法案例先行确认公法上无因管理请求权，或载入相关司法解释，明确相应情形下管理人权益的维护方式与规则。

---

① 以《广东省见义勇为人员奖励和保障条例》为例，其所规定的见义勇为是指个人为保护国家利益、公共利益或者他人的人身、财产安全，制止违法犯罪、协助有关机关打击违法犯罪活动以及抢险救灾的行为。

② 张千帆：《"公共利益"的构成——对行政法的目标以及"平衡"的意义之探讨》，载《比较法研究》2005年第5期。

③ 谭宗泽、杨靖文：《行政诉讼功能变迁与路径选择——以法与治的关系为主线》，载《行政法研究》2016年第4期。

四、本案判决的思路与意义

本案最大的争议问题在于原告申请被告给付丧葬补助费及供养直系亲属救济费的理由是否成立。本案中，被告确系负责社会保险待遇支付工作的部门且其拒绝履行给付义务的事实成立。然而，根据《社会保险法》第十七条的规定，参加基本养老保险的个人，因病或者非因工死亡的，其遗属可以领取丧葬补助金和抚恤金。另据《北京市人力资源和社会保障局关于落实社会保险法有关问题的通知》第二条，被保险人因病或非因工死亡的，从基本养老保险基金中向其遗属一次性支付丧葬补助金和抚恤金。据此，参加基本养老保险的被保险人因病或者非因工死亡的，应当从基本养老保险基金中向其遗属支付丧葬补助金和抚恤金。本案中，如林公司并非被保险人遗属，其请求判决平谷社保中心支付丧葬补助金及供养直系亲属救济费看似缺乏直接的法律依据。然而如前文所述，法律、法规、规章的明确规定是公民、组织享有行政法上给付请求权的规范基础，但并不是唯一的基础，行政协议、类推适用民法规范也都可以成为行政法上给付请求权之基础。因此，判断给付请求是否成立不可过分拘泥于个别法律规范条文，而应当以现有法律、法规、规章作为依据，适当运用法律原则与类推，综合考虑案件情况，以维护行政相对人合法、正当权益为导向，判决行政主体履行应担负的给付义务。本案中，为解决如林公司是否有权申请平谷社保中心履行给付义务的问题，可从两方面分析：

（一）本案中如林公司是否具备诉的利益

诉的利益为大陆法系民事诉讼理论上的概念，是指对于具体的诉讼请求，是否具有进行本案判决的必要性和实效性（判决所能实现的实际效果）。[①] 有别于原告主体资格的审查侧重于解决原告是否具有作为本案当事人实施诉讼的资格问题，诉的利益的审查更加看重的是当事人提起诉讼是否具备必要性和实效性，包括当事人是否已无法获得其他更为有效的救济。本案中，生效民事判决判令如林公司先行垫付丧葬补助费及供养直系亲属救济费，如林公司亦已履行该项义务。诚然，如林公司如认为生效民事判决有误，可以尝试通过审判监督程序获取救济，然而，根据在裁判文书网查询的情况显示，该民事判决并非个例，同一城市多个法院均曾作出过类似的判决。由此可见，不论该民事判决

① 张卫平：《诉的利益：内涵、功用与制度设计》，载《法学评论》2017 年第 4 期。

结果是否具备充分依据，仅就劳动争议仲裁和诉讼功能而言，由用人单位先行垫付相关费用客观上确实有利于及时保障劳动者权益。故，相较于在履行民事判决之后又改而申请再审，如林公司选择本案诉讼途径，向真正负有给付义务之行政主体主张权利也不失为明智之举，其提起本案诉讼具备诉的利益。

（二）如林公司申请平谷社保中心支付的请求权基础

首先需要厘清“两费”（丧葬补助费及供养直系亲属救济费）与“两金”（丧葬补助金和抚恤金）之间的关系。“两费”出自《劳动保险条例》之规定，所谓由“劳动保险基金项下付给”，该基金全额来源于“企业行政方面或资方”，“两费”在实践中主要由企业自行承担。然而，伴随着社会经济条件变化，经济体制和社会保障制度改革势在必行，《社会保险法》明确基本养老保险实行社会统筹与个人账户相结合，基本养老保险基金由用人单位和个人缴费以及政府补贴等组成，意味着社会保险责任由国家、用人单位和个人共同承担。2011 年《社会保险法》实施之后，对于社会保险方面的法规、规章和规范性文件，与《社会保险法》不一致的，原则上应当适用《社会保险法》的规定，因此，由用人单位向职工支付“两费”的方式应当变更为从基本养老保险基金中支付“两金”的模式，对陈刚之家属真正负有给付义务的主体应当是平谷社保中心，而非如林公司。涉案民事判决亦以《社会保险法》规定为基础，同时考虑到社会保险基金拒绝支付的实际情况，才判决如林公司先行垫付。

结合前述无因管理之构成要件，如林公司从客、主观两方面均系为平谷社保中心管理公法之事务，且在法律上“无因”；虽然本案不属于典型的情况紧急之情形，然而，一则在有关部门未能支付的情况下，如林公司的管理行为确可避免他人享受社会保险待遇之合法权益遭受进一步损失，二则本案给付行为本无严格的行政程序及专业性要求，三则如林公司系按生效判决之要求“先行支付”，并非恣意代为行政管理。综上，本案事实不论是在构成要件上还是在保护互助、扶危济困之本质上皆与无因管理规则具备相似性，且由如林公司向平谷社保中心主张无因管理请求权并未违法为后者额外增设义务，亦不违背依法行政之原则及目的。因此，参照《民法总则》第一百二十一条之规定，没有法定的或者约定的义务，为避免他人利益受损失而进行管理的人，有权请求受益人偿还由此支出的必要费用，本案如林公司在不具法定义务的情况下为社会保险待遇支付事务而为管理，有权请求平谷社保中心偿还相应费用。申言之，社会保险经办机构在《社会保险法》实施长达七年之后仍以未出台细则为由拒绝履行法定义务不具有正当性，本案裁判有利于促使社会保险部门抓紧完善配套政策法规，做好《社会保险法》贯彻实施工作。

（**一审法院合议庭成员** 白雪英 王振江 李启顺
二审法院合议庭成员 王文涛 王琪璟 王 菲
编写人 北京市第三中级人民法院 王琪璟
责任编辑 韩德强
审稿人 王振宇）

天津市统联房地产建设开发有限公司诉天津市国土资源和房屋管理局、第三人胡伟撤销《不予受理告知书》案

——当事人以撤销之诉的名义提起履责之诉，法院应当审查起诉的请求权基础

关键词：行政　撤销之诉　履责之诉　起诉期限

【裁判要旨】

当事人以撤销之诉的形式提起履责之诉，法院应当以履责之诉的规则予以审查。履责之诉应当具备请求权基础。履责之诉已经超过法定起诉期限的，不能通过重新向行政机关提出申请的方式，转化诉讼类型接续起诉期限。

【相关法条】

《中华人民共和国行政诉讼法》第二十五条第一款　行政行为的相对人以及其他与行政行为有利害关系的公民、法人或者其他组织，有权提起诉讼。

【案件索引】

一审：天津市河北区人民法院（2017）津0105行初76号行政裁定（2017年12月21日）

二审：天津市第一中级人民法院（2018）津01行终149号行政裁定（2018年3月30日）

【基本案情】

原告（上诉人）天津市统联房地产建设开发有限公司（以下简称统联公司）诉称：2017 年 1 月 9 日，统联公司曾向天津市国土资源和房屋管理局（以下简称市国土房管局）提交《撤销登记申请书》及相关证据，后三次向市国土房管局邮寄了《督促尽快撤销产权证的函》，2017 年 3 月 20 日，统联公司收到市国土房管局的答复，告知统联公司“应当到不动产登记机构设立的登记场所申请不动产登记”。统联公司不服该答复，向法院提起诉讼，法院出具（2017）津 0105 行初 22 号行政裁定书，确认了市国土房管局答复的合法性，驳回了统联公司的起诉。2017 年 4 月 19 日，统联公司来到市区不动产登记事务中心河北部申请撤销登记。2017 年 5 月 27 日，市国土房管局向统联公司送达了《不予受理告知书》，告知统联公司“由于你单位非房屋登记机构，故你单位提出的撤销登记申请，决定不予受理”，并告知“登记机构将依据你单位提交的申请材料，对上述不动产是否存在隐瞒真实情况，提交虚假材料等情况予以调查核实，依法处理。”统联公司不服该《不予受理告知书》，认为查明事实错误，适用规章错误，请求法院撤销市国土房管局 2017 年 5 月 27 日作出的《不予受理告知书》，诉讼费由市国土房管局承担。

被告（被上诉人）天津市国土房管局辩称：市国土房管局不予受理统联公司申请符合相关法律规定，经与市区不动产登记事务中心河北部核实，统联公司于 2017 年 5 月 27 日到其不动产登记大厅提交《天津市不动产登记申请书》及相关材料，经核查，统联公司提交的材料并不符合不动产登记的受理条件，故市区不动产登记事务中心河北部当场出具《不予受理告知书》，该行为认定事实清楚、适用法律正确、程序合法。统联公司诉讼请求类型不合法，诉请法院判令市国土房管局受理其申请不合法，根据司法权与行政权之职权划分，是否应当受理是行政机关依据本机关专业知识作出的独立判断，除非裁量度缩减至零，否则司法机关无权判令行政机关某一含具体内容的行政行为，因此统联公司诉请不合法。本案诉争行政行为即 2017 年 5 月 27 日市国土房管局作出的《不予受理告知书》，该行政行为对统联公司来讲不可诉，2004 年 11 月市国土房管局作出登记行为将涉案房屋从统联公司名下登记至第三人胡伟名下，登记行为作出后统联公司不服，向市国土房管局提出过若干次申请，申请更正撤销，市国土房管局本着负责任精神对统联公司申请作出过若干次答复，作出了若干个行政行为，并最终引发若干次行政诉讼，事实上在市国土房管局作出的这一系列行政行为中只有最初的登记行为是对统联公司权利义务产生实质性、根本性影响的可诉的行政行为。原登记行为已经超过起诉期限，统联公司只能不断的提出申请、不断的诉讼，反复从不同角度诉讼，规避起诉期限。统联公司对于涉案房产登记的权利人有异议，向市国土房管局提出过若干次更正申请，2017 年 4 月 18 日统联公司提出的是更正申请，5 月 27 日是撤销申请，本质上是一致的，都是对权利人登记为第三人胡伟有异议，统联公司申请的目的是想将涉诉房屋登记到其名下，两次申请目的相同，用词不同，市国土房管局两次都是不予受理。显然本案被诉行为仅仅是对统联公司的重复性申请作出的重复性告知行为，对统联公司的权利义务不产生实质影响。统联公司申请的内容是要求撤销产权登记，根据《天津市不动产登记条例》第 62 条及《房屋登记办法》第 74 条，申请人认为记载有错误，依法应当提交相应的证据材料，统联公司未能提交上述法律规定的材料，其提交的材料不全，提交全部是程序性证据，没有提交能够撼动登记簿记载的实质性证据，市国土房管局适用《天津市不动产登记条例》第 13 条，出具不予受理告知书，而不是先受理下来再作出不予变更登记。

第三人胡伟述称：统联公司的起诉违反生效司法文件的法律效力，否定司法文件认定的事实，不同意统联公司的诉讼请求。生效的司法文件经过九审两仲裁两次公安侦查，证明从 2007 年 5 月 30 日开始，黄颖华以法律禁止的法定代表人身份，以一个无效合同、不成立的合同指使唐红在河北人民法院提起唐红与统联公司合同有效要求统联公司办理产权证，唐红诉胡伟与统联公司合同无效案，得出结论黄颖华是涉案房屋非法侵占人。在民事诉讼中还提出民转刑诉讼案，企图通过诉讼、调解，捏造事实、伪造证据，伪造公司收取唐红房款的虚假证明，指使亲属证人作伪证。2004 年查封房屋是原告捏造的事实，在民转刑不成，高法裁定书生效后，又以非法占有为目的提起两起行政诉讼，现诉争房屋还是统联公司在占有经营，所以说统联公司是恶意缠诉。

法院经审理查明：统联公司的营业执照于 2011 年 12 月 26 日被吊销，公司法人主体资格依然存在，其合法权益受到侵害时，有权以公司的名义提起诉讼，至审理时该公司登记事项中法定代表人仍为黄颖华。统联公司于 2017 年 5 月 27 日向市国土房管局提出申请，要求撤销天津市河北区××××××号不动产登记，市国土房管局于当日作出《不予受理告知书》并于当日送达。统联公司不服该《不予受理告知书》，以诉称理由向一审法院提起行政诉讼，要求判令撤销市国土房管局作出的《不予受理告知书》，诉讼费由市国土房管局承担。

另查，胡伟于2004年11月29日取得位于天津市河北区××××××号房产的《房屋所有权证》。一审法院于2014年7月7日作出（2013）北民初字第1921号民事判决，该判决查明“2007年1月原告向统联公司申请办理房屋产权证。统联公司发现被告胡伟已取得诉争房屋的产权证”。该判决认定的事实被天津市第一中级人民法院（2014）一中民一终字第942号民事判决确认。

【裁判结果】

天津市河北区人民法院于2017年12月21日作出（2017）津0105行初76号行政裁定：驳回原告天津市统联房地产建设开发有限公司的起诉。

宣判后，天津市统联房地产建设开发有限公司提出上诉。天津市第一中级人民法院于2018年3月30日作出（2018）津01行终149号行政裁定：驳回上诉，维持原裁定。

【裁判理由】

法院生效裁判认为，统联公司一审的诉讼请求为“撤销市国土房管局2017年5月27日作出的《不予受理告知书》，并依法受理统联公司的申请”，本案的争议焦点是统联公司的诉请属于撤销之诉还是履行职责之诉、统联公司对所诉事项是否具有请求权基础、被诉《不予受理告知书》是否对统联公司的权利义务产生实际影响。

关于统联公司的诉请属于撤销之诉还是履行职责之诉的问题。撤销之诉与履行职责之诉属于不同的诉讼类型，对应的审理及裁判方式不同。撤销之诉旨在撤销一个对行政相对人不利的行政行为，一经撤销，该行政行为的法律效力即随之消除，行政相对人所寻求的权利救济也就不待执行即已实现。而履行职责之诉的当事人则是希望通过行使其请求权，获得授益，达到一种较之于初始状态更佳的境况。履行职责之诉中也可能有一个撤销行政决定的请求，但撤销行政决定本身不是目的，终极目的是要求人民法院判决行政机关履行其所期待的某项义务。本案中，统联公司即通过诉请撤销《不予受理告知书》达到要求人民法院判决市国土房管局受理上诉人申请的目的，一审法院将统联公司的诉请归类于履行职责之诉并无不当。

关于统联公司对所诉事项是否具有请求权基础的问题。对当事人而言，提起履行职责之诉应当具有请求权基础。本案中，统联公司申请市国土房管局撤销的房屋登记行为于2004年11月29日作出，统联公司于2007年已经知晓该房屋登记的存在，应于知道该房屋登记行为之日起2年内主张权利，但统联公司并未在此期间内提起行政诉讼，起诉期限已经届满。统联公司虽未直接诉请撤销房屋登记，但通过申请市国土房管局撤销变更登记，进而提起行政诉讼，其终极目的与直接要求撤销房屋登记行为并无实质不同，系利用一个新的诉讼种类规避起诉期限。另，《房屋登记办法》第八十一条规定："司法机关、行政机关、仲裁委员会发生法律效力的文件证明当事人以隐瞒真实情况、提交虚假材料等非法手段获取房屋登记的，房屋登记机构可以撤销原房屋登记，收回房屋权属证书、登记证明或者公告作废，但房屋权利为他人善意取得的除外。"统联公司向市国土房管局提交的材料明显不符合上述规定。统联公司对其申请市国土房管局撤销的房屋登记行为的法律救济期限已经届满，且向市国土房管局申请撤销登记所提交的材料明显不符合《房屋登记办法》第八十一条的规定，在此情况下，统联公司对所诉事项不具有请求权基础。

关于被诉《不予受理告知书》是否对统联公司的权利义务产生实际影响的问题。统联公司为撤销房屋登记，反复向市国土房管局提出申请，市国土房管局亦反复答复，被诉《不予受理告知书》没有为统联公司创设新的权利义务，对统联公司的权利义务不产生实际影响。

综上，统联公司所提履行职责之诉缺乏请求权基础，且诉请撤销的《不予受理告知书》对统联公司的权利义务不产生实际影响，天津市第一中级人民法院裁定驳回上诉，维持原裁定。

【案例注解】

司法实践中，行政相对人向行政机关提出履行职责申请，行政机关作出不予受理告知书，行政相对人不服该不予受理告知书，向法院提起行政诉讼，诉请撤销该不予受理告知书，并责令行政机关受理其履行职责申请。此种情形下，诉讼类型为撤销之诉还是履行职责之诉容易产生困惑。

一、撤销之诉与履行职责之诉的区别

撤销之诉与履行职责之诉是两种不同的诉讼类型，相应的审理和裁判规则亦不同。判断诉讼类型，应当结合当事人提起诉讼的目的。从诉讼目的来看，撤销之诉旨在撤销一个对行政相对人不利的行政行为，一经撤销，该行政行为

的法律效力即随之消除，行政相对人所寻求的权利救济也就不待执行即已实现；而履行职责之诉的当事人则是希望通过行使其请求权，获得授益，达到一种较之于初始状态更佳的境况。履行职责之诉中也可能有一个撤销行政决定的请求，但撤销行政决定本身不是目的，终极目的是要求人民法院判决行政机关履行其所期待的某项义务。本案中，统联公司向市国土房管局申请撤销房屋登记，市国土房管局作出不予受理告知书，统联公司提起行政诉讼，请求撤销该不予受理告知书。就本案的诉讼目的，统联公司提起诉讼，形式上是请求撤销不予受理告知书，实质上是通过撤销不予受理告知书达到要求人民法院责令市国土房管局受理其撤销房屋变更登记申请的目的，实为履行职责之诉。因此，本案应当适用履行职责之诉的审理和裁判规则。

二、履行职责之诉应当具有请求权基础

根据《行政诉讼法》第二十五条第一款、第四十九条第一项，《最高人民法院关于适用〈中华人民共和国行政诉讼法〉的解释》第六十九条第一款第一项的规定，与行政行为具有利害关系是行政诉讼适格原告的必要条件。履行职责之诉中，只有行政机关拒绝作出行政行为致使原告的权利受到侵害时，原告与行政机关不作为之间才具有利害关系。此种“权利”是通过法律规范明确赋予原告，且属于被告职责范围内的事项。只有该“权利”存在，原告所提履责申请对有关行政机关才能产生法律上的效果，从而使有关行政机关的处理与原告产生法律上的利害关系。因此，行政相对人提起履行职责之诉应当具有请求权基础。

《房屋登记办法》第八十一条规定：“司法机关、行政机关、仲裁委员会发生法律效力的文件证明当事人以隐瞒真实情况、提交虚假材料等非法手段获取房屋登记的，房屋登记机构可以撤销原房屋登记，收回房屋权属证书、登记证明或者公告作废，但房屋权利为他人善意取得的除外。”统联公司向市国土房管局提交的材料明显不符合上述规定，不具备本案履行职责之诉的请求权基础。

三、不能通过转化诉讼类型接续起诉期限

根据《最高人民法院关于适用〈中华人民共和国行政诉讼法〉的解释》第六十九条第一款第二项规定，超过法定起诉期限且无行政诉讼法第四十八条规定情形，已经立案的，应当裁定驳回起诉。根据该条规定，当事人超过起诉期限提起行政诉讼，不具备应当保护的诉的利益。起诉期限设立的目的是督促

行政相对人依法及时行使权利，维护行政法律关系的稳定性。本案中，市国土房管局于2004年11月29日作出房屋登记行为，统联公司于2007年已经知晓该房屋登记的存在，应于知道该房屋登记行为之日起2年内主张权利，但统联公司并未在此期间内提起行政诉讼，起诉期限已经届满。统联公司申请撤销房屋变更登记，在市国土房管局作出不予受理告知书后，诉请撤销该不予受理告知书，最终目的是请求撤销房屋登记行为，是在利用一个新的诉讼种类规避起诉期限，如果允许其通过转化诉讼类型接续起诉期限，则与起诉期限制度的设立目的相悖。从起诉期限角度来看，统联公司要求市国土房管局撤销房屋登记的起诉期限已经届满，其已经丧失诉的利益，亦不具备本案履行职责之诉的请求权基础。

四、重复处理行为对当事人的权利义务不产生实际影响

行政重复处理行为是行政机关作出的没有改变原有行政法律关系，没有对当事人的权利、义务产生新的影响的行为。统联公司为撤销房屋登记，反复向市国土房管局提出申请，市国土房管局亦反复答复，被诉《不予受理告知书》没有为统联公司创设新的权利义务，没有改变原有的行政法律关系，对统联公司的权利义务不产生实际影响，统联公司对被诉《不予受理告知书》不具备诉的利益。

（**一审法院合议庭成员** 崔　伟　魏冬梅　付常艳
二审法院合议庭成员 孔　娟　董国强　张　全
编写人 天津市第一中级人民法院　张淑萍
责任编辑 韩德强
审稿人 王振宇）

胡玄与大连普湾新区管理委员会、普兰店市人民政府复州湾街道办事处等收回海域使用权行政补偿案

——提前收回海域使用权补偿对象的确定及其救济途径

关键词：行政　提前收回海域使用权　驳回起诉　原告主体资格　利害关系　补偿利益

【裁判要旨】

在提前收回海域使用权行政补偿案件中，原海域使用权人出租该海域开展海水养殖等经营项目，且形成多人连环转租的情况，补偿对象应确定为原海域使用权人（原始出租人）和现经营者。其他中间各环节的承租人和转租人并不享有补偿利益，与案涉行政补偿行为没有利害关系，对补偿行为不具有原告主体资格。若其他承租人和转租人认为其对租赁海域附属设施具有投资改造，因合法建造或者添附而享有财产权益的，应依据民事法律规范向已获得该附属设施补偿的受偿人另行主张权利。

【相关法条】

《最高人民法院关于适用〈中华人民共和国行政诉讼法〉的解释》第六十九条第一款第一项　有下列情形之一，已经立案的，应当裁定驳回起诉：（一）不符合行政诉讼法第四十九条规定的。

《中华人民共和国行政诉讼法》第二十五条第一款　行政行为的相对人以及其他与行政行为有利害关系的公民、法人或者其他组织，有权提起诉讼。

第四十九条第一项　提起诉讼应当符合下列条件：（一）原告是符合本法

第二十五条规定的公民、法人或者其他组织。

【案件索引】

一审：辽宁省大连海事法院（2013）大海行初字第7号（2015年12月23日）

二审：辽宁省高级人民法院（2016）辽行终396号行政裁定（2018年4月16日）

【基本案情】

上诉人胡玄（原审原告）诉称：本案征收补偿范围不仅包括海域使用权，还包括建造的参圈、地上构筑物等，被上诉人未查明征收财产权属，而仅凭海域使用权证确定被征收对象，与事实不符，违反法定程序，且侵犯了上诉人的合法权益。本案中，各方当事人对被征收范围、评估报告、补偿标准等均无异议，但其确定的征收补偿对象有误，原审判决未区分被上诉人在实际征收中涉及的全部财产性质，未确认被上诉人应遵循公平合理原则对全部财产权利人予以补偿的法定义务，属于确认事实不清。原审判决适用法律有误。被上诉人履行行政征收权利和程序对属于上诉人的合法财产予以征收，却没有对上诉人予以补偿，侵犯上诉人的合法权益。原审判决认为海域使用权之外财产征收不属于行政征收范围与事实不符，与被上诉人的自认不符。

被上诉人大连普湾新区管理委员会（原审被告）辩称：一、被上诉人因提前收回海域使用权，根据《补偿办法》的规定，依法对案涉海参圈的所有权人和现经营者进行补偿的行政行为合法有效。被上诉人具有辖区内海域和滩涂的管理职权；被上诉人依据《补偿办法》，依法确定的受偿主体于法有据。根据《海域使用管理法》第三十条、《行政许可法》第八条第二款的规定，被上诉人提前收回海域使用权的行为系属撤回已经生效的行政许可。《补偿办法》第六条对收回海域使用权行为性质的认定与上位法一致。关于补偿对象的确定，根据上述规定，提前收回海域使用权行为所引起的行政补偿是对提前收回的海域使用权，向海域使用权人作出的补偿。对于其他相关权利人，行政机关不负有直接予以补偿的义务。被上诉人根据《补偿办法》的规定，将案涉4个参圈的海域使用权人南海盐场确定为补偿对象，于法有据。因此，本案中，提前收回海域使用权补偿的受偿主体，一是《海域使用权证》中载明的海域使用权人南海盐场，二是依据合同关系确定的征海时仍然从事养殖生产的现经营者，即本案第三人，对现经营者进行补偿主要是对征收养殖物的补偿。因此，被上诉人所确定的受偿主体完全符合法律规定。二、被上诉人提前收回海域使用权的行为，并没有征收到上诉人的财产，上诉人对案涉参圈不应享有获得补偿的权利，其向被上诉人主张补偿款既无事实依据，也不符合法律规定，上诉人无权向被上诉人主张补偿权。在本案一系列转租、转包的行为中，上诉人的法律地位仅是曲礼文、刘开旭合同中的次承租人和陈世良合同中的转租人，而不是本案一系列租赁合同中的原始出租人，即不是案涉参圈的所有权人。因此，其不享有案涉海参圈海域使用权人的补偿权。同时，在上诉人将参圈转租给后手承租人陈世良以后，已经实际退出了承租关系，也不是现经营者，上诉人既不是参圈的所有权人，也不是养殖物的所有权人，上诉人在本案中根本不是被征收财产的所有权人。因此，被上诉人的提前收回海域使用权的行为不涉及上诉人的财产，上诉人不应享有获取补偿的权利。上诉人没有任何法律依据向被上诉人主张补偿。三、如果上诉人胡玄认为其对参圈投资没有收回，也应依据《合同法》及《民法通则》中有关租赁物添附的处理原则向物权人主张权利，而无权向被上诉人提出补偿要求。

被上诉人大连复州湾街道办事处（原审被告）未向本院提交书面答辩意见但在庭审中辩称：原审判决认定事实清楚，证据确实充分，结论正确。

原审第三人王久祥、战德强在庭审中述称：上诉人将其承租的参圈转租给后续承包人，即丧失了对参圈的承包使用权。因为使用权是有年限的，合同签订时上诉人和续承租人是根据当时的具体情况签订的承租合同。本案涉及的海域共16个参圈，属于同一个开发商，其中11个参圈被转让，只有本案中的4个参圈出现问题，其余均无问题。

法院经审理查明：南海盐场就案涉4个参圈（7号、10号、11号、12号）的海域依法取得海域使用权证，用海类型是海水养殖，项目名称是港养海参，是涉案参圈的海域使用权人。2003年11月1日，南海盐场与马文有签订了《复州湾镇南海盐场部分盐田承包合同书》，将部分海域含案涉4个参圈的海域在内，承包给马文有；2004年4月8日，马文有与曲礼文、刘开旭签订了《租赁养水圈合同》，将其从南海盐场承包的含案涉4参圈在内的海域转租给曲礼文、刘开旭；2004年10月11日，曲礼文、刘开旭与原告签订了《租赁参圈合同》，将案涉4个参圈的海域转租给原告，租期19年；2007年4月26日，原告与陈世良签订《参圈转租合同》，将案涉4个参圈的海域转租给陈世良，租期至2023年10月1日。2007年至2009年，陈世良先后将案涉

4个参圈即第7、10、11、12号参圈分别转租于苏少峰、王久祥、王宝合、战德强，租期均截止于2023年10月1日止。

2010年普湾管委会下发大普管发［2010］1号文件，颁布《大连普湾新区海域征用补偿办法》（以下简称《补偿办法》），收回辖区内部分海域使用权，并予以公告，《补偿办法》对补偿对象及范围、补偿程序、补偿标准等予以明确规定，案涉4个参圈的海域在其收回海域使用权的范围内。复州湾街道办事处，根据《补偿办法》的规定，委托资产评估机构对案涉参圈及养殖物进行评估，并于2010年年末就案涉第10、11、12号参圈的海域，分别与海域使用权人南海盐场签订《大连普湾新区海域征用补偿协议书》，本案第三人王宝合、王久祥、战德强作为现经营人分别在3份协议书上签字，经南海盐场确认，复州湾街道办事处将部分补偿款汇入第三人王宝合、王久祥、战德强的账户。同年12月21日，原告以普湾管委会及陈世良为被告，以苏少峰、王久祥、王宝合、战德强为第三人诉请该院判令普湾管委会向原告支付案涉4个参圈的全部补偿款，该院以民事案件（2011）大海鲅商初字第6号案立案受理，并判决普湾管委会支付原告补偿款2693673元。普湾管委会上诉后，辽宁省高级人民法院裁定撤销原判决发回重审。该院以（2012）大海商初重字4号案重审，2012年10月25日，原告申请撤诉，该院予以准许。同年10月29日，原告以王宝合、王久祥、战德强、苏少峰、陈世良为被告，以普湾管委会为第三人，向该院提起民事诉讼，该院以原告认为其有权获得案涉4参圈的部分补偿款，以及要求普湾管委会向其支付补偿款2735174元的诉讼请求，与普湾管委会所述的具体行政行为所确认的被补偿主体相矛盾，原告起诉属对具体行政行为不服为由，裁定驳回起诉。原告上诉后，二审裁定驳回上诉，维持原裁定。

另查，2012年7月，经辽宁省人民政府批准，大连市人民政府撤销瓦房店市复州湾镇，设立复州湾街道办事处，划归普兰店市管辖。

【裁判结果】

辽宁省大连海事法院于2015年12月23日作出大连海事法院（2013）大海行初字第7号行政判决：驳回原告胡玄的诉讼请求。

宣判后，胡玄提起上诉，辽宁省高级人民法院于2018年4月16日作出（2016）辽行终396号行政裁定，撤销大连海事法院（2013）大海行初字第7号行政判决：驳回原审原告胡玄的起诉。

【裁判理由】

法院生效决定认为:《行政诉讼法》第二十五条第一款规定,行政行为的相对人以及其他与行政行为有利害关系的公民、法人或者其他组织,有权提起诉讼。该利害关系是指原告与被诉行政行为之间存在利益关系。它包括不利的关系和有利的关系,但必须是一种已经形成或者必将形成的关系。

本案中,上诉人在原审中提出的诉讼请求为"撤销二被告对第三人参圈补偿的行政行为,判决二被告重新作出以原告为补偿主体的行政行为",其实质是请求撤销被上诉人已经作出的补偿行为,并对其重新作出补偿。因此,本案的被诉行政行为应为被上诉人因收回案涉海域使用权而作出的以南海盐场和现经营者即原审第三人王久祥、苏少峰、王宝合、战德强作为补偿对象的补偿行为。

《海域使用管理法》第三十条规定:"因公共利益或者国家安全的需要,原批准用海的人民政府可以依法收回海域使用权。依照前款规定在海域使用权期满前提前收回海域使用权的,对海域使用权人应当给予相应的补偿。"普湾管委会制定的《补偿办法》第九条规定:"海域征用补偿对象为海域使用权人。"第五条规定:"本办法所指海域使用权人,是指依法取得海域使用权证书或其他有效权属证明,从事海水养殖和捕捞生产的单位和个人。"根据上述规定,在海域使用权期满前提前收回海域使用权的,应当对海域使用权人给予相应的补偿,海域使用权人就是补偿对象;海域使用权人是指依法取得海域使用权证书,或者没有海域使用权证书,但有其他有效权属证明,从事海水养殖和捕捞生产的单位和个人。本案中,南海盐场依法取得了被提前收回海域使用权的案涉 4 个参圈的海域使用权证书,原审第三人王久祥、苏少峰、王宝合、战德强是案涉 4 个参圈的现经营者,普湾管委会将南海盐场和原审第三人王久祥、苏少峰、王宝合、战德强确定为补偿对象并予以补偿的行政行为符合上述规定。

上诉人在案涉参圈的一系列转租过程中,只是其中一个环节的承租人和转租人,而不是原始出租人和现承租人,即不是案涉参圈的所有权人和现经营者。因此,上诉人并不享有案涉参圈的补偿利益,其与本案的被诉行政行为即被上诉人所作出的补偿行为没有利害关系。根据上述规定,上诉人作为原告提起本案诉讼不具备原告主体资格。《行政诉讼法》第四十九条第一项规定:"提起诉讼应当符合下列条件:(一)原告是符合本法第二十五条规定的公民、法人或者其他组织;”《最高人民法院关于适用〈中华人民共和国行政诉讼法〉的解释》第六十九条第一款第一项规定:“有下列情形之一,已经立案的,应当裁定驳回起诉:(一)不符合行政诉讼法第四十九条规定的;”根据上述规定,本案应裁定驳回起诉。原审法院判决驳回其诉讼请求属于适用法律不当,应予纠正。

上诉人提出其在案涉4个参圈上具有投资改造,享有财产权益的主张,可以依据民事法律规范另行主张权利。

综上所述,原审判决认定事实清楚,审判程序合法,但适用法律不当,裁判方式错误,依法应予纠正。上诉人的上诉请求和理由缺乏法律依据,本院不予支持。依法裁定撤销原判,驳回原审原告胡玄的起诉。

【案例注解】

一、提前收回海域使用权的性质

我国《海域管理法》第三十条的规定:“因公共利益或者国家安全的需要,原批准用海的人民政府可以依法收回海域使用权。依照前款规定在海域使用权期满前提前收回海域使用权的,对海域使用权人应当给予相应的补偿。”可见,因公益提前收回海域使用权就是因为公共利益的需要,原批准用海的人民政府在海域使用权期限届满前,将原海域使用权人的海域使用权提前收回的行为。从《海域管理法》其他规定来看,因违法行为和因闲置也会提前收回海域使用权,但这两种情况下国家提前收回海域使用权显系一种行政处罚行为。而因公益提前收回海域使用权行为则是在海域使用权人利用海域合法且履行应尽义务的前提下提前收回的行为,这体现着私益为公共利益作出的特别牺牲。正基于此,对于因违法行为或因闲置而提前收回海域使用权的,将不给予任何补偿;而因公益提前收回海域使用权的,应给予原海域使用权人合理的补偿。

因公益提前收回海域使用权行为的性质问题,上述案件的一审法院在判决理由引用《行政许可法》第八条关于行政许可撤回的规定,这是将该行为纳入到行政许可撤回的范畴内。该观点的重要根据是我们能够确认取得海域使用权的基本途径是采取行政许可的方式,在我国《海域管理法》第三章“海域使用申请与审批”规定了海域使用权以行政许可方式取得的条件、程序,2002年4月国家海洋局发布的《海域使用权申请审批暂行办法》又对其作了具体规定。既然海域使用权的取得属于行政许可，那么，海域使用权因公益提前收回是否属于行政许可的撤回？

依据《行政许可法》第八条规定，行政许可的撤回具备四个特征：（1）为了公共利益的需要；（2）需要依照法定程序；（3）依法给予补偿；（4）行政许可所依据的法律、法规、规章修改或者废止，或者准予行政许可所依据的客观情况发生重大变化。因公益提前收回海域使用权基本符合前3个特征，但是很显然因公益提前收回海域使用权并非由于“所依据的法律、法规、规章修改或者废止”，也不一定属于“准予行政许可所依据的客观情况发生重大变化”的情形。① 这表明，我国法律对于行政许可撤回制度作了更严格的限定，因公益提前收回海域使用权与行政许可撤回行为存在一部分交叉，即部分具备第四个特征的因公益提前收回海域使用权，应当属于行政许可的撤回，除此之外的因公益提前收回海域使用权则另当别论。所以，笼统地称因公益提前收回海域使用权行为的性质为行政许可撤回，显然是不准确的，行政许可撤回的内涵与外延都不足以包容全部因公益提前收回海域使用权行为。

基于以上分析，行政征收征用是否具有的更大概念包容力呢？有学者认为，因公益提前收回海域使用权行为与征收征用因公益提前收回海域使用权是在海域所有权归属国家的前提下，提前收回海域的使用权。从传统意义上讲，它既不属于征收私人财产的所有权，又不属于征用私人财产的使用权。这一点与国有土地使用权的提前收回具有相似之处。所谓征收，是指政府以行政命令的方式取得自然人或法人财产权的行为。学界以往对国有土地使用权的收回是土地征收的一种只是停留在讨论之中，认为征收的对象可以包括所有权和所有权以外的其他物权（如土地使用权）。② 而2011年我国公布施行《国有土地上房屋征收与补偿条例》后，国有土地使用权可以被依法征收的观点则成为共识。

因公益提前收回海域使用权是国家动用强制力取得他人已有的海域使用权，在目的上要满足公共利益或者国家安全的需要，并且国家应当给予权利人相应的补偿。所以因公益提前收回海域使用权符合上述有关土地使用权征收理论的基本特征，其在本质上属于行政征收中的公益征收，进一步讲，行政许可

① 郭萍、吴卓：《因公益提前收回海域使用权及补偿法律问题》，载《大连海事大学学报》2010年第1期。

② 梁慧星：《中国物权法草案建议稿——条文、说明、理由与参考立法例》，社会科学文献出版社2000年版。

撤回亦属于公益征收范围之内。将其定位于公益征收不仅没有加重“征海人”的补偿义务和其他负担，还有利于海域使用权人借助征收制度中实体方面和程序方面的规定，保护私有财产权，防止国家行政权力的滥用。

二、本案海域行政补偿对象和原告资格的确认

如前所述，我国确立海域使用权提前收回制度，并明确针对性予以相应补偿。概括讲，补偿对象为原海域使用权人，而海域使用权人主要是指该海域已颁发的使用权证上载明权利人，但实践中因实际使用人形成养殖物所有权归属等复杂情况，则需要具体把握。本案中，为征收案涉海域使用权进行补偿，普湾管委会依法结合实际，制定《补偿办法》，其中第九条规定：“海域征用补偿对象为海域使用权人”，第五条规定：“本办法所指海域使用权人，是指依法取得海域使用权证书或其他有效权属证明，从事海水养殖和捕捞生产的单位和个人。”其中关于“其他有效权属证明”，在《补偿办法》第五条、第十四条、第十六条第一款、第十七条第一款中均有表述，普湾管委会将其涵义界定为：“其他依法取得政府或政府相关部门颁发的除《海域使用权证书》外的其他权属证书，不包括承包经营合同等合同类文书。”也即“其他有效权属证明”是在用海人未取得《海域使用权证书》而使用海域的情形下，依法获得的政府或政府相关部门颁发的合法使用海域的其他有效证明，故《补偿办法》关于补偿对象的规定与上位法一致。普湾管委会根据《补偿办法》的规定，将持有案涉4个参圈的海域使用权证证书的南海盐场确定为补偿对象，于法有据。

还要看到，该海域使用权人南海盐场没有直接经营，而是将其承包给他人，且本案转包多层，致使使用权人与实际使用人不一致；因承包系从事养殖业务，那么因海域征收而一同被征收的养殖物，其原所有权应归现经营人。这种情形显然不同于前述使用权人与经营人同一情况，对征收海域中养殖物的补偿对象应确定为依据合同关系确定的征海时仍然从事养殖生产的现经营者。也正因为现经营者与被征收海域的相关设施及收益最为相关，且直接经营就是使用的实质载体之一，案涉征收补偿当然包括养殖物及设施内容，故现经营者王久祥、苏少峰、王宝合、战德强亦应作为征收案涉海域使用权的补偿对象。

对于原审原告胡玄而言，被上诉人提前收回海域使用权的行为，并没有征收到上诉人的财产，上诉人对案涉参圈不应享有获得补偿的权利，其向被上诉人主张补偿款既无事实依据，也不符合法律规定，上诉人无权向被上诉人主张补偿权。在本案一系列转租、转包的行为中，胡玄的法律地位仅是曲礼文、刘

开旭合同中的次承租人和陈世良合同中的转租人，而不是本案一系列租赁合同中的原始出租人，其不享有案涉海参圈海域使用权人的补偿权。同时，在胡玄将参圈转租给后手承租人陈世良以后，实际现经营者另有其人，其既非参圈的所有权人，又非养殖物的所有权人。因此，案涉提前收回海域使用权的行为不涉及胡玄的财产，上诉人不应享有获取补偿的权利。当然，如果胡玄认为其对参圈投资没有收回，属于对参圈添附行为的，应依据民事法律规范向已获得该参圈补偿的受偿人另行主张权利，而无权向被上诉人提出补偿要求。

《行政诉讼法》第二十五条第一款规定，行政行为的相对人以及其他与行政行为有利害关系的公民、法人或者其他组织，有权提起诉讼。该利害关系是指原告与被诉行政行为之间存在利益关系。它包括不利的关系和有利的关系，但必须是一种已经形成或者必将形成的关系。由上论及，就案涉提前收回海域使用权行为来讲，胡玄并不享有案涉参圈的补偿利益，其与本案的被诉行政行为即被上诉人所作出的补偿行为没有利害关系。根据上述规定，胡玄提起本案诉讼不具备原告主体资格。

依照《行政诉讼法》第四十九条第一项规定、《最高人民法院关于适用〈中华人民共和国行政诉讼法〉的解释》第六十九条第一款第一项规定，本案应裁定驳回起诉。原审法院判决驳回其诉讼请求属于适用法律不当，二审法院予以纠正。

（**一审法院合议庭成员**　李　爽　孙喜群　苏　航
二审法院合议庭成员　于长苓　曹丽华　王永宏
编写人　沈阳铁路运输中级法院　李　钢
辽宁省高级人民法院　王永宏
责任编辑　韩德强
审稿人　王振宇）

三、域外撷英

【编者按】 域外撷英专栏选择国外及港澳台地区法院的少量名判进行评析或作简要介绍，以期开阔读者视野，汲取域外裁判精华。

社交网络账户可否为账户使用人的继承人所继承？

张博文①译　王文娜②校③

摘要：随着社交网络的兴起，社交网络账户是否可继承这一问题越发频繁地出现在各国的司法实践中。这则历经三审，最终由德国联邦最高法院作出终审判决的案例所涉及的即是这一问题。联邦最高法院从社交网络账户的可继承性是否为合同条款所排除、是否因账户高度人身性被排除、是否违反通讯秘密原则、是否违反数据保护法、是否违背死者死后人格权或通讯伙伴的人格权等角度一一进行驳斥，最终认定社交网络账户可根据《德国民法典》第1922条的规定移转给其继承人。

关键词：社交网络账户　高度人身性　通讯秘密　数据保护　死后人格权

德国联邦最高法院

以人民的名义

判决

III ZR 183/17

2018年7月12日公布

诉讼案件

《德国民法典》第1922条第1款、第307条第1款和第2款、《德国电信

① 张博文，北京航空航天大学法学硕士。

② 王文娜，德国法兰克福大学法学院博士研究生。

③ 本文中的部分专业词汇得到了德国明斯特大学法学院博士生查云飞先生、德国哥廷根大学法学院博士生杜志浩先生的指点，特此致谢。

法》第 88 条、《欧盟通用数据保护条例》第 6 条第 1 款。

社交网络账户的持有人死后，该账户使用合同根据《德国民法典》第 1922 条的规定移转给其继承人。访问社交网络账户和其中的通信内容既不违反通讯秘密或数据保护法，也不违背被继承人的死后人格权。

联邦最高法院 2018 年 7 月 12 日判决 – III ZR 183/17 – 柏林高等法院

柏林州法院

ECLI：DE：BGH：2018：120718UIIIZR183. 17. 0

联邦最高法院民事第三审判庭首席法官 Herrmann 博士、法官 Seiters 博士、Liebert 博士、Arend 博士和 Bo · ttcher 博士于 2018 年 6 月 21 日进行了口头审理，作出如下判决：

1. 经原告上诉，废除柏林高等法院第 21 民事审判庭于 2017 年 5 月 31 日作出的判决。

2. 驳回被告对柏林州法院第 20 民事审判庭 2015 年 12 月 17 日的判决的上诉。

3. 被告承担上诉费用。

依照法律

案件事实

1. 当事人之间就被告运营的社交网络上的账户的访问发生争议。原告要求被告准许访问被告经营下的其已故未成年女儿的账户和其中的通信内容。除死者的父亲外，原告也是继承人共同体的成员。被继承人在世时，父母二人是她的法定代理人。

2. 通过网络，用户可以利用被告的服务器在线互相通信并交换信息。其内容包括，图片、视频和其他网站链接的上传、储存和共享、评论和状态的发布、消息的互换及储存。使用社交网络的人注册之后必须以用户名和密码的形式提供账户访问数据。社交网络的服务由位于美国的 F. 和位于爱尔兰的被告提供，根据 F. 的一般交易条款，被告是居住地在美国之外的用户的缔约人。

3. 2011 年 1 月 4 日，14 岁的被继承人在征得父母同意后在被告的社交网络上注册并获得一个账户。在2013年12月3日的晚上，她因在地铁站被一辆行驶中的列车撞倒，发生事故而死亡，但事故原因至今尚不清楚。

4. 原告随后试图使用她女儿的访问数据登录被继承人的账户，然而并未成功，因为被告根据从第三方那里获得的前账户使用人去世的通知于2012年12月9日将该账户设置为“纪念状态”。在这种状态下，即使使用正确的用户名和密码也不可能访问账户，但账户本身（包括存储在被告服务器上的内容）仍继续存在，死者共享的内容对她的共享受众继续保持可见状态。死者的通讯伙伴(“朋友”）——与账户的隐私设置有关——能够在设置为纪念状态的年份记录中分享回忆。然而，除被告之外，没有人能够访问账户内容，如存储在其中的照片和消息。有关纪念状态的规则可以在被告网站的帮助栏中找到，但一般使用条款对此并未提及。

5. 原告主张，继承人共同体需要访问账户，以获取关于被继承人在去世前不久是否有自杀意图的信息。此外，他们还需要通过访问账户来对抗地铁司机的损害赔偿请求权。她女儿账户中的个人通信内容已经为继承人共同体所继承，这不违背《德国电信法》第88条中的通讯秘密所提供的保护，因为这一规则无论从主观视角，还是从客观视角均不适用于被告。无论如何，消除由纪念状态引起的访问障碍都是合理的。在相关基本权利的实践性调和背景下，被继承人通讯伙伴的信息保护应当让位于继承人的访问请求权。最后，纪念状态的使用条款，就算完全有效地包括在（使用合同）内，根据《德国民法典》第307条第1款第1句也是无效的。

6. 柏林州法院判决被告授权继承人共同体访问被继承人完整账户和其中包含的通信内容。[①] 在被告的上诉中，柏林高等法院驳回了该诉求。

7. 在上诉法院批准的上诉中，原告继续提起她的诉讼请求。

裁判理由

8. 原告被批准的上诉取得成功，它导致上诉判决被撤销，被告的上诉被驳回，并因此恢复了支持原告诉求的一审判决。

I.

9. 从继承法的角度来看，继承人共同体是否根据《德国民法典》第1922

① FamRZ 2016，738.

条享有访问被继承人账户的请求权？上诉法院并没有回答这个问题。[①] 无论如何，《德国电信法》第88条第3款第3句禁止被告，把通过账户处理并仍存储在被告服务器上的通信内容和情况告知被继承人父母。

10. 如果在社交网络上可以交换和分享消息及内容，那么作为社交网络运营者的被告就是《德国电信法》第3条第6项中的服务提供商。虽然它本身不能传输信号，但它必须允许电信公司的外来信号传输。此外，根据《德国电信媒体法》第2条第1句第1项，也可将被告认定为服务提供商，因此（通过《德国电信媒体法》第3条第3款第1、2、4项）根据《德国电信媒体法》第7条第3款第2句，《德国电信法》第88条第3款也可以适用。

11. 《德国电信法》第88条的保护范围包括，通过被告的服务交换的私人消息的内容和情况和在有限用户范围内分享的内容。只要通讯内容存储在被告的服务器上，该规则就可适用，并不依赖于接收者的获知。

12. 尤其是，根据《德国电信法》第88条第3款第3句，将电信通讯内容告知继承人缺乏一个与电信通讯过程明显相关的法定许可。《德国民法典》第1922条和《德国电信法》第91条及以下不符合这些前提。继承人未参与通讯过程，因此也就不是《德国电信法》第88条第3款第3句意义上的“他人”。通讯秘密必须为继承人的利益让路，但不是基于实践性调和，因为没有相关的法律提供干预的不正当性。

13. 基于通讯参与者的同意获得访问权限也是不可能的。不管被继承人是否已经作出这样的同意，在将通讯内容交给她的继承人问题上，她的通讯伙伴都没有作出默示的或者可得推知的同意。

14. 最后，根据《德国民法典》第1922条和第280条的规定，纪念状态的废止不产生损害赔偿请求权，因为被告有权设立。父母的照顾权随着被继承人的死亡而结束，并且从照顾死者的权利中同样也无法推导出访问请求权。这同样适用于父母的一般人格权和父母要求知道他们孩子死亡时的背景和情况的愿望。由于《联邦数据保护法》的作用和保护范围仅限于活着的人，所以并未产生类似《联邦数据保护法》第34条的询问请求权。

II.

15. 上诉判决未能承受住（向联邦最高法院提起的）上诉的攻击。

---

① FamRZ 2017，1348.

16. 下级法院已经在结果上准确地肯定了该诉讼的可受理性。① 被告在这一问题上不再提出异议。

17. 原告与上诉法院意见相反的诉求是有根据的。原告有权要求被告准许继承人共同体访问被继承人的账户和其中所包含的内容。这种请求权是可继承的，这既不违背死后人格权，也不违反通讯秘密、数据保护的规则或被继承人通讯伙伴的一般人格权。②

18. a）访问账户和其中所储存的内容的请求权源自被继承人和被告之间已经移转给继承人的债法上的合同。

19. aa）上诉法院已经正确地确认了被继承人在其法定代理人的同意下（《德国民法典》第 107 条）与被告缔结了一份关于设立和使用“账户”的债法上的合同。③ 该合同的法律性质④暂不予讨论，因为它与此处所要讨论的法律问题无关。

20. bb）下级法院选择将德国法适用于该合同关系是正当的且未受到当事人的反对。根据欧洲议会和欧盟理事会 2008 年 6 月 17 日《关于合同之债法律适用的第 593/2008 号（欧共体）条例》⑤ 第 3 条第 1 款和第 6 条第 2 款，该合同受当事人选择的德国法的约束。由于是消费者合同，其可适用性来自罗马一号条例第 6 条第 1 款。

21. cc）根据《德国民法典》第 1922 条第 1 款，合同关系的权利义务随着

---

① 国际管辖权参见欧洲议会和欧盟理事会 2012 年 12 月 12 日《关于民事和商事管辖权，判决的认可和执行的第 1215/2012 号条例——布鲁塞尔一号条例》的第 17 条第 1 款 c）、第 2 款及第 18 条第 1 款选项 2；2012 年 12 月 20 日《欧盟官方公报》第 L351 期，第 1 页。

② 相同观点，如 BeckOK BGB/Mu · ller – Christmann, Stand 1. Mai 2018, § 1922 Rn. 101; BeckOGK BGB/Preuß, Stand 1. Juni 2018, § 1922 Rn. 387 ff; Mu · KoBGB/Leipold, 7. Aufl., § 1922 Rn. 25 ff; Biermann, ZErb 2017, 210 ff; Bock, AcP 217, 370 ff; Herzog, ZErb 2017, 205 ff; Herzog/Pruns, Der digitale Nachlass in der Vorsorge – und Erbrechtspraxis, § § 4 und 5; Klas/Mo · hrke – Sobolewski, NJW 2015, 3473 ff; Lange/Holtwiesche, ZErb 2016, 125 ff und 157 ff; Lieder/Berneith, FamRZ 2016, 743 f; Litzenburger, FD – ErbR 2017, 392155; Ludyga, JM 2016, 442 ff und ZEV 2018, 1 ff; Salomon, NotBZ 2016, 324 ff; Seidler, Digitaler Nachlass, S. 114 ff; Solmecke/Ko · brich/Schmitt, MMR 2015, 291 ff; Willems, ZfPW 2016, 494, 502 ff; a. A. Staudinger/Kunz (2017), BGB § 1922 Rn. 596. 6 ff; Brinkert/ Stolze/Heidrich, ZD 2013, 153 ff; Leeb, K&R 2014, 693 ff; Martini, JZ 2012, 1145 ff.

③ Vgl. Redeker in Hoeren/Sieber/Holznagel, Handbuch Multimedia – Recht, Stand Februar 2018, Teil 12 Rn. 424; Redeker, IT – Recht, 6. Aufl., D. Rn. 1174; Kosmides in Schneider, Handbuch EDV – Recht, 5. Aufl., W. Rn. 525 ff; Staudinger/Klumpp (2017), BGB § 107 Rn. 30; Kutscher, Der digitale Nachlass, S. 45 f.

④ Vgl. Redeker in Hoeren/Sieber/Holznagel, aaO; Kutscher, aaO; Seidler, Digitaler Nachlass, S. 129 ff; Bra · utigam, MMR 2012, 635.

⑤ Rom I – VO; ABl. L 177 vom 4. Juli 2008, S. 6.

被继承人的死亡转移给继承人，继承人借此得以承受合同关系，并因此以合同相对人的身份享有请求访问被继承人的账户及其中财产法的和高度人身性的（数字形式的）内容的权利。

22. 根据第 1922 条第 1 款，财产作为一个整体转移给继承人。债务合同中的债权和债务原则上均是这样，如本案的使用合同中，继承人以取得全部权利和义务的方式承受合同中的法律地位。①

23. 来自使用合同的访问账户请求权的可继承性，既未被合同条款所排除［见下（1）］，也不能从合同的性质中推导出其可排除［见下（2）］。根据账户内储存内容的不同种类加以区分的思路也被否认［见下（3）］。

24. （1）可通过合同排除债权的可继承性。② 但是，本案中不存在这种情况。

25. （1.1）被告的使用条款不包括任何关于账户内容和使用合同可继承性的规定。虽然使用条款中包含了以真名设立账户（第 4 项）和不得将访问数据和账户转让给第三人（第 3.5、4.1、4.8 和 4.9 项）的规定。但是上诉法院已经正确地指出，这些规定仅涉及使用人的生前行为，而不涉及其死后。因此，合同性质的使用关系和因此享有的账户访问权的可继承性是否为一般交易条款有效排除原则上仍然悬而未决。③

26. （1.2）被告关于纪念状态的规则也不会导致使用合同不可继承。

27. （1.2.1）它们在本案中不能适用，因为根据《德国民法典》第 305 条第 2 款的规定，这些条款并未成为使用合同的一部分。④ 被继承人和被告之间的合同使用条款中不包含任何关于纪念状态的规则。相反，关于纪念状态的规则只能在社交网站的帮助栏中找到，而未于合同订立时在使用条款中或以其他方式，如《德国民法典》第 305 条第 2 款第 1 项和第 2 项中规定的为使某一

---

① Vgl. Mu・KoBGB/Leipold, 7. Aufl., § 1922 Rn. 20 und 25; BeckOGK BGB/Preuß, Stand 1. Juni 2018, § 1922 Rn. 173 ff.

② Vgl. Mu・KoBGB/Leipold, 7. Aufl., § 1922 Rn. 21; BeckOGK BGB/Preuß, Stand 1. Juni 2018, § 1922 Rn. 173.

③ 个案分析框架下的支持观点：Mu・KoBGB/Leipold, 7. Aufl., § 1922 Rn. 29; Biermann in Scherer, Mu・nchener Anwaltshandbuch Erbrecht, 5. Aufl., § 50 Rn. 58 ff; Staudinger/Kunz（2017）, BGB § 1922 Rn. 596. 22 ff; Bock, AcP 2017, 370, 411 ff; Lange/Holtwiesche, ZErb 2016, 125, 127 ff; Raude, ZEV 2017, 433, 437; ablehnend unter Hinweis auf § 1922 BGB: Gloser, MittBayNot 2016, 12, 19; Herzog, NJW 2013, 3745, 3751; Kutscher, Der digitale Nachlass, S. 126 f; NK – NachfolgeR/Herzog, Kap. 9 Rn. 92; Pruns, AnwZert ErbR 16/2016 Anm. 2 mwN.

④ Vgl. Herzog/Pruns, Der digitale Nachlass in der Vorsorge – und Erb – rechtspraxis, § 5 Rn. 18 ff; Ludyga, ZEV 2018, 1, 3; Pruns, AnwZert ErbR 16/2016 Anm. 2; Willems, ZfPW 2016, 494, 509.

规则成为合同条款组成部分的必要方式，被提及。

28. （1. 2. 2）即使抛开上述问题不谈，根据《德国民法典》第307条第1款、第2款第1项，因使用关系产生的账户访问权的可继承性也并未被关于纪念状态的规则有效排除。[①] 它改变了被告之后的给付义务。虽然被告在得到被继承人死亡的通知后仍然必须为被继承人的账户提供可供使用的通信平台，但不再允许作为新合同相对人的继承人访问账户和其中储存的非公开内容。

29. （1. 2. 2. 1）与上诉法院的观点相反，这一规则要经受《德国民法典》第307条第1款和第2款的内容控制。根据《德国民法典》第307条第3款第1句，内容控制不涉及可被取消的给付条款。内容控制的豁免仅适用于直接关于给付标的的约定，而关于使用者给付义务限制、变更、提高或调整的规则必须要接受内容控制。[②] 就可取消的给付说明的审查而言，只有规则的核心部分可保留下来，亦即，如果没有这些部分，则由于合同主要内容缺乏确定性或可确定性而无法成立有效的合同。[③] 关于纪念状态的规则不属于这种情况，它们不构成属于合同核心的直接关于给付标的的约定，而是嗣后对既存给付范围的变更。被告原则上未受限制的合同主给付义务——为用户提供对账户及其中的内容的访问，亦即提供使用账户的可能性——在被继承人死亡通知后针对继承人受到了限制，因此，修改了使用合同所产生的请求权中的重要内容。

30. （1. 2. 2. 2. ）鉴于对承受使用合同的继承人合同权利的严重限制，可以认定存在《德国民法典》第307条第1款、第2款意义上的不利益。虽然该条款并不妨碍使用关系的继承，但是它通过在任何第三人通知被继承人的死亡后禁止作为合同相对人的继承人访问账户破坏了这一点，也因此未履行其主给付义务。在《德国民法典》第307条第2款第1项意义上，这违背了《德国民法典》第1922条的基本思路，即要将债务关系上的全部权利和义务转移给继承人。还要考虑到，概括继承的原则还有利于财产的明确分配并因此有利于

---

① 关于纪念状态规则的无效性参见 Mu・KoBGB/Leipold，7. Aufl.，§ 1922 Rn. 29；NK – NachfolgeR/Herzog，Kap. 9 Rn. 95；Deusch，ZEV 2016，189，195；Gloser，DNotZ 2016，537，548 f；Kutscher，Der digitale Nachlass，S. 126 ff；Litzenburger，FD – ErbR 2017，392155；Ludyga，JM 2016，442，446；ders.，ZEV 2018，1，3；Pruns，AnwZert ErbR 16/2016 Anm. 2；Raude，RNotZ 2017，17，23；offen：Lange/Holtwiesche，ZErb 2016，125，129；aA im Hinblick auf § 88 TKG：Staudinger/Kunz（2017），BGB § 1922 Rn. 596. 26 f.

② 详细的阐述和其他文献可参见：Senat Urteil vom 5. Oktober 2017 – III ZR 56/17，NJW 2018，534 Rn. 15 f.

③ Senat aaO.

各参与人的法律安定性。[①] 如果通过纪念状态创造一个只有被告可以访问的“数据坟墓”，这些将不会得到保障。与文献中的观点相反，被告针对该规则在通讯秘密方面没有合法利益，因为授予访问权恰好并未违反《德国电信法》第 88 条所规定的行为义务。[②]

31. 同时，该规则也违反了《德国民法典》第 307 条第 2 款第 2 项，因为进入纪念状态导致来自合同关系的主要权利，亦即，访问账户、审阅账户中存储的内容、处分权都无法行使，以至于合同目的不能实现。[③]

32. 还可以考虑的是，关于纪念状态的规则是否也会根据《德国民法典》第 308 条第 4 项而无效，因为尽管已经将账户转移至纪念状态，被告保留了“可能”和“在极少数情况下”发布内容（的权利）。

33. （2）从合同的性质来看也不会导致合同的不可继承性。

34. 没有合同规则（排除继承性）的情形下，如果考虑到《德国民法典》第 399 条和第 38 条权利的内容完全是按照权利或义务主体来设计的法律思想，给付主体变化导致合同性质变化的观点也可以被接受。但本案不属于此种情形。

35. （2.1）合同主体的义务——被告和每一个用户之间——不具有高度人身性。并非被告所提供的、对每个用户都相同的给付具有高度人身性，而仅仅是——与合同无关的——由用户创造和表达的内容与人身高度相关（如个人主页的设计或消息的发送）。[④] 被告针对合同相对方负有如下义务：提供可供使用的通讯平台、发布与用户要求相符的内容或者将消息发送至其他账户以及保持被发送的消息或与其他账户共享的内容是可访问的。这些涉及的都是被告的纯粹技术性给付，而非与人身相关。这些可以——除了与医生签订的医疗合同——不变地被提供给继承人。[⑤]

36. 虽然合同关系是专为账户持有人设计的，并因此与人身相关是准确的，因为只有账户持有人能在他的账户下发布内容和编写消息。但这并不会导

---

① Pruns, AnwZert ErbR 16/2016 Anm. 2.

② 可见下文 2c，其他见解参见 Staudinger/Kunz（2017），BGB § 1922 Rn. 596. 27.

③ Vgl. Gloser, DNotZ 2016, 537, 548 f; Kutscher, Der digitale Nachlass, S. 126 ff; Raude, RNotZ 2017, 17, 23.

④ Vgl. Kutscher, Der digitale Nachlass, S. 157.

⑤ Staudinger/Kunz（2017），BGB § 1922 Rn. 596. 11; Herzog/Pruns, Der digitale Nachlass in der Vorsorge - und Erbrechtspraxis, § 4 Rn. 42; Lange/Holtwiesche, ZErb 2016, 125, 129 f; Raude, ZEV 2017, 433, 436; i. E. auch Willems, ZfPW 2016, 494, 506; a. A. Klas/Mo · hrke - Sobolewski, NJW 2015, 3473, 3474.

致不可继承性——至多像在转账合同中那样[①]——导致通过继承积极地继续使用被继承人的账户不包括在他的继承权范围内，而实践中本来通常也无意于此。[②] 在本案中，这可以说是不言自明的，因为诉讼标的仅仅是提供现有账户的内容以供继承人调取。但是，被告给付的内容不取决于他向谁提供，以至于从这个角度来看，被告在不必向继承人提供时并不存在值得保护的利益。

37. 鉴于本案中继承法上的地位——原告和通常情况下的继承人一样均无意于此——不涉及通过积极使用来延续账户，被告是否——正如他在上诉法院所述——利用内部程序定期检验其用户身份或者实施这样的检查，并不重要。但这并不是在排除高度人身性的意义上证明成可继承性。因为以准许访问现有账户内容的形式履行对继承人的债务本身并不具有任何高度人身相关性。

38. （2.2）一种高度人身性的、排除继承的合同性质也不会产生于，被告用户允许每个 IP 内容的使用“不排他、可转让、可再授权、免费、世界范围内授权”（一般交易条款第 2.1. 项）。虽然被告借此获得了——作为条款效力的前提——对个人的、与人身相关的数据的权利。但是尽管发生继承移转，这些仍然存在。因为继承开始不会改变被告按照合同所使用的数据库。在继承开始时已经存在的数据仍然是可用的，但不会增加更多的个人数据，因为原告的请求不以对于账户的积极继续使用和内容创建为目标，而是以访问现存账户及其中内容为目标。就此而言，对被告来说更改账户权利人并不是不可容忍的。

39. （2.3）高度人身性的特征和因此导致的基于合同的账户访问权可继承性的排除不是随着使用合同默示地产生，也不是保护被继承人通讯伙伴的人格权的固有原因。虽然在和社交网络的运营者签订使用合同时会期待，社交网络参加者之间传递的消息和其他未公开分享的内容，原则上都应当是保密的，被告不得向第三人披露。然而根据合同规则和作为基础的技术条件，不存在这样一种值得保护的信赖，即，已故的用户和其他的网络参与者之间（消息）交换的保密——甚至超越死亡——针对继承人也能够得到保障。

40. （2.3.1）被告传递、提供消息和其他内容的合同义务从一开始就与账户有关。

---

① Vgl. BGH, Urteile vom 18. Januar 2000 – XI ZR 160/99, NJW 2000, 1258 und vom 10. Oktober 1995 – XI ZR 263/94, BGHZ 131, 60, 64.

② Vgl. Herzog, NJW 2013, 3745, 3749; Herzog/Pruns, Der digitale Nachlass in der Vorsorge – und Erbrechts – praxis, § 4 Rn. 37 f; Raude, RNotZ 2017, 17, 20.

41. 被告的义务与将消息和其他内容传递给特定的人或使其对特定人可见无关，而仅是关于将其传递或提供给特定账户。鉴于系统内在的，理智的用户能够认识到但无法为被告所控制的缺陷——每个账户的登录都是匿名的，被告不可能承担将消息传递给特定人的义务，而仅能将其传递或提供给特定的账户。① 无论是对于被告，还是对于消息的发送者或内容的共享者，登录账户的人是否为指定的接收人是无法被检验的。同样，消息的传递者也很难知道，指定的接收人是否为账户事实上的拥有者。相反，发送者所选定的特定账户的地址是可确定的。消息被发送到这个账户或者内容被共享至这个账户。每一个账户的访问都需要正确的账户登录信息。账户在错误的名字下被使用的风险由通讯伙伴来承担。② 对于第三人能够阅读消息和其他内容的风险，这同样适用，因为他可以通过传递账户持有人的访问数据来访问账户内容，或者因为账户持有人将内容转发给或显示给第三方。与非数字通信方式并无不同——投递信件的公司仅负责将信件插入正确的邮箱，但是不负责被指定为接收人的是否打开信件或者是否将信件展示给第三人。通常的理智的社交网络账户使用者会像寄送信件的人一样意识到，他将消息发出后就无法再控制谁最终了解他们的内容，而且他原则上不可能再撤回消息或内容。他交出了对消息的处分权限。③

42. 被告通过以下方式履行他的合同义务：（1）将消息传递给特定账户，且账户所有人通过正确的登录信息随时调用；（2）将其他内容提供给选定的账户。因此，受保护的通讯包括为使用正确信息登录的人进行内容的储存、提供和传输。如果并非账户持有人，而是第三人利用登录信息登录的，则仅能将对这种情况的了解归入由通讯参与者管理且通过合理判断可获知的风险领域。如果账户所有人的通讯伙伴承担在其生前由第三人获得其账户中储存内容的风险，那么这更适用于用户的继承人（在其死后）对账户的访问。

43. 将消息发送到发件人指定账户的指令产生如下效果——以被告事先确定的在一定范围内可能的时点为条件将消息隐藏——时间上不受限制甚至超越了死亡的发生，并且包括存储在被告服务器上的消息被接收账户使用人调取的可能，只要这个账户还存在。通常，向一个具体账户发送的消息不再在发送人

---

① Vgl. Herzog, ZErb 2017, 205, 208; NK – NachfolgeR/Herzog, Kap. 9 Rn. 68; Herzog/ Pruns, Der digitale Nachlass in der Vorsorge – und Erbrechtspraxis, § 4 Rn. 61.

② Vgl. Graulich in Arndt/Fetzer/Scherer/Graulich, TKG, 2. Aufl. 2015, § 88 Fernmeldegeheimnis Rn. 65.

③ Vgl. NK – NachfolgeR/Herzog, Kap. 9 Rn. 68; Bock, AcP 217, 370, 408; Herzog/Pruns, aaO, § 4 Rn. 84; Kutscher, Der digitale Nachlass, S. 145; Pruns, NWB 2014, 2175, 2182 f.

的访问区域之内，而是在接收账户权利人的访问区域之内，后者对社交网络经营者享有请求随时且永久对此进行访问的权利。因此，发送人发出消息后原则上不能要求从接收人的账户中（将此消息）删除，被告在其帮助栏中指出了这一点。在这方面，情况也与非数字传输相类似——只要达到了收件人的控制范围，（寄信人）也不再有撤回已发出信件的可能性，例如，将信件投入邮箱。

44. 发送消息的人虽然可以相信，被告仅将他的消息提供给他所选定的接收账户。但他必须预料到，第三人仍然可能获知他的消息。这不仅包括账户所有人生前随时可能的授权第三人访问，也包括账户所有人死后合同关系的继承。他也必须预料到，他的通讯伙伴会死亡并且第三人会继承该账户、承受合同关系并作为新的账户所有人访问账户内容。

45. 同样的情况也会发生于与被继承人账户共享内容的其他用户，只要这些共享人没有改变授权或没有删除内容。共享人必须预料到，在接收账户权利人生前或死后其他人都可能获知分享的内容。当然，他有权更改查看共享内容的权限，从而排除继承人的访问权。

46. （2.3.2）除此之外，社交网络账户持有人的通讯伙伴对以下行为不具有合理期待，即，消息的接收者将其留在网络运营商的服务器上，而不会本地存储在自己的电脑或其他介质（如U盘）上或打印出来。发送消息的人也必须意识到，这种情况下继承人无需进一步的访问即可获知消息内容。

47. （3）部分文献所支持的，区分账户访问权的继承和账户内容的观点也不可取。根据这一观点，虽然社交网络中与财产法有关的消息或邮件可继承，但那些非财产法相关的，尤其是具有高度人身性的内容却是不可继承的。① 为了纪念死者和死后人格权的重要信息不应当传递给继承人，而应传递给死者的近亲属。② 此处应当讨论的是，为维护死后人格权，高度人身性内容的存在对整个账户的"传染"以及由第三人进行的对财产性内容和高度人身性内容的区分。③

48. 即使根据这种观点，在本案中也是可以被授予访问权限的，因为原告和账户持有人的父亲不仅是死者的继承人，还是死者的近亲属。无论如何，大

---

① Hoeren, NJW 2005, 2113, 2114; Martini, JZ 2012, 1145, 1152; Brinkert/Stolze/Heidrich, ZD 2013, 153, 155; hierzu auch: Bra · utigam, Stellungnahme des DAV zum Digitalen Nachlass, S. 16, 24 f.

② Hoeren, aaO, S. 2114.

③ Martini, aaO.

量文献已经正确地拒绝了这种区分。[①]

49. 根据立法的评价，除财产价值外，具有高度人身性内容的法律地位也可以移转给继承人，如《德国民法典》第 2047 条第 2 款和第 2373 条第 2 句。虽然这些条文并未直接包含具有高度人身性的内容可继承的规则。但是，该条文以此为前提，并且基于法律不区分高度人身性的遗产和财产性的遗产，得出了可继承性的结论。所以立法者在《德国民法典》第 2047 条第 2 款中规定，与被继承人个人情况相关的文件仍然是共同的，不能被分割。[②]《德国民法典》第 2373 条第 2 句规定，家庭文书和家庭肖像在遗产买卖中不能被视作一并出卖。[③] 这两个条文正是以高度人身性的文件属于遗产为前提。毫无疑问，具有高度人身性的非数字文件，如日记、书信，是可以继承的。

50. 从继承法的角度来看，对数字内容没有必要做不同对待，因为对于数字内容和非数字内容而言，高度人身性的决定性标准是一样的。[④] 在存储媒介上还是载体媒介上并不重要。根据数字内容是存储在诸如硬盘或 USB 之类的本地存储介质上，还是在服务提供商的服务器上进行区分也是无条理的，且不会为法律所提倡。[⑤] 高度人身性也不是来自形态和存储的种类，而是来自内容。唯一的区别仅存在于继承的方式：对于书面或存储介质的，是通过（移转）被继承人的所有权或占有来将法律地位转移给继承人，而对于存储在服务器上的内容—如本案中—继承人则要承受合同关系。但这并不能为可继承性的不同处理提供正当依据。

---

① BeckOK BGB/ Mu · ller – Christmann, Stand 1. Mai 2017, § 1922 Rn. 100; BeckOGK BGB/ Preuß, Stand 1. Juni 2018, § 1922 Rn. 387 f; Mu · KoBGB/Leipold, BGB, 7. Aufl., § 1922 Rn. 26; NK – NachfolgeR/Herzog, Kap. 9 Rn. 38 ff; Staudinger/Kunz (2017), BGB § 1922 Rn. 596. 6 ff; Biermann, ZErb 2017, 210, 213 f; Bock, AcP 217, 370, 383 ff; Bra · utigam in Burandt/Rojahn, Erbrecht, 2. Aufl., § 1922 BGB Anhang Digitaler Nachlass Rn. 10 f; Herzog, NJW 2013, 3745, 3748 f; Herzog, ZErb 2017, 205 ff; Herzog/Pruns, Der digitale Nachlass in der Vorsorge – und Erb – rechtspraxis, § 4 Rn. 11; Klas/Mo · hrke – Sobolewski, NJW 2015, 3473, 3474; Kutscher, Der digitale Nachlass, S. 102 ff; Lange/Holtwiesche, ZErb 2016, 125ff; Lieder/Berneith, FamRZ 2016, 743; Litzenburger, FD – ErbR 2017, 392155; Ludyga, jM 2016, 442, 444 ff und ZEV 2018, 1, 4; Salomon, NotBZ 2016, 324, 326 f; Solmecke/Ko · brich/Schmitt, MMR 2015, 291; Steiner/Holzer, ZEV 2015, 262 f.

② Vgl. Mugdan, Die gesammten Materialien zum Bu · rgerlichen Ge – setzbuch fu · r das Deutsche Reich, V. Band S. 371, 507.

③ Vgl. Mugdan, aaO, II. Band S. 197.

④ 参见 NK – Nach – folgeR/Herzog, Kap. 9 Rn. 40; Herzog, ZErb 2017, 205, 206 f; Herzog/Pruns, Der digitale Nachlass in der Vorsorge – und Erbrechtspraxis, § 2 Rn. 43 ff; Lit – zenburger, FD – ErbR 2017, 392155; Steiner/Holzer, ZEV 2015, 262, 263.

⑤ Vgl. Herzog/Pruns, aaO, § 4 Rn. 9 f; Kutscher, Der digitale Nachlass, S. 115 f, i. E. auch Staudinger/Kunz (2017) BGB, § 1922 Rn. 596. 8 f; jew mwN zur aA.

51. 最终，高度人身性和其他内容之间的区分将导致严重的、难以克服的实践问题。由于电子邮件和用户账户——甚至单个邮件或者消息——通常不仅仅为了高度人身性的目的或财产性的目的，对全部数字内容的审查和分类是必不可少的。但谁能够合法地完成这项工作，目前尚不清楚。[①] 此外，高度人身化的和财产性的内容之间的界限模糊，已经无法确定一个清晰明确的界限标准，特别是高度人身化的内容在继承期间会产生财产法上的关联性。[②]

52. b）与文献中的观点相反，[③] 被继承人的死后人格权并不排除数字化的高度人身性内容的可继承性。

53. 这是从《德国基本法》第 1 条第 1 款赋予的人类尊严不可侵犯的基本权利中推导出来的，并且致力于人格尊重请求权的保护，这一请求权属于人类，是基于人的存在，基于一个人通过他毕生努力而获得的道德的、个人的和社会的价值。[④] 如果此种无形部分受到干涉，死者的近亲属能够以不作为请求权或撤回请求权的形式行使防卫权。[⑤] 但这并不能证成近亲属对高度人身性的数字内容具有一项继承法上的优先权利，[⑥] 因此在目前情况下，继承人同时是死者的近亲属并不具有决定性意义。

54. c）与上诉法院的观点相反，《德国电信法》第 88 条第 3 款也不排除继承人共同体完整地访问被继承人的账户及账户中内容的请求权。通讯秘密不

---

① 另参见 Bra · utigam in Burandt/Rojahn，Erbrecht，2. Aufl.，§ 1922 BGB Anhang Digitaler Nachlass Rn. 10；Biermann，ZErb 2017，210，213；Bock，AcP 217，370，392 f；Kutscher，Der digitale Nachlass，S. 105 f，113 f；Lange/Holtwiesche，ZErb 2016，157，161.

② Bra · utigam in Burandt/Rojahn，Erbrecht，2. Aufl.，§ 1922 BGB An – hang Digitaler Nachlass Rn. 10；Lange/Holtwiesche，ZErb 2016，157，161.

③ Mu · KoBGB/ Rixecker，7. Aufl.，§ 12 Anh. Rn. 160；Martini，JZ 2012，1145，1150 ff；Hoeren，NJW 2005，2113，2114；Brinkert/Stolze/Heidrich，ZD 2013，153，155.

④ 持续性判决，参见 BVerfG，NVwZ 2008，549 Rn. 7 f；BGH，Versa · umnisurteil vom 16. September 2008 – VI ZR 244/07，NJW 2009，751 Rn. 16.

⑤ Vgl. BGH，Urteile vom 5. Oktober 2006 – I ZR 277/03，BGHZ 169，193 Rn. 11 und vom 6. Dezem – ber 2005 – VI ZR 265/04，BGHZ 165，203，206，jeweils mwN；Mu · KoBGB/Rixecker，7. Aufl.，§ 12 Anh. Rn. 49，55；Mu · KoBGB/Leipold，7. Aufl.，§ 1922 Rn. 123；Staudinger/Kunz（2017），BGB § 1922 Rn. 596. 8；Bock，AcP 217，370，389.

⑥ Bra · utigam in Burandt/Rojahn，Erbrecht，2. Aufl.，§ 1922 BGB Anhang Digitaler Nachlass Rn. 10；BeckOGK BGB/Preuß，Stand 1. Juni 2018，§ 1922 Rn. 387 f；Mu · KoBGB/Leipold，7. Aufl.，§ 1922 Rn. 26；Staudinger/Kunz（2017），BGB § 1922 Rn. 596. 7 ff；Herzog/Pruns，Der digitale Nachlass in der Vorsorge – und Erbrechtspraxis，§ 2 Rn. 56 ff und § 4 Rn. 43；Ludyga，ZEV 2018，1，5；Bock，AcP 217，370，391 ff；Solmecke/Ko · brich/Schmitt，MMR 2015，291，292；a. A. Mu · KoBGB/Rixecker，7. Aufl.，§ 12 Anh. Rn. 160；Martini，JZ 2012，1145，1150 ff；Hoeren，NJW 2005，2113，2114；Brinkert/Stolze/Heidrich，ZD 2013，153，155.

保障被继承人及其通讯伙伴免于继承人知道其账户的内容。这既适用于被继承人死亡时尚未调取的内容，也包括已经被获悉的，暂时或最终存储在被告服务器上的内容。

55. 根据《德国电信法》第88条第3款第1句，电信服务商被禁止，超出提供商业电信服务和保护其技术系统所必要的措施的范围，由自己或他人获知电信通讯的内容和具体情况。

56. 被告是否提供以及提供哪种电信服务或电信媒体服务可以暂且不论。① 与上诉法院的观点不同，被告无论如何都不违反《德国电信法》第88条第3款，因为通讯伙伴的继承人并非该规定意义上的“他人”。②

57. aa)《德国电信法》第88条第3款意义上的“他人”是指，未参与被保护的通讯过程的个人或机构。通讯过程的参加者应当保障电信通讯的内容和具体情况不为未参加通讯过程的第三人所知。③ 这与《德国基本法》第10条第1款的宪法保护相符，这种宪法保护的承担者——甚至是未成年人——是电信通讯的实际参加者。④

58. bb）继承人不是这个意义上的他人，相反随着继承的开始，继承人进入了是在继承开始时未终结并因此受通讯秘密保护的电信通讯过程。

59. 本案中作为上诉法院依据的假定是，即使技术传输过程已经完成，社交网络参加者账户中存储在被告服务器上的内容还在通讯秘密保护范围内。⑤

60. 向继承人提供账户中的内容，与向本来的账户持有人持续提供一样，

---

① 详细内容参见 Gru·nwald/Nu·ßing, MMR 2016, 91 ff; Karg/Fahl, K&R 2011, 453, 456 ff; Ku·hling/Schall, CR 2016, 185; Schneider, ZD 2014, 231, 235.

② Mu·KoBGB/Leipold, 7. Aufl., § 1922 Rn. 27; Biermann, ZErb 2017, 210, 215; Herzog, ZErb 2017, 205, 208; Herzog/Pruns, Der digitale Nachlass in der Vorsorge – und Erbrechts – praxis, § 4 Rn. 60; Litzenburger, FD – ErbR 2017, 392155; Salomon, NotBZ 2016, 324, 327; Seidler, Digitaler Nachlass, 2016, S. 114 f; Steiner/Holzer, ZEV 2015, 262, 264; Wu·sthof, ErbR 2017, 496, 510; Wissenschaftliche Dienste des Deutschen Bundestages, Digitaler Nachlass – Zum Umgang mit digitaler Hinter – lassenschaft, S. 9; Bericht der Arbeitsgruppe "Digitaler Neustart" vom 15. Mai 2017, http://www.jm.nrw.de/JM/schwerpunkte/digitaler_neustart/index.php, S. 343 ff; a. A. Staudinger/Kunz (2017), BGB § 1922 Rn. 596. 35 ff; Bock, AcP 217, 370, 406.

③ Beck TKG/Bock, 4. Aufl., § 88 Rn. 19; Eckhardt in Spindler/Schuster, Recht der elektronischen Medien, 3. Aufl., TKG § 88 Rn. 23.

④ BVerfGE 120, 274, 340; 85, 386, 398 f; Maunz/Du·rig/Durner, GG, Stand Januar 2018, Art. 10 Rn. 100 f jew mwN.

⑤ 例如，参见 Biermann, ZErb 2017, 210, 214; Bock, AcP 217, 370, 405 f; Deusch, ZEV 2017, 386, 399; Leeb, K&R 2014, 693, 696 f; Uhrenbacher, Digitales Testament und digitaler Nachlass, S. 176; kritisch hierzu: Brisch/Mu·ller – ter Jung, CR 2013, 446, 450 f; Klas/Mo·hrke – Sobolewski, NJW 2015, 3473, 3477 f; Kutscher, Der digitale Nach – lass, 2015, S. 144 f.

不违反通讯秘密。被告继续根据合同义务为相关账户提供内容，一方是发送者或共享者，另一方是接收账户权利人——现在是继承人。对继承人的访问授权是在——假设的——受通讯秘密保护的通讯过程的框架下展开的。因为随着原账户权利人的死亡，继承人作为新的合同相对人和账户权利人，通过账户内容的存储和提供，成为持续性通讯过程的参与者。被继承人死后便不再属于受保护的通讯伙伴。因为，通讯参与者和受通讯秘密保护从其概念的核心来看，仅适用于活着的人。[①]

61. 出于上述提到的死者的合同访问权可以被继承的原因，《德国电信法》第 88 条第 3 款的目的并不要求基于通讯伙伴受保护的利益（2 a cc 2. 3），或者死后人格权（2b）而拒绝继承人访问账户。

62. cc）非数字信件与打印出来或存储在被继承人本地的数字内容发生继承法上的移转时在继承法上的法律地位的比较证实了这一结果。数字内容——如果通讯秘密被适用于继承人——的访问可能性取决于，一方面，内容是否通过打印表现出来或存储在被继承人的媒介中；另一方面，是否仅仅是以数字形式存在于提供者的服务器上且可被调取。如果继承人已经将其存储在自己的媒介上，那么他可以通过被告的“信使”访问发送给被继承人账户的消息，然而如果被继承人将消息留在被继承人的服务器上，继承人对同一内容的访问就会受到阻碍。将同一内容，取决于存储介质或形态并最终出于偶然而区别对待是不合理的。任何情况下，发送人和接收人的保密利益的程度都是相同的。

63. 根据概括继承原则，保密利益让位于继承人。法律预先拟定，如《德国民法典》第 2047 条第 2 款、第 2373 条第 2 句所规定的，高度人身性的内容移转继承人。被继承人和通讯伙伴的保密利益原则上从属于《德国基本法》第 14 条第 1 款第 1 句所保护的继承权。非财产内容移转给继承人也是法律所准许和愿意的。在解释《德国电信法》第 88 条第 3 款意义上的“他人”的含义时，也必须考虑到这一点。只有继承人不是该条文意义上的“他人”的解释才是合理的。不与《德国电信法》建立联系的异常判断，会导致继承法上的概括继承原则在没有合理理由的情况下被破坏。[②] 虽然在基于服务器的存储的情况下——不同于非数字形式的信件和存储于被继承人本地媒介——持续存

① 相同观点参见“Digitaler Neustart”工作组 2017 年 5 月 15 日的报告，http：//www. jm. nrw. de/JM/schwerpunkte/digitaler_ neustart/index. php，S. 346.

② Vgl. Biermann，ZErb 2017，210，215；Herzog/Pruns，Der digitale Nachlass in der Vorsorge – und Erbrechtspraxis，§ 4 Rn. 60.

在的运营商的可访问性可能导致，服务提供商仍有义务保持通讯保密，因此向通信关系之外的第三方转移仍然是不被允许的。但这不影响对转让给继承人的账户的持续的提供许可性。

64. d）最后，原告的请求也不违反数据保护法。

65. aa）为了判断这一问题，审判庭采用了2018年5月25日直接适用的欧洲议会和欧盟理事会2016年4月27日通过的旨在于处理人身相关数据时保护自然人、促进数据流动和废除95/46/EG指令的（EU）2016/679条例。[①] 审查上诉判决的标准是上诉判决作出时的法律状况。上诉判决发布后实施的法律也要予以考虑，只要根据其时间效力能够涵盖争议的法律关系。[②]

66. 本案中即是这种情况。原告的诉讼请求以被告未来的行为为目标，该行为在条例适用日之后进行，因此，必须根据其规定进行衡量。根据《欧盟通用数据保护条例》第99条第2款，该条例将自2018年5月25日起适用于全部成员国。根据《欧盟通用数据保护条例》第99条和序言171段第3句，自该时间起它将毫无保留地适用于数据处理的过程。即使在此时已经开始的数据处理，也应当在从其生效（2016年5月24日）至其开始应用的两年时间内（参见《欧盟通用数据保护条例》第99条第1款），完成与该条例的协调。到了那时，该条例将在其适用领域内取代该国国内法。[③] 因此，是否适用德国或爱尔兰的数据保护法不再是法庭上有争议的问题。

67. bb）被继承人数据保护法上的利益在本案中是不相关的，被告不可主张。《欧盟通用数据保护条例》——与以前的国内条例一样——仅涉及活着的自然人。根据条例序言的27段可以确定，该条例不用于已经去世之人人身相关数据的保护。

68. cc）原告的请求权也不与被继承人通讯伙伴数据保护法上的利益相抵触。

69. （1）通过访问被继承人的账户，继承人得到了获取通讯内容或与被继承人共享的图片及其他内容的可能性。消息和公开的内容可能是与人身相关

---

① Datenschutz – Grundverordnung, ABl. L 119 vom 4. Mai 2016, S. 1.

② 持续性判决, vgl. Senat, Urteil vom 26. Februar 1953 – III ZR 214/50, BGHZ 9, 101, 102; BGH, Urteile vom 19. Februar 1993 – V ZR 269/91, NJW 1993, 1706, 1707, insoweit nicht in BGHZ 121, 347 abgedruckt; vom 21. Februar 1962 – V ZR 144/60, BGHZ 36, 348, 350; Be – schluss vom 20. Januar 2005 – IX ZB 134/04, NJW 2005, 1508, 1509..

③ 关于其优先地位, vgl. § 1 Abs. 5 BDSG (《联邦数据保护法》) in der Fassung des Gesetzes zur Anpassung des Datenschutzrechts an die Verordnung (EU) 2016/679 und zur Umsetzung der Richtlinie (EU) 2016/680 vom 30. Juni 2017, BGBl. I, S. 2097.

的数据或者包含与人身相关的数据。被告作为社交网络的运营商，当其为接收账户提供消息，或者使访问共享内容成为可能或者提供相应平台时，就参与到了通讯过程之中。在这样做时，他必须处理包含在内容之中，且对每一个进行通讯或发布内容的用户的（内容）提供而言必不可少的数据。

70.（2）在允许继承人访问包含通讯伙伴内容的数据的固有处理方面，《欧盟通用数据保护条例》的适用范围是否完全开放，可以暂不讨论。① 根据《欧盟通用数据保护条例》第6条第1款b选项1和第6条第1款f，通过向继承人传输和持续提供各自内容的方式对被继承人通讯伙伴的人身相关数据进行处理无论如何是被允许的。

71.（2.1）根据《欧盟通用数据保护条例》第6条第1款b选项1，如果处理是履行相关主体为合同相对方的合同所必须的，那么处理是合法的。不仅包括给付义务和附随义务的履行，也包括与此有关的法定义务。② 处理是否是“必须的”——而非仅仅是有用的——取决于合同内容各自债务关系中具有合同特征的给付。③

72. 上述规定的条件是满足的。向被继承人的账户传输和提供通讯伙伴的消息及共享内容是在履行已经存在合同的主给付义务。因为根据被告与使用人之间使用合同的内容，向相应发件人指定的收件人账户提供和传输消息和其他内容，是被告对发件人——本案中即为被继承人的通讯伙伴——以及收件人账户的权利人的主要合同义务。对包含在内容之中或提供内容所需的通讯伙伴的数据所进行的必要处理就是《欧盟通用数据保护条例》第6条第1款b选项1意义上的履行主给付义务所必须的。被告提出的数据保护问题对被继承人生前的内容传输和提供亦不适用。

73. 根据这一条例进行数据处理的权利不会随着继承的开始而被改变。被告继续履行其使内容对相关账户可见的义务，这既针对发送人和分享人，也针对接收账户的权利人。被继承人的通讯伙伴传送消息或共享内容的指令在时间上是不受限制的——甚至超越了接收账户权利人的死亡——并且包括由接收账户的使用者调取存储于被告服务器上的消息（只要接收人账户还存在）的持续可能性，或者共享内容的持续可能性（只要发送人没有改变权限）。对此，

---

① 关于全面的适用排除，参见“Digitaler Neustart”工作组2017年5月15日的报告，http：//www. jm. nrw. de/JM/schwerpunkte/digitaler_ neustart/index. php，S. 348 f.

② Buchner/Petri in Ku·hling/Buchner，DS-GVO，BDSG，2. Aufl.，Art. 6 DS-GVO Rn. 33；Assion/Notel/Veil in Gierschmann/Schlender/ Stentzel/Veil，DS-GVO，Art. 6 Rn. 88 ff.

③ Buchner/Petri in Ku·hling/Buchner，DS-GVO，BDSG，2. Aufl.，Art. 6 DS-GVO Rn. 39.

还可以参见上文 2 a cc 2. 3. 1. ，在那一部分提及了被告的合同义务并非是向特定的人传递消息或共享内容或使它们对特定人可见，相反是与账户相关的。以至于被告通过将消息传输给特定账户，并可由使用正确信息登录账户的人随时调取（对选定账户可用）就履行了其义务。原账户所有人的死亡并不会产生变化，因为该账户在继承开始后依然存在，且继承人成为权利人。

74. （2. 2）此外，数据处理对于原告和死者的父亲合法利益的保障也是不可或缺的。(《欧盟通用数据保护条例》第 6 条第 1 款 f)。

75. 基于第三方利益的数据处理的许可问题原则上取决于相关个案的具体情况，因此也要根据具体情况进行查明和判断。[①] 两位继承人的合法利益使得授权访问形式的数据处理必不可少。被继承人通讯伙伴的利益、基本权利和基本自由并未超过这些合法利益。

76. （2. 2. 1）这些合法利益不仅包括法律上的利益，还包括事实上的、经济上的或者精神上的利益，然而并不仅是一般利益。[②] 在序言 47 段到 50 段所提及的合法利益的例子，如为防欺诈的处理（序言 47 段第 6 句）、为了以直接广告为目的的处理（序言 47 段第 7 句）、在集团框架内部进行传输的处理（序言 48 段第 1 句）或为提高网络或信息安全所进行的处理（序言 49 段））表明，多样化的、不同重要性的合法利益都可以被考虑。

77. 以下是原告和被继承人父亲的合法利益：

78. （2. 2. 1. 1）继承人共同体根据受《德国基本法》第 14 条第 1 款第 1 句保护的继承权提起上诉并且主张其合法利益。因为——如其所述——根据有效的德国法律，与被告成立的合同关系已经转移给继承人，因此他们作为合同相对方，享有访问被继承人的账户以及其中财产性内容和高度人身性（数字形式）内容的第一次给付履行请求权。能够根据合同关系主张主给付义务的履行请求权本身就已经是一项重要的合法利益。如果继承人被拒绝访问，他们通过权利和义务转移而从合同关系中所产生的法律地位实际上将被剥夺了，概括继承权原则也被破坏了。

79. （2. 2. 1. 2）作为继承人，原告和被继承人的父亲不仅成为了使用合同的相对人，他们还继承了被继承人可能的财产性请求权并负担相应义务。有

---

① EuGH，NJW 2016，3579 Rn. 62 [zu dem Art. 6 Abs. 1 Buchst. f DS – GVO entsprechenden Art. 7 Buchst. f der Richtlinie 95/46/EG] .

② Buchner/Petri in：Ku · hling/Buchner，DS – GVO，BDSG，2. Aufl. ，Art. 6 DS – GVO Rn. 146 f；Auernhammer/Kramer，DSGVO，BDSG，5. Aufl. ，Art. 6 DS – GVO Rn. 30.

关此类权利和义务的信息也可能来自账户中的内容，这些内容可能不仅具有高度人身性，而且还可能在具有财产法上的重要意义。因此，对账户的访问也经常用于检验，在其内容中是否产生了被继承人对第三人的请求权或第三人可能或必须向继承人求偿的、原本针对被继承人的请求权，或者其他法律行为是否为必须的。与此相关的合法利益的要求不能设置得很高，因为——如在本案中——继承人通常不了解账户的内容，因此，他们通常可能无法就账户内存在与财产法相关的内容提供详细说明。

80. 本案中，继承人的一般合法利益在审查财产相关性的内容时表现为此种利益的一种更加具体的形态，因为继承人要通过访问授权来追求对抗提起损害赔偿请求权的地铁司机的财产法上的对抗利益。对自身权利的主张、行使和捍卫对数据处理来说是一种合法利益。[①]

81. （2.2.1.3）原告和被继承人父亲的合法利益还包括，作为未成年死者的父母和继承人通过访问账户来了解，被继承人在死前不久是否有过自杀倾向。与被告观点不同，这不仅是一种强制性的合法利益，还是考虑框架中的精神利益。

82. （2.2.2）本案需要数据处理，因为没有更合适和更温和的手段来满足继承人的合法利益。[②]

83. （2.2.3）通讯伙伴要求人身相关数据保护的利益，基本权利或基本自由，并不超过继承人的合法利益。

84. （2.2.3.1）对被继承人的通讯伙伴来说，必须考虑到保护其与人身相关的数据是来自《欧盟基本权利宪章》第8条第1款的基本权利。在处理与人身相关的数据时对自然人的保护是根据《欧盟通用数据保护条例》所负义务（序言1和2段）。欧盟最高法院也强调了通过《欧盟权利宪章》第8条保障基本权利的重要性。[③] 此外，就有利于通讯伙伴而言，《欧盟基本权利宪章》第7条的注意家庭生活、私人生活和通讯的基本权利也应当被纳入考量。[④] 一般人格权和信息自决尤其值得保护。保护的需求越高，相关数据就越

---

① Assion/Notel/Veil in Gierschmann/ Schlender/Stentzel/Veil, DS – GVO, Art. 6 Rn. 136; Sydow/Reimer, Europa · ische Datenschutzgrundverordnung, Art. 6 Rn. 55; vgl. fu · r das berechtigte Interesse im Sinne des Art. 7 Buchst. f der Richtlinie 95/46/EG eines Dritten, eine perso · n – liche Information u · ber einen Scha · diger zu erlangen, um eine Schadensersatz – klage zu erheben EuGH, CR 2017, 504 Rn. 29.

② Vgl. Auernhammer/Kramer, DSGVO, BDSG, 5. Aufl., Art. 6 DS – GVO Rn. 34; Plath/Plath, BDSG/DSGVO, 2. Aufl., Art. 6 DS – GVO Rn. 23.

③ Vgl. EuGH, NJW 2015, 3151 Rn. 38 f und 78 mwN.

④ Heberlein in: Ehmann/Selmayr, EU – DSGVO, Art. 6 Rn. 24; s. auch EuGH, NJW 2015, 3151 Rn. 39.

个人化。在此应当考虑到，通信伙伴提供的信息和公开物（“帖子”）的内容——如在上诉答辩中所主张的——可能包括或可能指向特别值得保护的个人或敏感数据。

85. 根据《欧盟通用数据保护条例》第6条第1款f，必须把相关儿童的利益作为重点加以考虑，这也反映在其序言38段中。由于被继承人在其死亡时只有15岁，很明显她的通讯伙伴至少有部分还是儿童。然而，这并不意味着数据处理原则上对儿童不合理，而仅是按照取决于年龄的保护需求，他们的利益相比于成年人要占更高的比重。①

86. （2.2.3.2）衡量的标准要遵循《欧盟通用数据保护条例》作为基本规定的第1条和作为指导原则的第5条，同时，考虑基本权利宪章和其他一级法律的价值标准。此外，还必须考虑到相关的基本权利，干涉的强度，待处理数据的类型，有关人员的性质，可能的职责或义务以及数据处理的目的。② 其实质是特定个案中相关人员的个人利益与责任者或第三方的使用利益之间的平衡。③ 必须将有关数据的性质，内容和重要性，与数据处理所追求的目的进行比较。④ 某些情况下，同样的结果可追溯至为信息自决的基本权利制定的标准，如无理由、幅度和恐吓效应。⑤

87. 《欧盟通用数据保护条例》对法益权衡时考虑到的原因细化了权衡（过程）。⑥

特别重要的是，《欧盟通用数据保护条例》序言47段第1句中所提到且可作为利益衡量一个重要方面的（因素）——“数据主体基于其与责任者的关系而产生的合理期待”。在此必须考虑的是，“在相关人员收集与人身相关的数据时，数据主体是否可以根据他面对的情况，合理地预见可能为此目的进行（数据）处理”（序言47段第3句）。具有决定性的是客观标准，亦即理性

① Assion/Notel/Veil in Gierschmann/Schlender/Stentzel/Veil，DS－GVO，Art. 6 Rn. 144；Buchner/Petri in Ku·hling/Buchner，DS－GVO，BDSG，2. Aufl.，Art. 6 DS－GVO Rn. 155；Sydow/Reimer，Europa·ische Datenschutzgrundverord－nung，Art. 6 Rn. 64.

② Gola DS－GVO/Schulz，Art. 6 Rn. 53.

③ Buchner/Petri in Ku·hling/ Buchner，DS－GVO，BDSG，Art. 6 DS－GVO Rn. 149；Assion/Notel/Veil in Gier－schmann/Schlender/Stentzel/Veil，DS－GVO，Art. 6 Rn. 140 ff；Schaffland/Holt－haus in Schaffland/Wiltfang，DS－GVO/BDSG，Art. 6 DS－GVO Rn. 126 ff［Stand Oktober 2017］.

④ Buchner/Petri in Ku·hling/Buchner，DS－GVO，BDSG，2. Aufl.，Art. 6 DS－GVO Rn. 149；zu § 32 BDSG a. F.：Senatsurteil vom 15. Dezember 1983 － III ZR 207/82，NJW 1984，1889，1890.

⑤ Sydow/Reimer，Europa·ische Datenschutzgrundver－ordnung，Art. 6 Rn. 61；s. auch BVerfG，NVwZ 2007，688，691.

⑥ Auernhammer/Kramer，DSGVO，BDSG，5. Aufl.，Art. 6 DS－GVO Rn. 37.

的第三人对相关人员的期待。①

88. （2.2.3.3）根据这些原则进行利益衡量导致，通讯伙伴的利益不会超过原告和被继承人父亲的合法利益。

89. 对此，首先考虑到，相关数据是由通讯伙伴自愿且有意识地传递给被告，以使其可提供给特定账户。所公开的与人身相关的数据的内容和范围以及被允许获知相关数据的人的范围可以由用户自己确定。因此，这不是被告收集的数据，而是在现有合同框架内由通讯伙伴自愿和自己决定发送，且在内容方面可控制的数据。② 用户通过向外界发送消息或共享内容来建立联系并且原则上拒绝了对秘密性的保障。③

90. 发件人知道并希望被告根据合同将内容转移到收件人账户，并为此提供内容。发送消息的人如同寄信的人一样——甚至更多——认识到，在发送消息后，他再也无法控制谁通过被告的传输和提供最终获知其内容，也基本上没有机会再撤回消息和内容。他交出了对于信息的处分权限。④ 这既适用于成年人用户，也适用于未成年人。也恰恰还是能够独立使用 F 并拥有属于自己账户的未成年人，通过被提供的典型途径，了解多种使发送至特定账户的消息也能为第三人访问的可能。

91. 此外，被继承人的通讯伙伴能够合理地预见，即使在原始账户持有人去世后，通过为收件人的账户提供消息和内容的数据处理仍将继续，继承人可以获知该数据（序言 47 段第 3 句）。消息或其他内容的发送人必须预料到，有权使用该账户的人可能会死亡，第三人可以继承该账户并承受合同关系，从而作为新的账户持有人访问该账户内容。

92. 目前数据处理的核心目的被进一步用于利益衡量。在本案中仅涉及，在被告和通讯伙伴既存的合同关系的框架下，向一个具体的、由发送人自己选择的账户进行与人身相关的数据和内容的传输和提供，⑤ 仅为让继承人共同体成员了解已经存在的内容。相反，该处理不是出于其他目的，例如用于广告目

---

① Auernhammer/Kramer, DSGVO, BDSG, 5. Aufl., Art. 6 DS – GVO Rn. 37; Plath/Plath, BDSG/DSGVO, 2. Aufl., Art. 6 DS – GVO Rn. 23.

② Vgl. Gola DS – GVO/Schulz, Art. 6 Rn. 53.

③ Vgl. Buchner/Petri in Ku · hling/Buchner, DS – GVO, BDSG, 2. Aufl., Art. 6 DS – GVO Rn. 150.

④ Vgl. oben 2 a cc 2.3; NK – NachfolgeR/Herzog, Kap. 9 Rn. 68; Bock, AcP 217, 370, 408; Herzog/Pruns, Der digitale Nachlass in der Vorsorge – und Erbrechts – praxis, § 4 Rn. 84; Kutscher, Der digitale Nachlass, S. 145; Pruns, NWB 2014, 2175, 2182 f.

⑤ 参见序言 47 段第 2 句；vgl. auch Auernhammer/Kramer, DSGVO, BDSG, 5. Aufl., Art. 6 DS – GVO Rn. 38.

的或由被告创建个人简介。[①] 同时，这限制了由数据处理的具体类型引起的风险。[②] 因为通过账户提供的数据没有向较大且难以管理的人群范围或完全不参与的第三方披露，而是从一开始就是有限的人群范围，即由两个人组成的继承人共同体，他们也是已故用户的近亲属。

93. 在此背景下，无论是否为未成年人、是否部分包含敏感内容，通讯伙伴的利益相比于继承人的利益都没有明显的重要性。上述原告和被继承人的父亲作为继承人和近亲属的合法利益则具有相当大的重要性。通讯伙伴的利益并不能为部分破坏继承人的法定继承权提供正当化依据。这一结果应当为继承人同时作为死者近亲属、对女儿的死亡的具体情形的查明享有精神利益和财产利益的特殊个人利益状况所支持。

94. （3）《欧盟通用数据保护条例》第 6 条第 1 款 b 和 f 的容许性构成要件为原告访问权限在数据保护法上的许可提供了基础。根据《欧盟运作条约》第 267 条向欧盟最高法院提交意见书是多余的。无论如何，根据《欧盟通用数据保护条例》第 6 条第 1 款 f 的规定，欧盟法律的正确应用是如此明显，以至于没有合理怀疑的余地。[③] 需要提交意见书对该规定进行解释的问题也不存在了，因为根据欧盟最高法院关于 95/46/EG 指令第 7 条 f 先例规则的判决，应当根据特定案件的具体情况做个案裁量，[④] 根据本案情况则应作有利于继承人的判决。

95. e）被告在上诉中以被继承人的通讯伙伴的一般人格权来排除访问也不会成功。就像通讯秘密或数据保护法一样，该理由也不与原告的请求相冲突。用于否认违反通讯秘密和数据保护法规定的理由在此同样适用。

96. 3. 因此，被撤销的判决恢复效力（《德国民事诉讼法》第 562 条第 1 款）。

97. 由于案件已经作出最终判决，审判庭驳回被告的上诉（《德国民事诉讼法》第 3 条）。

下级法院：

柏林州法院：2015 年 12 月 17 日判决 – 20 O 172/15

柏林高等法院：2017 年 5 月 31 日判决 – 21 U 9/16

（**责任编辑** 周维明）

---

① Buchner/Petri in Ku · hling/Buchner, DS – GVO, BDSG, 2. Aufl. , Art. 6 DS – GVO Rn. 152 f.

② Vgl. zum risikobasierten Ansatz der DSGVO: Gola DS – GVO/Schulz, Art. 6 Rn. 53.

③ Vgl. Senat, Urteil vom 17. April 2014 – III ZR 87/13, BGHZ 201, 11 Rn. 29; Beschluss vom 14. Dezember 2017 – III ZR 117/17, BeckRS 2017, 136439 Rn. 7.

④ EuGH, NJW 2016, 3579 Rn. 62, acte éclaireé.

《人民法院案例选》通讯编辑

北京市高级人民法院　刘书星　刘晓虹　赵　彤
天津市高级人民法院　王　婧　孙　伟
河北省高级人民法院　王　佳
山西省高级人民法院　马云跃
内蒙古自治区高级人民法院　梁　宏　焦日清
辽宁省高级人民法院　周文政
吉林省高级人民法院　刘国春　刘洪颖
黑龙江省高级人民法院　刘芳百
上海市高级人民法院　牛晨光
江苏省高级人民法院　吕　娜　孙烁犇
浙江省高级人民法院　杨　治
安徽省高级人民法院　吴　婧
福建省高级人民法院　刘　光
江西省高级人民法院　郭　嘉
山东省高级人民法院　徐清霜　芦　强
河南省高级人民法院　郭宇凌
湖北省高级人民法院　宋淼军
湖南省高级人民法院　童飞霜
广东省高级人民法院　文靖之
广西壮族自治区高级人民法院　赵元松
海南省高级人民法院　李周伟
重庆市高级人民法院　游中川　吴雨亭
四川省高级人民法院　杜玉兰　金　晶

贵州省高级人民法院　尤　媛
云南省高级人民法院　郑天柱
西藏自治区高级人民法院　杨庭轶
陕西省高级人民法院　常媛媛　杨新斌
甘肃省高级人民法院　刘吉旭
青海省高级人民法院　孙启英
宁夏回族自治区高级人民法院　吴培渊　杨　莹
新疆维吾尔自治区高级人民法院　马小菊
解放军军事法院　徐占峰
新疆维吾尔自治区高级人民法院生产建设兵团分院　王　琼
石家庄市中级人民法院　王红岩
太原市中级人民法院　张玉森
沈阳市中级人民法院　田　震
大连市中级人民法院　侯德强
长春市中级人民法院　赵　璐
哈尔滨市中级人民法院　周　磊
南京市中级人民法院　王　静
南通市中级人民法院　沈　扬
无锡市中级人民法院　周耀明
徐州市中级人民法院　葛　文
杭州市中级人民法院　邓兴广
宁波市中级人民法院　袁玮玮
合肥市中级人民法院　张小春
福州市中级人民法院　陈学凯
厦门市中级人民法院　陈荣炜
南昌市中级人民法院　陈　健
济南市中级人民法院　赵　雯
青岛市中级人民法院　傅庆涛
东营市中级人民法院　延　颜
郑州市中级人民法院　朱世鹏
武汉市中级人民法院　柯昌洁
宜昌市中级人民法院　黄金波
长沙市中级人民法院　胡冬华

广州市中级人民法院　王龙飞　林健涛
深圳市中级人民法院　丁业强
南宁市中级人民法院　周传明
海口市中级人民法院　崔玉坤
成都市中级人民法院　郝廷婷
泸州市中级人民法院　胡　艳
贵阳市中级人民法院　施辉法
昆明市中级人民法院　冯丽萍
拉萨市中级人民法院　王　静
西安市中级人民法院　高　伟
兰州市中级人民法院　鲁千晓
西宁市中级人民法院　潘　伟
银川市中级人民法院　周志胜
天津海事法院　董丽娟
上海海事法院　英振坤
广州海事法院　付俊洋
宁波海事法院　史红萍
青岛海事法院　张　静
厦门海事法院　吴海燕
武汉海事法院　王建新
大连海事法院　刘铁男
北海海事法院　邱德平
海口海事法院　刘本荣

（各法院通讯编辑若有变动，请及时告知中国应用法学研究所，电话：010－67555922　龙菲　邮箱：rmfyalx@126.com）